高职高专规划教材

市场营销与策划

燕贵成　钱小莉　主编

化学工业出版社

·北京·

本书是依据高职市场营销专业高技能人才培养的需求而设计、编写的，在内容组织上吸引了近年来的营销研究和教学改革的成果，体现了“就业导向，能力本位，产教融合，工学结合”的高等职业教育人才培养模式要求。

本书在适度的基础知识与丰富的实训篇幅基础上，注重各部分知识的联系，重点突出，难度适中，理论与实践相统一，操作性强。

本书既可作为高职院校市场营销专业及非营销专业的教学用书，也可以作为营销策划人员的业务培训用书，还可以作为各级经营管理人员的参考读本。

图书在版编目（CIP）数据

市场营销与策划/燕贵成，钱小莉主编. —北京：化学工业出版社，2015.7（2018.6重印）
高职高专规划教材
ISBN 978-7-122-23952-5

Ⅰ.①市… Ⅱ.①燕… ②钱… Ⅲ.①市场营销学-高等职业教育-教材 Ⅳ.①F713.50

中国版本图书馆CIP数据核字（2015）第099833号

责任编辑：于 卉　　文字编辑：赵爱萍
责任校对：边 涛　　装帧设计：关 飞

出版发行：化学工业出版社（北京市东城区青年湖南街13号 邮政编码100011）
印 装：三河市延风印装有限公司
787mm×1092mm 1/16 印张11¼ 字数290千字 2018年6月北京第1版第2次印刷

购书咨询：010-64518888（传真：010-64519686） 售后服务：010-64518899
网 址：http://www.cip.com.cn
凡购买本书，如有缺损质量问题，本社销售中心负责调换。

定 价：25.00元

前言

随着经济社会新常态的呈现，企业的生存竞争和发展都面临着更多的新问题、新考验，认真、细致、准确的市场营销策划可以为企业把脉，可以使企业少走弯路，少走错路。

本教材针对高职高专院校学生的特点，从培养锻炼学生技术技能的角度出发，吸收了市场营销理论体系发展的新知识，对市场营销策划理论进行了思考和创新，以任务驱动的思路对营销策划进行了分析梳理，力求使读者学习和使用起来更加顺心、顺手、好用。

本教材在内容和教学组织安排上，突出知识、方法、技能和实践体验过程的融合，把对学生的职业思维观念、持续发展的能力及实操能力的培养作为教学的重心，紧密结合当前企业实际需求，围绕“虚实仿融合，教学做一体”的人才培养模式，以团队为教学和实训实践的载体，以学生为主体，教师多角度、全方位指导，通过全过程、实战化、课内课外、理论和实践的高度融合，培养学生强烈的团队意识、良好的工作态度、踏实的敬业精神和勇于创新的胆识，以期达到实际工作岗位的需求。

燕贵成、钱小莉、费汉华、胡永盛、刘小更、刘晨、李昱等参与了本教材的编写，由燕贵成、钱小莉担任主编。

由于参加编写人员水平和能力有限，本教材中会有一些不足之处，敬请批评指正！

编者

2015 年 3 月

目录

任务一

认识营销

技术技能目标

1. 学会用现代营销观念开展市场活动
2. 认识营销策划的重要性

知识经验要点

1. 了解营销的功能
2. 认知营销观念的内涵
3. 营销策划的关键作用

教学重点

1. 营销观念的演变
2. 营销策划的重要性

导入案例

王永庆卖大米

先天环境的好坏，并不足喜，也不足忧，成功的关键完全在于一己之努力。

——王永庆

1932年，16岁的王永庆在中国台湾嘉义开了一家米店，从此踏上了艰难的创业之旅。当时嘉义有26家米店，而王永庆只有200元钱的启动资金，他只能在一条偏僻的巷子里承租了一个小小的铺面。可想而知，生意十分冷淡。但是，回想起父亲常说的一句话：“不惜钱者有人爱，不惜力者有人敬”。他没钱，但他有时间和力气。于是他和两个弟弟齐动手，将夹杂在大米里的糠谷、砂粒统统清理干净。这样一来，他卖的米就比其他米店要高一个档次。同时，他还新增了免费送货上门服务（无论晴天下雨，路程远近，只要顾客需要）。更让顾客满意的是每次送米时，他总是帮顾客将旧米倒出来，刷干净缸，然后将新米倒进去，将旧米放在上层。这样，米就不至于因陈放过久而变质。他的这个小举动令不少顾客深受感动，铁了心专买他的米。更令顾客意想不到的是，他将每位顾客的家庭人口状况及饭量了解得很清楚，每当顾客家中需要米时，不等顾客上门，他就将米送过去，而且不是马上收钱，而是等到顾客领了薪水再去收米款，每次都十分顺利，从无拖欠现象。从这家小米店起步，王永庆最终成为日后台湾工业界的“龙头老大”。

思考：王永庆卖大米为什么会成功？

子任务一 了解营销的含义

一、市场营销的含义

著名营销学家菲利普·科特勒对市场营销的定义是：市场营销是个人和群体通过创造并同他人交换产品和价值以满足需求和欲望的一种社会和管理过程。

（一）市场营销含义的理解要点

根据这一定义，可以将市场营销概念具体归纳为下列要点：

（1）市场营销的最终目标是“满足需求和欲望”；

（2）“交换”是市场营销的核心，交换过程是一个主动、积极寻找机会，满足双方需求和欲望的社会过程和管理过程；

（3）交换过程能否顺利进行，取决于营销者创造的产品和价值满足顾客需求的程度和交换过程管理的水平。

（二）营销策划的内涵

营销策划是根据企业整体战略目标，通过环境与策略分析，激发创意，创造性地有效利用企业内部与外部资源，制订可行的营销活动方案，以实现企业的目标或解决企业所面临的问题。营销策划一般划分为营销战略策划和营销战术策划。

营销战略策划是有关企业战略发展方向、战略发展目标、战略重点与核心竞争力的宏观策划。营销战略策划的内容包括以下几个方面。

1. 营销战略目标的规划

企业经过内外环境分析，将外部机会与威胁同内部优劣势加以综合权衡，利用优势，把握机会，降低劣势，避免威胁，从而选择企业的营销战略模式。战略模式一般来说有 3 种：①成本领先战略；②差别化战略；③集中战略。企业营销战略模式确定以后，可以根据企业的营销现状，确定企业一定时期的营销战略目标、完成战略目标的时间等。

2. 营销战略重点的规划

通常根据企业已确定的市场营销战略目标，结合企业的优势，如品牌优势、成本优势、销售网络优势、技术优势、质量优势等确定企业的营销战略重点，并通过不断努力，打造企业的核心竞争力。

3. 营销战略实施的规划

企业的营销战略规划可以分为 3 个层级，即分阶段实施短期战略规划、中期战略规划和长期战略规划。

短期战略规划的要点包括传统市场不被挤出及扩大新市场潜在能力。

中期战略规划的要点包括：

① 扩展现有产品的新用途、新市场；

② 开发新产品，改善产品结构；

③ 克服竞争威胁。

长期战略规划的要点包括：

① 面向未来市场，利用新兴技术，开发全新产品，引导未来市场，创造全新市场；

② 面向社会发展、时代需求和市场浪潮，调整企业的产品结构和市场构成，保持企业长久发展。

营销战术策划是指实现企业营销战略的策略、战术、措施的策划。企业营销策略和战术是同企业的营销战略相联系、相衔接的。在企业的营销战略确定后，必须制订营销策略和营销战术，以贯彻市场营销战略，否则，没有营销策略与措施的战术支持，营销战略也会落空。而营销战术、策略也必须根据营销战略来制订，以全力支持营销战略目标的实现。

营销战术、策略的制订过程包括5个环节：①市场调研，即通过市场调查研究，发现消费需求，分析竞争对手；②市场细分，即将各种不同类型的市场进一步划分为若干个顾客群体或市场面；③市场优选，即选择若干个最适合本企业经营的细分市场作为自己的目标市场；④市场定位，即在消费者心目中建立起与众不同的企业形象、品牌形象和产品形象；⑤在以上基础上制订市场营销策略组合，即产品策略、价格策略、渠道策略和促销策略。相应地，营销战术策划的内容包括品牌策划、产品策划、价格策划、分销策划、促销策划、广告策划、公关策划、服务策划以及综合诸多营销要素与策略的整合营销策划。

二、市场营销的功能与作用

从一个企业开发市场，满足市场需求的角度来分析，企业的营销工作是在图1-1所示的工作流程中循环往复。

（一）市场营销的功能

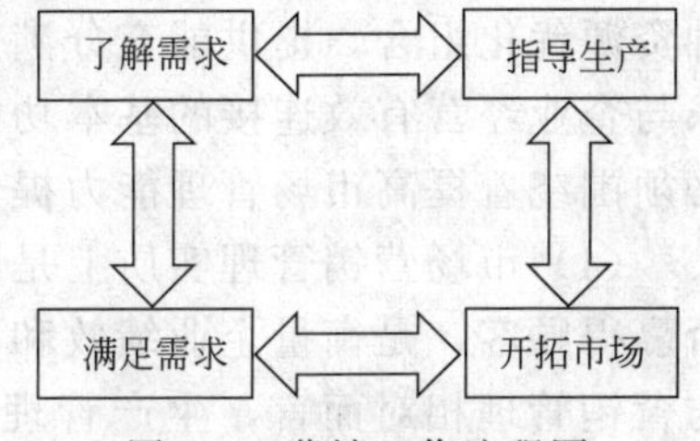

图1-1　营销工作流程图

（1）交换功能　在交换过程中，产品的所有权发生转移，买方主体需要对购买什么、向谁购买、购买数量、购买时间等进行选择；而卖方主体需要确定目标市场，努力促销并实施售后服务等。

（2）物流功能　包括货物的运输和存储。它是实现商品交换的前提和必要条件。

（3）分等功能　市场对产品按照一定的质量、规格、等级进行整理分类等。这也是市场交换中的标准化过程。

（4）融资功能　这已是西方国家批发商和某些代理商的主要职能。即零售商从独立供货商进货，通常不必立即付清货款，有一定的信用赊销期限。独立批发商通过这种商业信用方式向广大中小零售商提供财务援助。

（5）风险功能　在市场营销过程中，商品可能被损坏，可能不被市场需要或成为非时尚产品而卖不出去，不得不对产品进行削价出售。如果用户对产品质量不满意，还要实行包退包换。这就是产品的制造商和批发商所要承担的市场风险。

（6）信息功能　在市场营销过程中，批发商和零售商比制造商更为接近购买者，因此，他们更了解市场情况，更具有提供信息的职能：一方面向制造商提供用户需要哪些产品的信息和建议；另一方面向零售商提供新产品的说明，提出竞争价格的建议。

（二）市场营销的社会作用

市场营销是涉及千家万户的经济活动。通过市场营销活动要实现以下社会作用。

（1）产品的地点效用　即沟通产销两地，使消费者能在适当的地方买到适合的商品。

（2）产品的时间效用　即沟通生产者与消费者时间上的差异，使新产品能尽快被消费者认知，使消费者及时买到适合的产品。

（3）产品的占有效用　即市场营销使商品从所有者手中过渡到消费者手中。

（4）产品的形式效用　即制造商通过销售商提供的地点效用、时间效用和占有效用的市场信息了解消费者对产品的功能及外形等的需求，按照需求生产适销对路的产品。

市场营销的社会作用说明，市场营销是连接社会需要与企业反应的中间环节，是企业用以把消费者需要的市场机会变成企业赢利机会的基本方法。但是，企业发挥市场营销的作用如何，与企业自主权和经济责任大小密切相关，也同生产与营销的体制的紧密程度密切相关。烟草行业实行产、供、销一体化的专卖专营体制以来，加强了产销衔接，市场营销的效率不断提高，这种体制正是全行业大幅度增加经济效益的重要原因之一。

（三）市场营销在企业管理中的作用

在现代企业管理中，营销职能是属于核心位置的管理职能。原因如下。

（1）企业经营的主要任务是吸引、保持和扩大顾客。如果企业不能赢得更多的顾客，企业就失去了存在的价值和意义。市场营销的基本任务就是在动态的管理过程中（市场调查—市场定位—生产—销售—目标顾客），以优质的产品、合理的价格、全方位的服务满足顾客的需求。

（2）企业管理是一个复杂的系统工程。实现顾客需求的高度满意，必须有职能部门的通力合作和协调配合，然而这种配合协作应以营销管理为中心，脱离营销宗旨和任务的生产管理、财务管理和人力资源管理，无论其管理效益多高，也没有实际意义。

（3）企业经营管理的基本任务是认识和研究目标市场的顾客需求，在此基础上将企业各种资源优化组合，提供能充分满足顾客欲望和需求的产品或服务。市场营销正是实现市场需求与企业经营有效连接的基本功能。与其相比，生产管理、人力资源管理均属于辅助职能，必须围绕着提高市场管理能力提供辅助功能。

（4）市场营销管理实质上是顾客需求管理，是企业由内至外、内外结合的管理。企业能否赢得顾客，是衡量企业绩效和竞争地位的首要标准，失去了顾客便失去了企业的生命力。与营销管理相对而言，生产管理、财务管理、人事管理均属于企业内部各种要素的职能管理，它们必须服务于营销管理这个中心，否则，便失去其管理的实际意义。

子任务二　把握正确的营销观念

一、营销观念的演变

营销观念，又称为营销哲学或营销理念，是企业市场营销的思维方式和行为准则的高度概括。营销观念是贯穿于整个营销工作的指导思想，它也反映出一个企业的经营态度和经营方式。企业的市场营销活动可以在不同的指导思想下进行，即营销观念决定着企业如何从事营销活动。从西方企业市场营销活动的发展历史来看，主要出现以下几种有代表性的营销观念。

1. 生产观念

生产观念产生于19世纪末20世纪初。由于社会生产力水平还比较低，商品供不应求，市场经济呈卖方市场状态。正是这种市场状态导致了生产观念的流行。这种生产观念表现为企业生产什么产品，市场上就销售什么产品。在这种营销观念的指导下，企业的经营重点是努力提高生产效率，增加产量，降低成本，生产出让消费者买得到和买得起的产品。因此，生产观念也称为“生产中心论”。

生产观念是指导企业营销活动最古老的观念。曾经是美国汽车大王的亨利·福特为了千方百计地增加T型车的生产，采取流水线的作业方式，以扩大市场占有率，至于消费者对汽车款式、颜色等的主观偏好，他全然不顾，车的颜色一律是黑色。这就形成了企业只关心生产而不关心市场的营销观念。

2. 产品观念

产品观念认为产品销售情况不好是因为产品不好，消费者喜欢质量优、性能好和有特色的产品。只要企业致力于制造出好的产品，就不愁挣不到钱。“酒香不怕巷子深”是这种观念的形象说明。企业总是在生产更好的产品上下功夫，而却常出现顾客“不识货”的情况。由于这个原因导致企业失败，就是因为这种生产观念仍是从自我出发，孤芳自赏，使产品改良和创新处于“闭门造车”状态。

3. 推销观念

第二次世界大战后，资本主义工业化大发展，社会产品日益增多，市场上许多商品开始供过于求。企业为了在竞争中立于不败之地，纷纷开始重视推销工作，如组建推销组织、培训推销人员、研究推销术、大力进行广告宣传等，以诱导消费者购买产品。这种营销观念是“我们会做什么，就努力去推销什么”。

由生产观念、产品观念转变为推销观念，是企业经营指导思想上的一次大变化。但这种变化没有摆脱“以生产为中心”、“以产定销”的范畴。前者强调生产产品，后者强调推销产品。所不同的是，生产观念是等顾客上门，而推销观念是加强对产品的宣传。

4. 市场营销观念

这是买方市场条件下以消费者为中心的营销观念。这种观念认为：实现企业目标的关键是切实掌握目标消费者的需要和愿望，并以消费者需求为中心集中企业的一切资源和力量设计、生产适销对路的产品，安排适当的市场营销组合，采取比竞争者更有效的策略，满足消费者的需求，以取得利润。

营销观念与推销观念的根本不同是：推销观念以现有产品（即卖主）为中心，以推销和销售促进为手段刺激销售，从而达到扩大销售、取得利润的目的。市场营销观念是以企业的目标顾客（即买主）及其需要为中心，并且以集中企业的一切资源和力量、适当安排市场营销组合为手段，从而达到满足目标顾客的需要、扩大销售、实现企业目标的目的。

可见，市场营销观念把推销观念的逻辑彻底颠倒过来了，不是生产出什么就卖什么，而是首先发现和了解消费者的需要，消费者需要什么就生产什么、销售什么。消费者需求在整个市场营销中始终处于中心地位。它是一种以顾客的需要和欲望为导向的经营哲学，是企业经营思想的一次重大飞跃。

5. 社会营销观念

这种经营思想是对市场营销观念的重要补充和完善。基本内容是：企业提供产品不仅要符合消费者的需要与欲望，而且要符合消费者和社会的长远利益。企业要关心与增进社会福利，强调要将企业利润、消费需要、社会利益三个方面统一起来。

社会营销观念出现于20世纪70年代，它的提出一方面是基于“在一个环境恶化、爆炸性人口增长、全球性通货膨胀和忽视社会服务的时候，单纯的市场营销观念是否合适”这样的认识；另一方面也是基于对广泛兴起的以保护消费者利益为宗旨的消费主义运动的反思。他们认为，单纯的市场营销观念提高了人们对需求满足的期望和敏感，导致了满足眼前消费需要与长远的社会福利之间的矛盾，导致产品过早陈旧、环境污染更加严重，也损害或浪费了一部分物质资源。正是在这种背景下，人们又提出了社会营销观念。

新旧市场营销观念对照，见表 1-1。

表 1-1 新旧市场营销观念对照

营销观念		市场特征	出发点	手段	策略	目标
旧观念	生产观念	卖方市场 供不应求	生产	提高产量， 降低成本	以产定销	增加生产， 取得利润
	产品观念	卖方市场 供不应求	产品	提高质量， 增加功能	以高质量取胜	提高质量， 获得利润
	推销观念	生产能力过剩	销售	推销与促销	以多销取胜	扩大销售， 获得利润
新观念	市场营销观念	买方市场 供过于求	顾客需求	整体市场营销	以比竞争者更 有效地满足顾客 需要取胜	满足需要， 获取利益
	社会营销观念	买方市场 供过于求	顾客需要、 社会利益	整体市场营销	以满足顾客需要 和社会利益取胜	满足顾客需要， 增进社会利益， 获得经济效益

二、营销观念的新发展

20 世纪 80 年代以来，随着国际形势的变化，市场营销理论得到了进一步的发展，出现了许多新型的营销观念。

1. 竞争观念

其主要含义是：企业要在竞争中处于有利地位，必须首先识别那些未被竞争者所满足的市场需求或是还未被充分提及的市场需求，然后，在盈利或符合企业目标的前提下，使企业营销活动积极参与市场竞争，采取合理、合法的竞争手段，以适销的产品、合理的价格、优良的服务、及时准确的信息、有效的促销措施和良好的信誉争夺消费者，争夺市场，争得效益。

竞争观念最初是由加拿大产业市场营销研究协会主席兰·戈登教授在 1986 年提出的。

2. 大市场营销观念

美国营销大师菲利普·科特勒提出了这个观念，定义为：为了成功地进入特定市场，并在那里从事业务经营活动，在策略上施用经济的、心理的、政治的和公共关系的手段，以博得外国或地方各有关方面的合作与支持。这里所讲的特定市场，主要是指贸易壁垒很高的封闭型或保护型的市场，在这种市场上，已经存在的参与者和批准者往往会设置种种障碍，使得那些能够提供类似产品，甚至能够提供更好的产品和服务的企业也难以进入，无法开展经营业务。

大市场营销观念发展了市场营销观念和社会营销观念。一是在企业与外部环境关系上，突破了被动适应观点，认为企业不仅可以通过自身的努力来影响，而且可以控制和改变某些外部因素，使之向有利于自己的方向转化。二是在企业与市场和目标顾客的关系上，突破了过去那种简单发现、单纯适应与满足的做法，认为应该打开产品通道，积极引导市场和消费，创造目标顾客需要。三是在市场营销手段和策略上，在原有的市场营销组合中又加进了政治手段和公共关系两种重要手段。

3. 关系营销观念

关系营销观念最早由美国营销专家巴巴拉·本德·杰克逊于 1985 年提出。这个观念的提出是各种社会因素共同作用的结果：首先，20 世纪 80 年代末以来，企业面临的市场环境发生了很大变化，由于物质产品供给剧增，市场竞争激烈，在这种情况下，谁与顾客建立稳定的交易关系，谁就能拥有更多的未来销售机会。其次，企业从经济利益出发，认识到市场营销不仅要争取新顾客，而且要维系老顾客，因为维系老顾客所花费的支出比争取新顾客要少得多。因此，关系营销在实践中逐渐被认同和加以运用。其基本涵义是：企业要与顾客、经销商创造更亲密的工作关系和相互依赖的关系，从而发展双方的连续性交往，以提高品牌忠诚度，巩固和扩大市场销售。

关系营销与传统的交易营销的区别见表 1-2。

表 1-2 关系营销与传统的交易营销的区别

项 目	交易营销	关系营销
适合的顾客	眼光短浅和低转换成本的顾客	具有长远眼光和高转换成本的顾客
核心概念	你买我卖	建立与顾客之间的长期关系
企业的着眼点	近期利益	长远利益
企业与顾客的关系	不牢固，如果竞争者用较低的价格、较高的技术解决顾客问题，关系可能会中止	比较牢固，竞争者很难破坏企业与顾客的关系
对价格的看法	是主要的竞争手段	不是主要的竞争手段
企业强调的重点	市场占有率	顾客回头率、顾客忠诚度
营销管理追求目标	单纯交易的利润最大化	追求与对方互利最佳化

子任务三 市场营销涉及的相关概念

正确理解市场营销的涵义，还必须弄清其涉及的相互关联的几组概念。

一、需要、欲望和需求

需要和欲望是市场营销活动的起点。需要是指没有得到某些基本满足的感受状态，是人类与生俱来的，如人们为了生存对食品、衣服、住房、归属、受人尊重等的需要。这些需要存在于人类自身生理和社会之中，市场营销者可用不同方式去满足它们，但不能凭空创造。欲望是指想得到上述基本需要的具体满足品的愿望，是个人受不同文化及社会环境影响表现出来的对基本需要的特定追求。如为了满足“解渴”的生理需要，人们可能选择（追求）喝开水、茶、汽水、果汁、绿豆汤或者蒸馏水等。需求是指人们有能力购买并愿意购买某个具体产品的欲望，也就是对某个特定产品及服务的市场需求。

人类的需要有限，但欲望却很多。当具有购买能力时，欲望便转化成需求。将需要、欲望和需求加以区分，其重要意义就在于阐明这样一些事实，即市场营销者无法创造需要，但可以影响欲望，开发及销售特定的产品和服务来满足欲望。市场营销者总是通过各种营销手段来影响需求，并根据对需求的预测结果决定是否进入某一产品（服务）市场。

二、产品

产品是指能够满足人的需要和欲望的任何东西。人们通常用“产品”和“服务”这两个词来区分实体产品和无形产品。产品的重要性不在于拥有它们，而在于它给人们带来的对欲望的满足。人们购买小汽车不是为了观赏，而是为了得到它所提供的交通服务。所以，产品实际上是向人们传送服务的载体。这种载体可以是实体产品，也可以是无形产品，如人员、地点、活动、组织和观念。当人们心情烦闷时，为满足轻松、解脱的需要，可以去参加音乐会，听歌手演唱（人员）；可以到风景区旅游（地点）；可以参加“希望工程——百万爱心行动”（活动）；可以参加消费者假日俱乐部（组织）；也可以参加研讨会，接受不同的价值观（观念）。市场营销者必须清醒地认识到，其创造的产品不管形态如何，都是为了满足人们的需要和欲望。

三、效用、费用和满足

效用是消费者对产品满足其需要的整体能力的评价。消费者通常根据效用这种对产品价值的主观评价和要支付的费用来作出购买决定。如某人为了解决其每天上班的交通需要，他会对可能满足这种需要的产品选择组合（如自行车、摩托车、汽车、出租车等）和他的需要组合（如速度、安全、方便、舒适和节约等）进行综合评价，以决定哪一种产品能提供最大的满足。假如他主要对速度和舒适感兴趣，也许会考虑购买汽车。但是，汽车购买与使用的费用要比自行车高许多，若购买汽车，他必须放弃用其有限的收入可购置的许多其他产品（服务）。因此，他将全面衡量产品的费用和效用，选择购买能使每一元花费带来最大效用的产品。

四、交换、交易

当人们决定以交换的方式来满足需要或欲望时，就出现了市场营销。交换是指通过提供某种东西作为回报，从别人那里限时取得所需物品的行为。交换是一种过程，在这个过程中，如果双方达成一项协议，就称之为发生了交易。交易是交换活动的基本单元，是由双方之间的价值交换所构成的行为。

五、市场与市场营销者

市场包含 3 个主要因素：市场＝人口＋购买力＋购买欲望。

人口是构成市场最基本的条件，没有人就不存在市场。凡有人居住的地方，就有各种各样的物质和精神方面的需求，从而才可能有市场。

购买力是消费者支付货币购买商品或劳务的能力。消费者的购买力是由消费者的收入决定的。有支付能力的需求才是有意义的市场，所以购买力是构成市场的又一重要因素。

购买欲望是指消费者购买商品的动机、愿望或要求，是消费者把潜在购买力变成现实购买力的重要条件，因而也是构成市场的因素。人口再多，购买力水平再高，如果对某种商品没有需求的动机，没有购买该商品的欲望，形成不了购买行为，这个商品市场实际上也就不存在了。从这个意义上讲，购买欲望是决定市场容量最权威的因素。

构成市场的 3 个因素是相互制约、缺一不可的，只有三者结合起来才能构成现实的市场，才能决定市场的规模和容量。例如，一个国家或地区人口众多，但收入很低，购买力有限，则不能构成容量很大的市场；购买力虽然很大，但人口很少，也不能形成很大的市场；只有人口既多，购买力又高，才能形成一个有潜力的大市场。但是，如果产品不适合需要，不能引起人们的购买欲望，对销售者来说，仍然不能成为现实的市场。所以，市场是上述三个因素的统一。

交换双方，如果一方比另一方更主动、更积极地寻求交换，就将前者称为市场营销者，将后者称为潜在顾客。所谓市场营销者，是指希望从别人那里取得资源并愿意以某种有价值的东西作为交换的人。市场营销者可以是卖方，也可以是买方。当买卖双方都表现积极时，就把双方都称为市场营销者，并将这种情况称为相互市场营销。

实训实践

一、收集某一企业营销策划书，分析其结构特点。

二、对比不同行业、不同目的的策划书的区别与共同点。

一般来说，营销策划书包括以下 9 个方面的结构。

(1) 纲要　主要描述策划项目的背景资料、介绍策划的团体、概括策划书的主要内容等，要求简明扼要，让人一目了然。

(2) 市场环境分析　主要指宏观环境分析，包括人文环境、经济环境、政治环境、自然环境、文化环境、技术环境等以及竞争对手的实力分析和竞争对手的策略分析等。

(3) SWOT（优劣态势）分析　即分别评估企业内部的优势、劣势，外部环境的机会、威胁。

(4) 市场选择与定位。

① 细分市场。

② 目标市场选择。

③ 市场定位。

(5) 营销战略与目标。

① 营销战略的选择。

② 战略目标的确定。

(6) 营销策略。

① 产品策略。

② 价格策略。

③ 促销策略。

④ 渠道策略。

(7) 组织与实施计划。

① 组织销售队伍。

② 制订实施计划。

(8) 财务预算。

(9) 控制应变措施。

以上 9 项内容是营销策划书的一般结构，当然，并不是所有的营销策划书都应如此千篇一律，一应俱全。各个行业可根据企业所处的市场环境、产品、营销战略等情况，进行一些创造性的改变。

分析思考

1. 新旧营销观念的区别在哪里?

2. 现代市场条件下应采用何种营销观念?

3. 营销策划有何重要作用?

任务二

分析环境

技术技能目标

1. 学会运用环境因素分析环境对市场营销活动的影响
2. 学会分析和评价市场机会与环境威胁
3. 正确认识市场购买行为及组织购买者的决策过程
4. 学会撰写市场环境分析报告

知识经验要点

1. 了解消费者市场的概念
2. 理解市场营销环境的类型、特点和影响作用
3. 掌握企业营销环境的主要内容
4. 熟悉影响消费者购买行为的主要因素及购买者决策的过程
5. 掌握 SWOT 分析法

教学重点

1. 企业营销环境的分析
2. SWOT 分析法

导入案例

莱曼赫斯公司利用环境契机提升品牌形象

营销活动的80%是科学与经验，20%是艺术与创意。市场是实践者的天地，而非狂想者的乐园。

——何慕

“非典”，对中国和世界人民来说，是一场灾难，也是一场严峻的考验，面对这样的突发事件，诸多企业又是如何表现的呢？著名的消毒水生产厂商莱曼赫斯公司在非典事件中的反应是企业快速反应能力的重要体现。

2003 年 2 月 11 日，广州政府组织新闻发布会通报了广东省疫情情况。与此同时，政府和专家给出了一些预防的建议措施，在这些建议中经常洗手是关键的措施之一。莱曼赫斯公司立即对这一信息做出反应，迅速挖掘市场，在《广州日报》头版推出平面广告“预防流行性疾病，用威露士消毒药水”，随后又在《南方都市报》等媒体连续推出通栏广告。

在迅速扩大了品牌知名度之后，威露士开始利用事件建立品牌美誉度。通过新闻媒介

《南方都市报》向社会各界，包括学校、机关等人群密集的地区无偿派送威露士产品总计37吨，价值100万元。

结合事件中与企业相关的市场诉求进行企业的产品宣传，同时又使得公司一贯奉行的“关心大众，无私奉献”的企业精神在这次事件营销中得到很好的诠释，这使莱曼赫斯公司在这种突发事件中展现了企业深厚的营销功力，品牌形象也得到了迅速提升，在许多消费者心中确立了消毒水第一品牌的位置。

思考：企业应如何把握市场机会和避免环境风险？

子任务一　市场营销环境认知

一、环境及市场营销环境的含义

环境是指识别外界的情况和条件，企业的市场营销环境是指在营销活动之外能够影响营销部门建立并保持与目标顾客良好关系的能力的各种因素和力量，换句话说，就是与企业市场营销有关的，影响企业产品的供给和需求的多种外界条件和因素，包括微观营销环境和宏观营销环境。

宏观营销环境是指对企业开展市场营销活动产生影响的各种社会力量，包括人口环境、经济环境、自然环境、科学技术环境、政治法律环境和社会文化环境等；微观营销环境是指与企业紧密相连直接影响企业营销活动的各种参与者，包括供给者、营销中介、顾客、竞争者、社会公众以及影响营销管理决策的企业内部各个部门。

宏观营销环境通常以微观营销环境为媒介，对企业的市场营销活动产生间接影响，于是也称为间接营销环境，但在特定的场合下，宏观营销环境也可直接影响企业的营销活动。微观营销环境是对某一个企业起影响和制约作用的环境因素，它直接影响和决定该企业的营销活动，于是也称为直接营销环境。

宏观营销环境与微观营销环境是市场环境系统中的不同层次，所有的微观环境因素都受宏观营销环境因素的制约，而微观营销环境因素对宏观营销环境也产生影响，从而构成多因素、多层次、多变的市场营销环境综合体。

二、市场营销环境的特征

1. 客观性

企业市场营销环境不以营销者意志为转移而客观存在着，有着自己的运行规律和发展趋势。企业的营销活动能够主动适应和利用客观环境，但不能改变或违背客观环境。主观臆断营销环境及发展趋势，必然会导致营销决策的盲目与失误，造成营销活动失败。

2. 差异性

不同的国家与地区之间，营销环境存在着广泛的差异性。不同的企业，其微观营销环境也千差万别：市场营销环境的差异性不仅表现在不同企业受不同环境的影响，还表现为同一环境因素的变化对不同企业的影响也是不同的。正是由于外界环境因素对企业作用的差异性，各个企业为应付环境变化而采取的营销策略也各不相同：例如，2008年的经济危机，给许多外贸企业和房地产企业带来了巨大的损失，而在中国政府积极的财政政策和适度宽松的货币政策下，这一环境的改变却为很多中小型企业带来了商机。

3. 关联性

企业市场营销环境包括影响企业营销活动的一切宏观和微观因素，这些因素涉及多方面、多层次，因素之间相互作用、相互影响、相互制约、相互依存，又互为因果关系，任何一个因素的变化会带动其他因素的变化，从而形成新的营销环境。

4. 多变性

构成企业市场营销环境的因素是多方面的，而每一个因素都会受到其他因素的影响，且都会随着社会的发展而不断变化和改变。因此说，市场营销环境是一个动态的系统，但是营销环境在一定时期又是相对稳定的。

5. 不可控性

市场营销环境作为一个复杂多变的整体，单个企业不能控制它，只能适应它；对于市场营销环境因素中的绝大多数单个因素，企业也不可能控制，只能在基本适应中施加一些影响。然而，企业通过本身能动性的发挥，进行分析和预测，也可以冲破环境的制约或改变某些环境因素取得成功。

子任务二　市场营销环境分析

对市场营销环境的分析，主要从宏观营销环境（也称间接营销环境）和微观营销环境（也称直接营销环境）两大方面进行。

一、宏观营销环境

宏观营销环境影响和制约微观营销环境的各个因素，并通过对微观营销环境的作用，对企业的营销活动进行影响和制约。宏观营销环境包括六个因素，即人口环境、经济环境、社会文化环境、政治法律环境、科学技术环境和自然环境。

1. 人口环境

人口环境是影响企业营销策略的最基本的因素。人口环境的基本状况包括人口规模、人口构成、人口地理分布和人口密度等。人口规模决定市场的潜在容量，它与人口构成、人口地理分布和人口密度共同对市场需求格局产生影响。

2. 经济环境

经济环境主要是指社会购买力、人均收入、可自由支配收入、通货膨胀、经济周期、城乡差别、收入分布等。经济环境是影响市场营销环境的最活跃的因素，它直接影响当前的市场容量。

3. 社会文化环境

社会文化环境主要是指国家或地区的民族特征、价值观念、生活方式、风俗习惯、宗教信仰、伦理道德、教育水平、语言文字等。社会文化环境对人们的欲望和行为产生潜移默化的影响，而且这种影响一经形成便会持久，不像其他因素的影响那样容易改变。

我国出口的黄杨木刻一向用料考究，精雕细刻，以传统的福禄寿星或古装仕女行销亚洲一些国家和地区，后来出口至欧美一些国家，但在营销过程中发现他们对中国传统的制作原料、制作方法和图案不感兴趣，因为与亚洲人相比，他们的价值观念、审美观大不一样。因此，出口公司一改过去的传统做法，用一般杂木作简单的艺术雕刻，涂上欧美人喜爱的色彩，并加上了适用于复活节、圣诞节、狂欢节的装饰品。不久，我国木刻工艺品在西方市场打开了销路。

4. 政治法律环境

政治环境是指企业市场营销的外部政治形势。安定团结的政治局面，不仅有利于经济的发展和收入的增加，而且能增强消费者对未来收入增长的预期，导致消费需求的上升。

法律环境是指国家或地方政府颁布的各项法律、法规、法令和条例等。企业一方面要严格依法经营，另一方面也可以运用法律手段来保障自身的权益。法律环境能调节市场供求的形成和实现。例如，在我国，国家高度重视食品安全，早在 1995 年就颁布了《中华人民共和国食品卫生法》。在此基础上，2009 年 2 月 28 日，十一届全国人大常委会第七次会议通过了《中华人民共和国食品安全法》。2015 年 3 月，国家食品药品监督管理总局法制司副司长陈谓两会期间表示，《食品安全法》最快上半年出台。

2008 年，本来正快速发展的中国乳业遭遇了致命的打击，9 月 11 日经卫生部证实，三鹿牌婴幼儿奶粉含有化工原料三聚氰胺，全国因食用问题奶粉而导致泌尿系统出现异常的患儿逾 29 万人，其中住院 51900 人，死亡 6 人。短短的半个月，三聚氰胺事件让我们多年来对中国乳品企业建立的信任基础轰然倒塌。2008 年 9 月毒奶粉事件发生以后，中国消费者对本土乳业品牌的信任度可谓降至冰点，过去风光无限的部分知名乳业品牌声誉岌岌可危，产品销量巨幅下降，资金链面临断裂，全行业亏损已成事实，本土乳制品企业被逼上了悬崖绝境。

5. 科学技术环境

科学技术是社会生产力中最活跃的因素，科学技术的发展对经济的发展有巨大影响。科学技术环境不仅直接影响企业内部的生产和经营，同时还与其他环境因素互相依赖、互相作用，给企业营销活动带来有利或不利的影响。

6. 自然环境

自然环境是指企业生产地和目标市场所在地的自然地理和物质环境。目前，世界范围的自然环境状况有几个特点：不可再生能源的短缺问题日益严重；环境保护问题日益受到社会和政府的关注；全球暖化问题日益严峻并受到各国重视。这些自然环境的现状对企业经营活动产生较大影响。

二、微观营销环境

微观营销环境因素包括企业内部营销环境、供应商、商业中介组织、顾客或用户、社会公众和竞争者等。微观营销环境分析主要是从以上六个因素来分析对企业营销活动的影响。

1. 企业内部营销环境

就营销主体及营销活动而言，除销售、配送、市场、广告、服务以外的其他部门，均属于企业的内部营销环境构成。这些部门包括研究与开发、生产、采购、财务、人事、行政及企业领导层。企业的营销主体依靠上述部门的支持和配合进行营销活动。原材料的供应保障，生产的均衡性及季节性调整，营销财务预算规模及人事部门对营销人员、辅助人员的考核与激励机制，都会影响企业营销活动的效果。为此，协调营销部门与其他职能部门的关系是优化企业内部营销环境的基本要求。

2. 供应商

供应商是指向企业提供生产产品所需资源的企业或个人。供应商提供原材料、设备、能源、劳务、资金等，所提供资源的质量、价格和供应量直接影响着企业产品的质量、价格和销售利润。企业与供应商之间既有合作又有竞争。

3. 商业中介组织

企业向顾客和用户提供产品和服务，一般离不开商业中介组织的转售、促销和提供营销服务，商业中介组织提供的服务主要有储存、保险、运输、广告、咨询等。商业中介组织既可以为某一企业从事中介服务，也可以为具有竞争关系的若干企业提供中介服务。除了拥有完整营销体系的少数大公司外，在一般情况下，与营销企业合作的商业中介组织多，中介服务能力强，中介组织分布广泛合理，营销企业对微观营销环境的适应性和利用能力就强。

海尔进军美国市场并不容易，美国人根本不认识海尔产品。海尔高薪聘请了美国人麦克尔·贯迈尔为海尔美国区的总裁，麦克尔·贯迈尔认为，要让美国人认识海尔，最好的办法是让海尔进入沃尔玛。当时，沃尔玛在美国有2700多家连锁店，每一家都摆满了来自世界各地的名牌产品。但是让沃尔玛接受这个陌生的品牌是很困难的，整整两年时间，麦克尔·贯迈尔基本没有机会销售海尔产品，直到有一天他想出了一个办法，在沃尔玛对面竖起一个海尔的大广告牌，让沃尔玛的高层每天都能看到海尔，功夫不负有心人，沃尔玛的采购高层对海尔产生了兴趣，开始约见海尔代表，从此海尔产品才从一开始的一两种产品扩大到现在的几十种产品。

4. 顾客或用户

顾客或用户是企业直接或最终的营销对象。顾客也称为目标市场，是企业重要的微观营销环境。企业要充分、深入地了解顾客，让顾客满意是企业生存和发展的基础和全部内容。

5. 社会公众

社会公众一般包括社区、团体（如消协等非营利性社会团体）、政府、媒体（如报纸、杂志、电台、电视台和互联网等）及无组织状态的外部公众等。明智的企业应采取有力措施，保持与公众之间具有良好的建设性关系。

6. 竞争者

在社会分工和竞争的条件下，同一产品或服务拥有一定数量的供应商，即同一消费需求存在若干属性相同、略有差别的产品或服务。因此，企业在市场上必然面临竞争者和可替代产品或服务。在消费需求和其他环境状态既定的情况下，企业与竞争对手的相对地位和能力，直接关系企业的营销效果。因此，竞争者分析在微观营销环境分析中非常重要。

子任务三　市场营销环境分析方法

市场营销环境是一个多因素、多层次而且不断变化的综合体。企业经营成败的关键，在于企业能否适应不断变化的市场营销环境。不同的市场营销环境，既可能给企业带来机会，也可能给企业带来威胁。对企业营销环境的分析和评价，始终是营销者制订营销战略、策略和计划的依据。在市场营销环境中机会总是与威胁同时存在的。机会与威胁既可能来自宏观营销环境也可能来自微观营销环境。经济的全球化趋势、科学技术的发展、消费者需求的不断变化、新产品的更新换代都会给市场中某些企业带来各种机会，同时也给其他企业带来了各种各样的威胁。营销者要多方位考察营销环境，弄清机会、威胁及可能的影响，从而对外部环境做出准确的判断。企业进行环境分析时，一种简便易行的方法就是SWOT分析法。

一、SWOT分析方法的含义

所谓SWOT分析法就是将企业面临的外部机会、威胁以及自身的优劣势等各方面因素相结合而进行的综合分析，SWOT 所代表的含义是 strengths（优势）、weaknesses（劣势）、opportunities（机会）、threats（威胁）。其中，优劣势的分析主要是着眼于企业自身的实力及其与竞争对手的比较，而机会和威胁分析则将注意力放在外部环境变化对企业可能的影响上面。SWOT 分析法是营销环境分析的常用方法。一般说来，运用 SWOT 分析法研究企业营销决策时，强调寻找四个方面中与企业营销决策密切相关的主要因素，而不是把所有关于企业优势、劣势、机会与威胁逐项列出和汇集。表 2-1 提出了一个运用 SWOT 方法的参考，表中列出的是与甲硝唑药品开发与营销环境相关的主要因素。

表 2-1　甲硝唑药品的 SWOT 分析

优　势	机　会
① 同剂型品种零售价最便宜 ② 有一定操作空间，可制订灵活的销售政策 ③ 现有的商业网络齐全，信誉好 ④ GMP 认证企业产品品质好	① 同剂型的竞争小 ② 市场潜力大
劣　势	**威　胁**
① 未列入医保目录 ② 新品种，无知名度 ③ 局限于妇科用药，市场范围比口服的小 ④ 价格比其他常用药贵	① 未列入医保目录，可导致在某些地区不能进医院，用量受限 ② 临床用药习惯仍以非甲硝唑类药为主

二、市场机会

在企业发展中，面临的市场机会不等同于企业机会，只有那些与企业目标、能力相一致，能为企业所用并能转化为企业竞争优势的机会才是企业机会。下面详细介绍企业应如何识别和分析评估市场机会，才能抓住市场机会开拓新的市场。

（一）市场机会的识别

市场机会来源于营销环境的各个方面。消费心理与行为是不断发展的，因此市场中总是存在一些需求空白。伴随着社会经济、科技、文化的发展与市场的进一步细分，新的消费需求也不断显现，企业要善于识别这些机会。

市场机会的识别应与企业的具体条件相结合，考虑企业所在行业及本企业在行业中的地位与经营特色，包括企业的产品类别、价格水平、销售形式、工艺标准、对外声誉等。在识别市场机会时，还要从企业的实际情况出发，分析该机会是否能为企业真正带来利益、能带来什么样的利益及利益的大小。

识别市场机会还要考虑其公开性与时效性等特征。一方面，任何市场机会都是已经客观存在或者即将发生的营销环境状况，每个企业都可以去发现和共享，这就要求企业尽早发现那些潜在的市场机会。另一方面，对现代企业来讲，营销环境的变化越来越快，很多市场机会从产生到消失是非常短暂的，稍纵即逝；同时，环境条件与企业自身条件最为适合的状况也不会维持很长时间，在市场机会从产生到消失这一短短的时间里，市场机会的价值也快速经历了一个价值逐渐增加、再逐渐减小的过程。因此，企业要及时把握市场机会。

（二）市场机会的分析

不同的市场机会为企业带来的利益不一样，即市场机会的价值存在差异性。企业要通过详细、具体的分析，在众多的市场机会中找出价值最大的那个机会。

通常，市场机会价值的大小由市场机会的吸引力和成功的可能性两方面因素决定。市场机会的吸引力是指该机会给企业带来的潜在利益的大小，反映市场机会吸引力的指标主要有市场需求规模、利润率、发展潜力等。成功的可能性是指企业把握市场机会并获得成功的可能性，影响市场机会成功可能性的因素主要有企业内部经营条件、外部环境的变化等。

从特定企业的角度来讲，具有吸引力的市场机会并不一定能成为企业实际上的发展良机，具有较大吸引力的市场机会必须同时具有较高的出现概率才能成为高价值的企业机会。企业市场机会价值评估模型如图 2-1 所示。

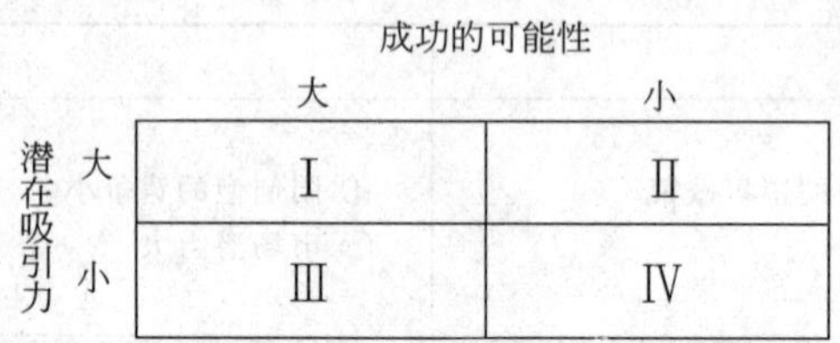

图 2-1　机会分析矩阵

在图 2-1 中，Ⅰ区域的吸引力和出现概率俱佳，价值最大，该区域的市场机会是企业营销活动最理想的经营内容。通常，此类市场机会既稀缺又不稳定，企业营销人员的一个重要任务就是要及时、准确地发现哪些市场机会进入或退出了该区域。

Ⅱ区域为吸引力大、出现概率低的市场机会。一般来说，该种市场机会的价值不大，虽然可能给企业带来丰厚收益，但经营风险较高，一般企业不会将主要精力放在此类市场机会上。不过，企业应时刻注意决定其可行性的内外环境的变动情况，做好当其可行性变大时进入区域Ⅰ的准备。

Ⅲ区域为吸引力小、出现概率大的市场机会。该类市场机会的风险低，获利能力小。通常稳定发展型企业、实力薄弱的小企业可以以该类市场机会作为其常规营销活动的主要目标。对于此类市场机会，企业应注意其市场需求规模、发展速度、利润率等方面的变化情况，以便在该类市场机会进入区域Ⅰ时可以立即有效地把握。

Ⅳ区域为吸引力、出现概率皆差的市场机会。通常企业不会注意该类价值最低的市场机会。对于这类市场机会企业应以观望为主，观察其发展变化，同时，做好一定的准备，当情况发生变化时及时采取措施。

（三）应对市场机会的营销对策

1. 及时利用策略

当市场机会与企业的营销目标一致，企业又具备利用市场机会的资源条件，并享有竞争中的差别利益时，企业应抓准时机，及时调整自己的营销策略，充分利用市场机会，求得更大发展。

2. 待机利用策略

有些市场机会相对稳定，在短时间内不会发生变化，而企业暂时又不具备利用市场机会的必要条件，可以积极准备，创造条件，等待时机成熟时，再加以利用。

3. 果断放弃策略

营销市场机会十分具有吸引力，但企业缺乏必要的条件，无法加以利用，此时企业应做出决策——果断放弃。因为任何犹豫和拖延都可能导致错过利用其他有利机会的时机，从而一事无成。

三、环境威胁

(一) 营销环境威胁的识别

所谓营销环境威胁，是指由于环境的变化形成的对企业现有营销的冲击和挑战。

(二) 环境威胁的分析

研究市场营销环境对企业的威胁，一般分析两方面的内容：一方面分析威胁对企业影响的严重性；另一方面是分析威胁出现的可能性。可用矩阵方法进行分析（图 2-2）。

Ⅰ区域内，环境威胁严重性高，出现的概率也高，表明企业面临着严重的环境危机，企业应处于高度戒备状态，积极采取相应的对策，避免威胁造成的损失。

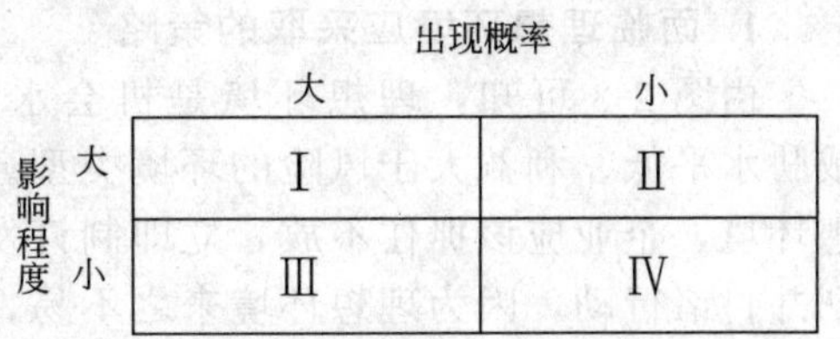

图 2-2　环境威胁分析矩阵

Ⅱ区域内，环境威胁严重性高，但出现的概率低，然而企业也不可忽视，必须密切注意其发展方向，也应制订相应的措施准备面对，并力争避免威胁的危害。

Ⅲ区域内，环境威胁严重性低，但出现的概率高，虽然企业面临的威胁不大，但是，由于出现的可能性大，企业也必须充分重视。

Ⅳ区域内，环境威胁严重性低，出现的概率也低，在这种情况下，企业不必担心，但应该注意其发展动向。

(三) 应对环境威胁的营销对策

1. 对抗策略

对抗策略指当企业面临环境威胁时，试图通过自己的努力限制或扭转环境中不利因素的发展。对抗策略通常被称为积极、主动的策略。企业可以通过各种方式利用政府通过的某种法令或与有关权威组织达成某种协议，以用来抵消不利因素的影响。

如我国贵州茅台酒厂发现市场上有许多厂家盗用和仿冒茅台酒商标，致使该厂的经营受到威胁。他们毅然拿起法律武器，捍卫自己的合法权益，来消除营销环境中对自己的不利影响。

2. 减轻策略

减轻策略是指当企业面临环境威胁时，力图通过调整、改变自己的营销组合策略，尽量降低环境威胁对企业的负面影响程度。

例如环境变化导致企业某些原材料价格大幅度上涨，致使本企业的产品成本增加，在企业无条件或不准备放弃目前的主要产品的经营时，可以通过加强管理、提高效率、降低成本以消化原材料涨价带来的威胁。

3. 转移策略

转移策略指当企业面临环境威胁时，通过改变自己受到威胁的产品现有市场，或者将投资方向转移来避免环境变化对企业的威胁。

转移策略如下。第一，产品转移，即将受到威胁的产品转移到其他市场。如美国的卷烟销售在本国受到限制，几家大卷烟制造商将他们的产品转移到发展中国家进行销售。第二，市场转移，即将企业的营销活动转移到新的细分市场上去。如某食品厂原本生产婴儿食品，随着出生率下降，老龄化来临，该目标市场已经萎缩，企业经过实验发现老年与婴儿在某些食物的需求很相近，便把主要的目标市场转移到老年群体中。第三，行业转移，即将企业的资源转移到更有利的新行业中去。如有些机械设备制造厂，面临行业的萧条，决定放弃自己原有的主营产品，转移到食品生产行业。

四、环境威胁与机会综合分析

在实际的客观环境中，单纯的环境威胁与单纯的机会环境都是极少的，而通常总是机会与威胁同在，风险与利益共存。因此，企业实际面临的是综合环境。根据环境中威胁水平和机会水平的高低不同，形成图 2-3 所示的矩阵。

1. 面临理想环境应采取的策略

由图 2-3 可知，理想环境是机会水平高、威胁水平低、利益大于风险的环境类型。对理想环境，企业应该抓住不放，立即制订发展计划并付诸行动，因为理想环境来之不易，机不可失，时不再来，如果错过机会，就很难弥补。

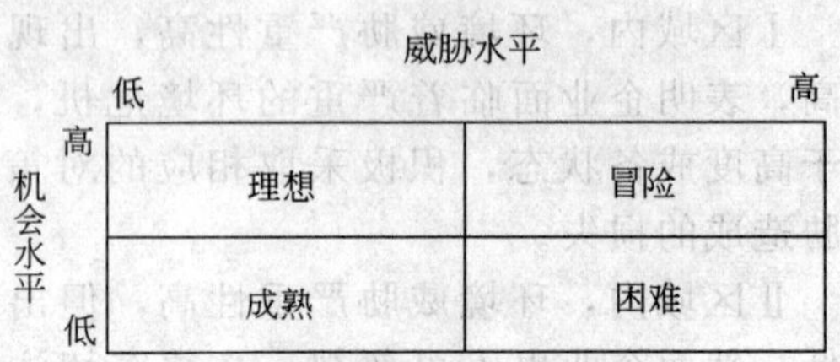

图 2-3 威胁-机会综合分析矩阵

2. 面临冒险环境应采取的策略

冒险环境是收益高，但风险大的环境，如一些高新技术产业领域。面对此类环境，企业应审时度势，慎重决策，既可以决定进入，也可以决定不进入，要在对客观环境和企业自身条件进行全面分析之后再做决策。此种决策是企业决策类型中最难的一种，既可能丢掉很好的机会，也可能要冒极大的风险。所以，容易犯两种错误：一种是丢弃的错误，即面对机会由于害怕风险，不敢进入，从而将机会失去；另一种是冒进的错误，即对可能出现的风险考虑不足，仓促进入，结果或是大败而归，或是骑虎难下。

3. 面临成熟环境应采取的策略

成熟环境是比较平稳的环境，机会与威胁都处于较低的水平，如经营得法，企业可以获得平均利润。该类环境可作为企业的常规经营环境，利用它来维持企业的正常运转，并为进入理想环境和冒险环境提供资金。

4. 面临困难环境应采取的策略

如果企业所处的环境已经转变为困难的环境，则可以考虑以下两方面。

第一，设法扭转。如果困难环境是由于企业的某些工作不力或失误造成的，则有可能通过努力扭转。

第二，立即撤出。对于大势所趋，无法扭转的困难环境，企业应该及时采取果断的决策，撤出在该环境中经营，另谋发展。

子任务四　市场营销环境分析报告基本内容

企业的市场环境分析报告没有固定的格式，一般包括报告题目、目录、前言、正文等几部分。

一、具体格式要求

题目一般包括企业名称、报告时间和报告名称等。在前言里，可简单介绍撰写报告的目的，说明报告的资料来源，简要介绍调研途径、方法和过程等。

正文是报告的核心部分。在环境分析报告的正文部分，应利用收集和调查到的市场环境资料和信息，分析影响企业发展的宏观营销因素和微观营销因素，发现其面临的机会和威胁，为企业了解环境现状与未来发展趋势，制订计划提供参考依据。

分析报告正文的内容和格式根据不同企业的情况可以不同，企业也可以从各种环境因素中只选择对企业影响最大、对当前企业最重要的那些因素进行详细分析。

二、任务示范

下面以某移动通信企业为例，说明如何分析一个企业面临的宏观和微观市场营销环境，如何撰写市场环境分析报告，以便为企业经营活动决策提供依据和基础。

题目：×××移动通信企业××××年市场环境分析报告

目录：（略）

前言：（略）

正文：

一、宏观环境

移动通信企业的市场营销宏观环境是影响企业营销活动的一系列巨大的社会力量，它主要包括人口、经济、政治、法律、科学技术及社会文化等因素。宏观环境对移动通信企业市场营销活动的影响具有强制性和不可控性，企业无法摆脱和控制宏观营销环境。组织生态学认为，一个组织只有适应周围的环境，才能生存和发展，不能适应环境，就要被淘汰。以下从人口环境、经济环境、政治法律环境、科学技术环境和社会文化环境5个方面对市场营销的宏观环境进行分析。

1. 人口环境

人口是市场的第一要素。移动通信市场是由有购买欲望同时又有支付能力的人构成的，故人口环境直接影响移动通信市场的存在与发展。移动通信市场人口环境主要包括以下4个方面。

（1）人口规模　我国是一个人口大国，随着国内市场经济的迅速发展，人们收入不断提高，人们对移动通信的需求也越来越旺盛，因而，移动通信市场潜力非常巨大。

（2）年龄结构　我国1997年人口抽样调查数据表明，我国15～64岁人口占总人口比重的67.92%，这个年龄段的人是移动通信的主要用户。

（3）地理分布　居住于不同地区的人群，由于地理环境、自然资源、经济收入、风俗习惯的不同，使得人口的流动性和对外联系的频繁度有所不同。相比而言，城市人口由于收入较高和对外联系频繁，因而市场密度大，结构复杂，对移动通信服务的需求较旺，层次较高。农村人口由于受经济收入的限制，需求层次较低。但是，随着乡镇企业的发展和农民生活水平的提高，农村市场的开发潜力巨大。

（4）性别差异　性别差异影响着消费需求，也导致购买习惯和购买行为的差别。一般来说，我国男性与外界的联系较多，对移动通信服务的需求较旺，女性与外界联系少于男性，对移动通信服务的需求相对较弱。随着移动通信技术的发展，移动通信的便利性已吸引越来越多的女性使用手机。因而，女性用户群是目前迅速增长的细分市场。

2. 经济环境

经济环境是指影响移动通信服务产品市场营销方式与规模的经济因素，包括消费者收入与支出状况、经济发展状况等。经济因素直接影响潜在用户对移动通信服务产品的购买和使用。

(1) 收入与支出状况　对于移动通信产品来说，消费者个人收入越高，需求越大。随着消费者收入的变化，支出模式与消费结构也会发生相应变化。收入增加时，食物支出所占的比例趋向减小，教育、卫生与休闲支出比率迅速上升。目前，中国居民人均收入稳步增长，这对移动通信产品市场总量的增长起到了促进作用。

(2) 经济发展状况　移动通信企业的市场营销活动通常会受到地区经济发展状况的影响。地区经济发展水平的高低会直接影响企业市场营销活动。在经济发展水平较高的地区，居民对移动通信服务的需求较旺盛，在经济发展水平较低的地区，居民对移动通信服务的需求较弱且对价格反应敏感。

宏观经济形势的好坏，也影响着人们对移动通信服务的需求。宏观经济形势好，人们收入增加，就业率提高，移动通信服务的需求量就上升；反之，宏观经济形势不景气，就业率下降，失业率上升，平均收入下降，人们对移动通信服务的需求量就下降。

3. 政治法律环境

政治环境是指企业市场营销的外部政治形势。安定团结的政治局面，不仅有利于经济的发展和收入的增加，而且能增强消费者对未来收入增长的预期，导致消费者对移动通信服务需求的上升；国家对通信行业的相关政策，如在进入世贸组织时所签订的电信协定，规定了外国电信运营商进入中国市场的时间和参股比率，为国内移动通信企业的发展赢得了宝贵的时间。

法律环境是指国家或地方政府颁布的各项法规、法令和条例等。法律环境可调节移动通信产品市场消费需求的形成和实现。移动通信企业一方面要严格依法经营，另一方面也可以运用法律手段来保障自身的权益。

4. 科学技术环境

科学技术是第一生产力，科学技术的发展对经济的发展有巨大的影响。科学技术不仅直接影响企业内部的生产和经营，同时还与其他环境因素互相依赖、互相作用，给企业营销活动带来有利与不利的影响。移动通信行业是知识、技术密集型行业，技术发展迅猛，升级换代速度较快，新业务、新功能层出不穷。新一代通信技术的运用，一方面为用户提供了更强大的通信服务，为企业拓宽了市场，产生了更好的经济效益；另一方面也使得移动通信企业目前正在运营的产品，不得不退出市场，从而加重了企业负担，缩短了企业投资收益期，给市场营销工作提出了更高的要求和目标。

5. 社会文化环境

社会文化环境主要是指国家或地区的民族特征、价值观念、生活方式、风俗习惯、宗教信仰、伦理道德、教育水平、语言文字等。社会文化对移动通信企业市场营销的影响是多层次、全方位、渗透性的，对所有营销的参与者均有重大的影响，这些影响大多是间接的、潜移默化的。

(1) 教育水平　消费者的受教育程度影响着消费者对商品的鉴别力和消费心理。在一般情况下，受教育程度较高的消费者，对移动通信服务质量的鉴别力也较高，购买时较理性；受教育程度较低的消费者，对移动通信服务质量的鉴别力稍差，感性认识对购买心理的影响较大。

(2) 价值观念　价值观念是指人们对社会生活中各种事物的态度和看法。不同文化背景的人，其价值观念的差异很大。移动通信企业应对具有不同价值观念的消费者采取不同的营销策略。

(3) 消费时潮　由于社会文化多方面的影响，可使消费者产生共同的审美观念、生活方式和情趣爱好，从而导致社会需求的一致性，这就是消费时潮。随着移动通信服务价格的降低，移动通信服务从时尚消费品，已逐渐成为普通生活用品，甚至对某些人来说已成为生活必需品，因而消费时潮的变化对移动通信服务的质量和标准提出了更高的要求。

二、微观环境

移动通信企业的市场营销活动能否成功，除了受营销部门本身因素的影响，还要受微观环境因素的影响。

1. 企业内部环境

企业的市场营销部门在公司高层管理部门规定的职责范围内可做出营销决策，并应按照企业总体目标制订市场营销方案，经企业管理高层批准后施行。但市场营销部门不是孤立存在的，它与财务、后勤服务、运行维护等部门之间既有多方面的合作，也存在争取资源等方面的矛盾。相关部门的业务状况，营销部门与其他部门的合作及它们之间是否协调发展，对营销决策的制订和实施影响极大。因此，移动通信企业应整合企业现有资源，协调公司内部相关部门，使相关部门都能围绕企业目标而协同工作，最终实现企业目标。

2. 与市场营销活动有关的企业

(1) 供应商　供应商是向移动通信企业及其竞争者提供生产经营所需资源的企业或个人，包括设备供应商、软件供应商及增值业务的内容供应商等。供应商对企业的市场营销业务具有重要的影响。供应商所提供的移动通信设备的好坏，直接影响移动通信服务质量，而设备价格和维护成本的高低则直接影响企业的投资回报，进而影响移动通信服务的成本、价格和利润。而为企业提供增值业务内容的服务商，其增值业务内容质量的高低，直接影响企业增值业务的收入和顾客对企业的评价。因此，供应商对于企业市场营销活动的影响很大，企业应与供应商保持良好的关系。对于设备供应商，企业应严格检查其设备的质量和性能，抓好供应商对企业的售后培训，在售后服务时限上提出明确要求，以保证通信服务质量；对增值信息内容提供商，企业应对其为用户提供的信息内容严格把关，在内容丰富多彩的基础上，注意其内容的合法性、健康性，杜绝向用户发送不健康及违法信息，从而维护企业的声誉和形象。

(2) 中间商　中间商是指协助移动通信企业促销和销售其产品给最终用户的机构或个人。中间商是企业市场营销活动的重要合作伙伴。一方面，中间商依靠销售或促销企业的移动通信产品，取得佣金收入，与移动通信企业共同发展；另一方面，中间商也要考虑自身利益，这些利益中的一部分与移动通信企业的利益相冲突，而在利益的驱动下，中间商有可能做出违背移动通信企业市场营销政策的行为，影响企业营销战略的实施和推广，因此企业应对中间商实行既扶持又管理的策略。

3. 顾客

顾客是企业的目标市场和企业的服务对象，也是企业市场营销活动的出发点和归宿。企业的一切营销活动都应以满足顾客的需要为中心。因此，顾客是企业最重要的环境因素。影响顾客购买移动通信产品的主要因素有三个：消费偏好、对价格的预期心理及相关电信产品的购买量。

(1) 消费偏好是指消费者在与周围环境的接触中，对某事物产生的一种偏爱。移动通信产品的购买较易受心理因素的影响。一种时尚的流行，某种群体行为的影响，都可能产生很大的趋同效应，促成顾客主动地、不加思考地购买。因此，企业的市场营销人员应正确地分析目标市场顾客的心理特征，注意其个性和差别，对不同的目标市场应有针对性地进行广告促销，努力培养其偏好，扩大移动通信的市场需求。

(2) 对价格的预期心理是指顾客对自己拟购买的移动通信产品的价格在未来一定时期涨跌的内心判断。当顾客拟购买某种移动通信产品时，一旦市场上该产品价格发生波动，当顾客预期价格将进一步上涨时，他们就会提前购买，从而扩大了一定时期内的需求量；当他们预期价格在不远的将来可能下降时，就可能推迟购买，这样便减少了一定时期内的需求量。对企业而言，价格战将导致顾客产生降价预期，从而对企业的市场营销产生不利影响，因此，企业应尽量避免价格战。

(3) 相关电信产品购买量的变化会引起移动通信产品需求量的变化。移动通信产品与其他电信产品（如固定电话）之间既存在相互替代的替代品关系，又存在相互连带的互补品关系。一方面，移动通信消费代替了固定电话的消费，因而移动通信消费量的增加，会使得固定电话用户减少；另一方面，移动通信的消费又与固定电话具有连带性，移动通信消费量的提高，则移动通信用户与固定电话用户的联系增加，从而带动固定电话消费量的上升。

4. 竞争者

移动通信市场属于典型的寡头垄断市场。一个企业要想比其他企业做得更好，必须识别和战胜竞争对手，才能在顾客心中确定其所提供产品的地位，获得战略优势。移动通信企业由于其所提供的通信产品的同质性较强，差异性较弱，因而竞争多属于品牌竞争。

品牌竞争是指满足同一需求的同种形式产品的不同品牌之间的竞争。在移动通信品牌竞争中，有3个因素会对企业竞争产生影响：卖方密度、行业进入难度和产品差异。卖方密度和行业进入难度由国家发放的移动通信运营牌照所决定，它在一定时期内相对稳定，企业对此无能为力。产品差异化是移动通信寡头赢得更大市场份额需要特别注重的因素，企业应加强产品差异化宣传，以获得更大的市场。

5. 公众

公众是指对移动通信企业实现市场营销目标的能力有实际或潜在利害关系和影响的团体和个人。企业面对公众的态度，会协助或妨碍企业营销活动的正常开展。因此，企业应采取积极措施，树立良好的企业形象，力求保持与公众的良好关系。企业所面临的公众主要有以下7种。

(1) 融资公众　指影响企业融资能力的金融机构，如银行、保险公司等。移动通信企业应稳健地运用资金，在融资公众中树立信誉。

(2) 媒介公众　主要指报纸、杂志、广播、电视等大众传播媒体。移动通信企业应与媒体组织建立友善关系，争取有更多、更好的有利于本企业的新闻、特写及评论发表，即使遇到突发危机事件，企业也能从容地进行危机公关，以渡过危机。

(3) 政府公众　指负责管理移动通信业务的有关政府机构。企业的发展战略和市场营销计划，必须同政府主管部门的行业发展计划、产业政策、法律规定相一致，在其具体的市场营销活动中，也应注意要在法律许可的范围之内进行，尽量取得政府支持。

(4) 社会公众　包括保护消费者权益组织、环保组织及其他群众团体等。移动通信企业的市场营销活动关系到社会各方面的切身利益，必须密切注意来自社团公众的批评和意见。

(5) 社区公众　指企业所在地附近的居民和社区组织。移动通信企业必须注重与当地社区公众保持良好关系，积极支持社区的重大活动，为社区发展贡献力量，争取社区公众理解和支持企业的营销活动。

(6) 一般公众　指上述各公众之外的社会公众。一般公众虽然不能有组织地对移动通信企业采取行动，但移动通信企业的形象将直接影响他们的惠顾。

(7) 内部公众　指移动通信企业的员工，包括高层管理人员和一般职工。移动通信企业的所有市场营销计划，都需要企业内部全体员工的充分理解、支持和具体执行。因而，企业应经常向员工通报有关情况，介绍企业发展计划，发动员工出谋献策；关心职工福利，奖励有功人员，增强企业凝聚力。从而通过企业员工，影响顾客及社会公众，实现企业营销计划。

实训实践

一、利用 SWOT 分析法，选择市区一家儿童培训机构进行市场营销环境分析。

二、撰写此培训机构的市场环境分析报告。

分析思考

1. 宏观营销环境和微观营销环境的区别在哪儿？又有何联系？
2. 什么是 SWOT 分析法？
3. 画出企业的环境威胁与市场机会综合分析图，说明企业所能采取的策略有哪些？

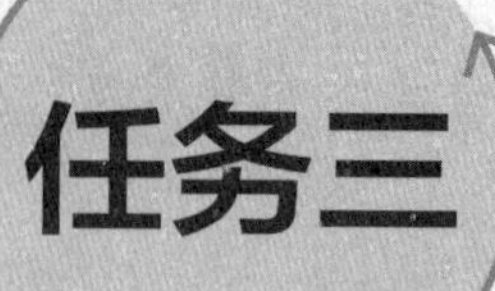

任务三 市场调研与预测

技术技能目标

1. 学会利用市场调研方法解决实际工作问题
2. 利用市场定量和定性预测方法把握产品销售

知识经验要点

1. 掌握市场调查不同类型
2. 熟悉市场调查的基本技能和方法
3. 掌握市场预测的原理
4. 熟悉市场预测的不同方法

教学重点

1. 市场调查的具体方法
2. 市场预测的不同方法

导入案例

春花童装厂的销售难题

没有商品这样的东西，顾客真正购买的不是商品，而是解决问题的办法。

——特德·莱维特

某市春花童装厂近几年沾尽了独生子女的光，生产销售连年稳定增长。谁料该厂李厂长这几天来却在为产品推销，资金搁死大伤脑筋。原来，年初该厂设计了一批童装新品种，有男童的香槟衫、迎春衫，女童的飞燕衫、如意衫等。借鉴成人服装的镶、拼、滚、切等工艺，在色彩和式样上体现了儿童的特点，活泼、雅致、漂亮。由于工艺比原来复杂，成本较高，价格比普通童装高出了80%以上，比如一件香槟衫的售价在160元左右。为了摸清这批新产品的市场吸引力如何，在春节前夕厂里与百货商店联合举办了“新颖童装迎春展销”，小批量投放市场十分成功，柜台边顾客拥挤，购买踊跃，一片赞誉声。许多商家主动上门订货。连续几天亲临柜台观察消费者反映的李厂长，看在眼里，喜在心上。不由想到，“现在都只有一个孩子，为了能把孩子打扮得漂漂亮亮的，谁不舍得花些钱呢？只要货色好，价格高些看来没问题，决心趁热打铁，尽快组织批量生产，及时抢占市场。”

为了确定计划生产量，以便安排以后的月份生产，李厂长根据去年以来的月销售统计数，运用加权移动平均法，计算出以后月份预测数，考虑到这次展销会的热销场面，他决定生产能力的70%安排新品种，30%为老品种。二月份的产品很快就被订购完了。然而，现在已是四月初了，三月份的产品还没有落实销路。询问了几家老客商，他们反映有难处，原以为新品种童装十分好销，谁知二月份订购的那批货，卖了一个多月还未卖出三分之一，他们现在既没有能力也不愿意继续订购这类童装了。对市场上出现的近一百八十度的需求变化，李厂长感到十分纳闷。他弄不明白，这些新品种都经过试销，自己亲自参加市场调查和预测，为什么会事与愿违呢？

思考：分析春花童装厂产品滞销的问题出在哪里？

在企业的经营过程中，经常遇到此类问题：经过辛苦研发的新产品没有得到消费者认可，市场销售量维持低水平；新产品研发后，发现市场上早有类似产品；广告投入高，但收效低等。要想避免此类问题发生，市场调研尤其重要。

子任务一　市场调研

一、市场营销调研的含义

市场营销调研是对与市场营销决策相关的数据信息进行收集、整理和分析并在此基础上进行科学的预测，把分析和预测结果向管理者沟通的过程，是营销决策的前提和基础。它通过运用科学的方法系统地、客观地辨别、收集、分析和传递有关市场营销活动的各方面的信息，为企业营销管理者制订有效的市场营销决策提供重要的依据。

二、市场调研的重要性

市场情况瞬息万变，环境变化难以预测。没有进行调研的市场决策具有很大的风险性。

1. 市场营销调研可帮助企业发现市场机会

每一商品和服务都有自己的生命周期，随着市场的变化，一些新的产品和服务会流行起来，而另一些产品和服务则会退出市场。激烈的竞争给企业进入市场带来困难，同时也为企业创造了许多机遇。通过市场营销调研，可以确定产品的潜在市场需求和销售量的大小，了解消费者的消费倾向、购买行为等，据此进行市场细分，进而确定其目标市场，分析市场的销售形势和竞争态势，作为发现市场机会、确定企业发展方向的依据。

2. 市场营销调研是企业产品更新换代的依据

随着市场的竞争加剧，新产品层出不穷，产品更新换代的速度越来越快。通过市场营销调研，可以帮助企业认识产品所处生命周期，以便适时调整营销策略，对其是否要进行产品的更新换代做出决策。

3. 市场营销调研是企业制订市场营销组合策略的依据

市场的情况错综复杂，有时难以推理，因为现象也会掩盖问题的本质。例如，空调产品在南京地区销售很好，可在昆明却销售不畅，通过市场营销调研可以指出问题所在，是因两个地方气候差异所致。只有找到原因，才能制订出产品策略。又如，产品的价格不仅取决于产品的成本，还受供求关系、竞争对手的价格等多因素的影响。随着市场变化，产品的价格也是瞬息万变的，通过市场营销调研，企业可以及时地掌握市场上产品的价格态势，灵活调整价格策略。再如，产品打入市场，能否制订出切实有效的促销策略至关重要，销售渠道是否畅通无阻亦同样重要。这一切都需要通过市场营销调研来提供市场信息，作为企业制订营销组合策略的依据。

4. 市场营销调研是企业增强竞争能力的基础

通过市场营销调研，企业可以及时了解市场的发展变化趋势，掌握市场相关产品的供求情况，了解顾客需求等。并据此制订市场营销计划，组织生产适销对路的产品，增强企业的竞争能力，实现企业的赢利目标，提高企业的经济效益。

三、市场调研工作的特点

市场调研工作有三个明显的特点：目的性、实践性和相关性。

1. 目的性

市场调研是一项目的非常明确的工作，必须有组织、有计划、有步骤地进行。它的任务是搜集商业情报和市场信息。因此，每次市场调研都要事先定好调查的范围和所要达到的目标，如为本企业的产品销售提供市场信息服务，为企业不断改进生产技术或提高业务水平和经营管理水平提供咨询服务，为企业的发展和获得产品营销活动的最佳经济效益提供市场依据。

2. 实践性

实践性是指市场调研是一项离不开实践的工作，调查工作人员必段深入实践才能搜集到全面、具体和时效性强的调查资料。调查研究人员通过对资料的分析，从中得出富有行动意义的结论，为企业管理部门进行决策提供依据，并指导企业的实践，更好地组织市场营销工作。企业决策是否得当，还须通过各种市场信息的反馈，接受实践的检验，而这种反馈信息也得依靠实地调查才能得到。

3. 相关性

市场调研一般都以某种产品的营销活动为中心展开具体的调查工作，因此，与产品的营销业务直接有关，这是市场调查的相关性。它为产品的营销提供各种有关市场和市场环境的信息，并对消费者的需求变化和潜在市场的变化趋势进行预测，直接指导企业的营销活动。

四、市场调研种类

从不同角度进行划分，市场调研的类型不同。按照调查的目的分类，市场调研主要有以下几种。

1. 探测性调查

探测性调查通常是种非正式的调查，进行探测性调查的目的是为了获得有关调研问题大体性质的背景资料。探测性调查通常在项目开始的阶段进行。实施探测性调查的方法通常有：第二手资料的分析，通过各种途径收集有关二手资料；从经验丰富的人员处获得有用信息；案例分析，回顾与分析问题相似的可用信息；开展座谈会，采用头脑风暴法；或者采用投射技术，要求参加者投射于特定环境回答问题。

2. 描述性调查

当调研的目的只是要了解现状时可以实施描述性调查。描述性调查通常通过对谁、什么、哪里、何时、怎样等问题的回答来进行。描述性调查可以分为横向研究与纵向研究两大类型。所谓横向研究是指仅在一个时间点上对研究总体进行测定。纵向研究则通过对相同样本的重复测定来完成。

3. 因果关系调查

因果关系调查是为了了解市场中出现的有关现象之间的因果关系而进行的市场调查。因果关系调查的主要目的是解决“为什么”。其目的是在两个以上的变量中寻找原因与结果关系，确定自变量与因变量，明确变化的方向，并建立变化函数。

4. 预测性调查

预测性调查是为了预测未来市场的变化趋势而进行的调查，它着眼于对未来市场状况的调查研究。预测性调查是预测的一个重要步骤，并建立在描述性调查、因果关系调查的基础之上。

子任务二　市场调研方法

市场调研需要选定调查样本，针对不同样本需求采取相应的调研方法，调研中通常以实地调查为主。

一、样本抽样法

抽样调查是根据部分实际调查结果来推断总体标志总量的一种统计调查方法，属于非全面调查的范畴。它是按照科学的原理和计算，从若干单位组成的事物总体中，抽取部分样本单位来进行调查、观察，用所得到的调查标志的数据以代表总体，推断总体。与其他调查一样，抽样调查也会遇到调查的误差和偏误问题。通常抽样调查的误差有两种：一种是工作误差（也称登记误差或调查误差）；另一种是代表性误差（也称抽样误差）。但是，抽样调查可以通过抽样设计，计算并采用一系列科学的方法，把代表性误差控制在允许的范围之内。另外，由于调查单位少，代表性强，所需调查人员少，工作误差比全面调查要小。特别是在总体包括的调查单位较多的情况下，抽样调查结果的准确性一般高于全面调查。因此，抽样调查的结果是非常可靠的。

抽样调查可以分为两类，即概率抽样和非概率抽样。概率抽样是按照随机原则进行抽样，不加主观因素，组成总体的每个单位都有被抽中的概率（非零概率），可以避免样本出现偏差，样本对总体有很强的代表性。非概率抽样是按主观意向进行的抽样（非随机的），组成总体的很大部分单位没有被抽中的机会（零概率），使调查很容易出现倾向性偏差。

现代被广泛应用的抽样调查是概率抽样。因此，现代的抽样调查是指概率抽样，其定义为：抽样调查，又称抽样推断，是一种重要的、科学的非全面调查方法。它根据调查的目的和任务要求，按照随机原则，从若干单位组成的事物总体中，抽取部分样本单位来进行调查、观察，用所得到的调查标志的数据来推断总体。

抽样调查按抽样的组织形式划分，有以下几种主要方法。

1. 简单随机抽样

也就是从总体中不加任何分组、划类、排队等，完全随机地抽取调查单位。特点是：每个样本单位被抽中的概率相等，样本的每个单位完全独立，彼此之间无一定的关联性和排斥性。简单随机抽样是其他各种抽样形式的基础。通常只是在总体单位之间差异程度较小和数目较少时，才采用这种方法。

2. 等距抽样

等距抽样是将总体各单位按一定标志或次序排列成为图形或一览表式，然后按相等的距离或间隔抽取样本单位。特点是：抽出的单位在总体中是均匀分布的，而且抽取的样本可少于纯随机抽样。等距抽样既可以用同调查项目相关的标志排队，也可以用同调查项目无关的标志排队。等距抽样是实际工作中应用较多的方法，目前我国城乡居民收支等调查，都是采用这种方式。

3. 类型抽样

就是将总体单位按其属性特征分成若干类型或层，然后在类型或层中随机抽取样本单位。特点是由于通过划类分层，增大了各类型中单位间的共同性，容易抽出具有代表性的调查样本。该方法适用于总体情况复杂，各单位之间差异较大，单位较多的情况。

4. 整群抽样

就是从总体中成群成组地抽取调查单位，而不是一个一个地抽取调查样本。特点是：调查单位比较集中，调查工作的组织和进行比较方便。但调查单位在总体中的分布不均匀，准确性要差些。因此，在群间差异性不大或者不适宜单个抽选调查样本的情况下，可采用这种方式。

5. 多阶抽样

就是将调查分成两个或两个以上的阶段进行抽样。第一阶段先将总体按照一定的规范分成若干抽样单位，称之为一级抽样单位，再把抽中的一级抽样单位分成若干更小的二级抽样单位，从抽中的二级抽样单位再分三级抽样单位等，这样就形成一个多阶段抽样过程。特点是在总体单元数目很大且分布很广时，简化抽样柜的编制，便于样本单元的抽取，使整个抽样调查的组织工作容易进行。

6. 二重抽样

就是先抽取一个容量比较大的初始样本，用初始样本估计总体的某些参数或某些必要的信息作为分层的比例或再次抽样的标志，然后将抽出的初始大样本作为总体，从中抽取容量合适的样本进行比较详细的调查。特点是：适合用于对总体信息了解比较少的调查。

7. 比率抽样

就是将总体按一种准确的标准划分出容量不等的具有相同标志的单位，然后按不同比率分配的样本量进行抽样。特点是总体中含量大的部分被抽中的概率也大，可以提高样本的代表性。

在抽样调查的实际工作中，经常是要将几种抽样方法结合起来应用。

二、实地调查法

实地调查是各种收集具体市场信息的调查方法的总和，是市场研究者对市场做出全面、细致、准确分析判断所必须掌握的基本方法。开展实地调查是为了获得第一手资料。通常采用的实地调查方法有实地观察调查法、访谈法和试验调查法。

（一）实地观察调查法

实地观察调查法是指调查者进入调查现场，用自己的感官及辅助工具，观察和记录调查对象表现，从而获得第一手资料的调查方法。与其他调查方法相比较，实地观察调查法收集到的资料更直接、更真实、更生动具体，所以成为公关调查中常用的一种方法。

1. 实地观察调查法的优缺点

实地观察调查法是科学认识的起点，是最古老、最常用的社会调查法，直观，可靠，抗干扰，简便灵活。实地观察调查法的最大缺点是表面性和偶然性，受时空等条件的限制，观察的对象和范围有很大局限性，而且有许多社会现象不能够或不宜进行实地观察，受到主观性干扰。实地观察需要花费较多的人力和时间。

2. 实地观察调查法的类型

从不同的角度进行划分，观察的类型也不同。

（1）根据观察者与观察对象之间有无直接接触，可以划分为直接观察和间接观察。

直接观察，指观察者凭借自己的眼睛、耳朵等感觉器官直接去感知观察对象的方法。如民政工作者查灾、教师在课堂上观察学生等。

间接观察，指观察者不直接感知观察对象，运用其他的途径去感知观察对象的方法。如看实时电视、录像等。

（2）根据观察内容是否有预定的、标准化的观察项目，可以划分为结构性观察和非结构性观察。

结构性观察，指观察者按照预先确定的观察提纲进行的项目明确、程序固定，记录标准化的观察。这种观察对于观察的内容、程序、记录方法都进行了比较细致的设计，观察时基本上按设计的步骤进行，对观察记录的结果适于进行定量化处理。

非结构性观察，指观察者在总的观察目的、要求下，预先并不制订观察计划，根据具体情况，有选择地进行观察。这种观察在事先无需严格的设计，比较灵活、机动，能够抓住观察进程中发现的现象，而不必受到设计的条例限制，但得到的资料较为零散，难以进行定量化处理。

（3）根据观察者是否参与观察对象的活动，可以划分为参与观察与非参与观察两种。

参与观察，指观察者参与到被观察群体中去，在与被观察对象的共同活动中，从内部进行观察。参与观察按照参与程度的不同，又可分为完全参与观察和不完全参与观察。

非参与观察，指观察者不加入被观察对象群体，不参与他们的任何活动，以旁观者的身份对被观察对象进行观察。

3. 实地观察调查法的操作

实地观察调查法的操作是指在调查目的和假设的指导下进行的有目的的认识活动，需制订周密的计划，对观察的内容、手段、步骤、范围做出具体的规定，还要对观察员进行培训，需要利用一定的观察工具。

（二）访谈法

访谈法是指调查者依据调查提纲与调查对象直接交谈，收集语言资料的方法，是一种口头交流式的调查方法。

1. 访谈类型

访谈调查有许多种类，并且依据不同的标准可以进行不同的分类。

（1）按访谈中的提问方式可分为定向型访谈和非定向型访谈。

定向型访谈，也称结构访谈，是由访谈员按照事先设计好的访谈调查问卷或提纲依次向访谈对象提问并要求访谈对象按规定标准进行回答的一种调查方法。这种方法的最显著特点就是访谈问卷或访谈提纲的标准化。定向型访谈通常用于了解访谈对象某种特定行为或态度，或者验证调查者的某种理论假设。例如我们了解“2007 年消费者对二手房购买的意愿”的情况，就可以使用定向型访谈调查来进行。

非定向型访谈，是指事先不设计完整的调查问卷及详细的访谈提纲，也不规定标准的访谈程序，而是由访谈者和访谈对象就某些问题自由交谈，访谈对象可以比较随便地提出自己的意见，而不管访谈员想得到什么样的答案的一种访谈调查方法。在非定向型访谈调查中，虽然也有调查讨论的主题，但访谈员并没有要求所有的访谈对象按统一格式和标准的程序作答。

非定向型访谈多用于人们对某一特定的事件所引起的人们的态度或行为变化、个案研究等方面。

（2）按访谈时间或次数可分为一次性访谈与重复性访谈（有的称跟踪访谈）。

一次性访谈，也称横向型访谈，它是指对人们在某一生活时刻或某段时期内的思想、态度及行为等方面情况进行的一次性完成的调查方法。

重复性访谈，也称跟踪访谈或纵向型访谈，是指不是一次完成而是要经过多次访谈才能完成的调查方法。

（3）按参加访谈的人数可分为集体访谈与个别访谈。

集体访谈，是指由一名或数名访谈调查员亲自召集一些调查对象就调查者需要调查了解的主题征求意见的一种调查方法。国内称这种形式的访谈为“调查会”或“座谈会”。集体访谈运用得当可以节省调研时间，使调研视野开阔、更加深入，但若运用不当，又可能导致形式主义或走过场，使调研要么如蜻蜓点水，要么做官样文章，很可能听不到不同意见。

个别访谈，是指由访谈员对每一个被调查者逐一进行的单独访谈的一种调查方法。其显著特点是：访谈员与访谈对象之间易于沟通；方式灵活，适应性强；资料真实、细致全面。个别访谈多用于一些规模小及一些敏感性问题的调研过程中，也常用于一些个案的研究之中。

2. 访谈提纲的设计

访谈提纲一般包括：确定访谈调查目的（为什么谈）；确定访员（谁去谈）；确定访谈对象（与谁谈）；确定访谈时间（何时谈）；确定访谈地点（何地谈）；确定访谈种类（怎么谈）；确定访谈记录方式（怎么记）；确定访谈报告方式（怎么写）。如果是标准化访谈，必须用组织统一设计的访谈问卷；如果是非标准化访谈，提纲则无须有严格的分类和固定的回答方式，但要求必须把与调查主题相关的主要项目和问题列出，问题要简练、明确。

3. 访谈的步骤

一般情况下访谈由以下几步组成。

（1）访谈前的准备　了解调查任务、目的以及相关的背景资料，准备好详细的访谈提纲和问题，要学习与调查内容有关的各种知识。

（2）设计访谈提纲　选择并了解访谈对象。落实访谈的时间和地点，并事先通知被访者。准备好必要的用品。注意礼仪。

（3）进入访谈　访谈时，要努力营造一个亲切友好的谈话气氛，打破陌生的隔阂。访谈双方见面，作为访谈的主动一方——调查者，应亲切称呼受访者，并作自我介绍，做到不亢不卑，使对方感到你的来访是善意的。同时，要向被访者说明访问的目的和意义，取得被访者的协助和支持。

（4）控制访谈过程　访谈的过程中，要掌握好访谈的节奏和访谈的主题。谈话时，应从题外到题内，等到谈话投机，再转入正题。在与被调查对象进行谈话时，访问者必须集中精力倾听，倘若对方离题，不要表现出不耐烦的厌倦情绪，要耐心等待有利时机，用插话的方法提出问题，引导对方把话题转到谈话的主题上来，使被调查者觉得他提供的情况很有价值，乐意继续说下去。

（5）访谈记录　访谈记录对资料的整理分类、对比分析至关重要。记录应围绕访谈内容进行，突出访谈问题的变量和结构。记录应尽可能详尽，尤其是那些开放式问题的回答和围绕主题展开的额外说明更要注意记录下来。不仅要记录言语的资料，还要把言语交流中的非言语信息如动作、表情记录在案，这些都对分析资料有着积极的意义。记录中不要试图去总结、分析和改正记录中的语句毛病，能详尽记下最好，不能详尽的，可记下关键词或用符号记录均可，目的是帮助事后回忆。另外，记录不要妨碍对方的谈话，不要让他觉得你未记完而停下来等你记，打乱思路，也不要因他想看你记下了什么而分散其注意力。访谈结束后，要抓紧整理笔记，防止有效信息的遗漏。记录的方式有表格记录、选择答案记录、笔记记录。征得被访者同意也可录音或录像。

访谈记录有当场记录和事后记录两种方式。当场记录必须征得访谈对象允许，而且要注意记录时不要贪多，应该只记要点，等访谈后再全面整理。因为过长的记录会使谈话中断，影响交谈的情绪。如果访谈对象允许录音，当场记录要求的办法就更为有用。如果访谈对象不愿意自己的话被记录或录音，那么就需要采取事后记录的方式。事后记录可采取以下办法：第一，事先把访谈要点记牢；第二，预先列出一个访谈顺序，访谈依顺序进行，这样事后的记录就有迹可寻；第三，访谈时如有要求就记几个字，这样可以节省时间，保持与访谈对象良好的互动。

在进行访谈记录过程中要注意，一是要忠实地记录，实事求是，不要以自己的话来转述被访者的回答；二是访谈过程中要随问、随听、随记，以免遗忘有关信息；三是要尽量记录被访者的原话，不要润色，不要添油加醋；四是少作概括性的记录，不要对被访者的回答内容作摘要，以免掺入主观成分；五是访谈记录表上要写明访谈人员的姓名、访谈日期、时间、地点等资料，以便于分析查考；六是访谈记录中除了被访者的回答外，追问、评注、解释、访谈情境和特殊事件的描述等都需要加括号，以示区别。

(6) 结束访谈　访谈结束后，对访谈的内容进行整理，组织访谈报告的撰写。

（三）试验调查法

试验调查法是从影响调查对象的若干因素中，选出一个或几个因素作为试验因素，在其余诸因素均不发生变化的条件下，了解该试验因素变化对调查对象影响的方法。可以根据一定的调查研究目的创造某种条件，采取某种措施，把调查对象置于非自然状态下观察其结果。如将某一商品在改变包装、价格、陈列方法等因素时观察因变量引起的效果。

1. 试验调查法的优缺点特征

(1) 优点　试验调查法具有客观性、主动性、精确性、实用性的优点。

试验调查法的结果具有一定的客观性和实用性。它通过实地试验来进行调查，将试验与正常的市场活动结合起来，因此，取得的数据比较客观，具有一定的可信度。

试验调查法具有一定的可控性和主动性。调查中，调查者可以成功地引起市场因素的变化，并通过控制其变化来分析、观察某些市场现象之间的因果关系以及相互影响程度，是研究事物因果关系的最好方法。

试验调查法可提高调查的精确度。在试验调查中，可以针对调查项目的需要，进行合适的试验设计，有效地控制试验环境，并反复进行研究，以提高调查的精确度。

(2) 缺点　相对来说，试验结果不易比较、限制性比较大。

市场中的可变因素难以掌握，试验结果不易相互比较。由于市场现象与自然现象相比，随机因素和不可控因素更多，政治、经济、社会、自然等各种因素都会对市场产生作用，因此，必然会对检验结果产生影响，完全相同的条件是不存在的。

试验结果有一定的限制性。试验调查法仅限于对现实市场经济变量之间关系的分析，而无法研究过去和未来的情况。

2. 决定试验调查法有效性的因素

(1) 原始变量，指在试验开始时已存在的，不是试验本身造成的、且不反复出现的事件。

(2) 成长变量，指随时间推移逐渐发生变化，进而影响试验单位的变量。

(3) 测试效果变量，测试效果变量包括主测试效果——指调查者前一次观察对后一次观察造成的影响；互动测试效果——指被调查者参与前一次试验对后一次试验的影响。

(4) 工具变异，指测量工具的变化可能给测量结果造成的影响。

除以上因素外，由于试验组和对照组样本选取的偏误给测量结果也会造成影响。

3. 几种常用的试验方法

(1) 前后无控制对比试验　即指事前对正常情况进行测量记录，然后再测量记录试验后的情况，进行事前事后对比，通过对比观察了解试验变化的效果。

如价格变动的前后无控制对比试验表（表 3-1）。

表 3-1　价格变动的前后无控制对比试验表　　单位：元

试验单位	试验前销售额	试验后销售额	变动
A	5000	5300	+300
B	4300	4500	+200
C	3600	3900	+300
D	7900	9000	+1100

(2) 前后有控制对比试验　在同一时间周期内，随机抽取两组条件相似的单位，一组做试验组，另一组做控制组（即非试验组，与试验组做对照比较的），在试验后分别对两组进行测定比较。

如价格变动的前后有控制对比试验表（表 3-2）。

表 3-2　价格变动的前后有控制对比试验表　　单位：个

组别	试验前一个月销量	试验后一个月销量	变动量
试验组(A、B、C)	$X_1=2000$	$Y_1=2600$	+600
控制组(D、E、F)	$X_2=2000$	$Y_2=2200$	+200

(3) 控制组、试验组对比试验　即同一时间内对控制组与试验组进行对比的试验调查法。其中，试验组按给定试验条件进行试验，控制组按一般情况组织经济活动。如控制组、试验组销量对比试验表（表 3-3）。

表 3-3　控制组、试验组销量对比试验表　　单位：个

组　别	月销售量
试验组(A、B、C)	$X=10000$
控制组(E、F、W)	$Y=5000$

(4) 分组随机对比试验　研究者除了考察基本自变量因素的影响外，还可将某个主要的外部因素孤立起来研究。如表 3-4 为商店规模和价格条件下的销售量对比表。

表 3-4　商店规模和价格条件下的销售量对比表　　单位：个

商店规模	不同价格下的销量		
	5.50 元	6.00 元	6.50 元
大于 50 万元	150000	130000	90000
10 万～50 万元	10690	18000	51000
小于 10 万元	5400	3600	2000
总计	166090	151600	14300

子任务三　市场预测

一个企业要作出正确的经营决策，预测和分析起着重要作用。企业所处经济环境动荡不定，新技术日新月异，市场需求变幻多端，这就要求企业不仅要着眼于现在，更应关注未来，通过预测和分析，了解对未来的经营活动与决策有重要意义的各种不肯定因素和未知事件，将市场中的未知状态转变为科学预测的期望状态，使企业在一定程度上规避市场风险，为决策提供依据。

一、市场预测的含义

市场预测就是运用科学的方法，对影响市场供求变化的诸因素进行调查研究，分析和预见其发展趋势，掌握市场供求变化的规律，为经营决策提供可靠的依据。预测为决策服务，是为了提高管理的科学水平，减少决策的盲目性，我们需要通过预测来把握经济发展或者未来市场变化的有关动态，减少未来的不确定性，降低决策可能遇到的风险，使决策目标得以顺利实现。

二、市场预测的原则

（一）相关性原则

建立在“分类”的思维高度，关注事物（类别）之间的关联性，当了解（或假设）到已知的某个事物发生变化，再推知另一个事物的变化趋势。最典型的相关有正相关和负相关，从思路上来讲，不完全是数据相关，更多的是“定性”的。

1. 正相关

正相关是事物之间的“促进”，比如，居民平均收入与“百户空调拥有量”；有企业认识到“独生子女受到重视”推知玩具、教育相关产品和服务的市场；某地区政府反复询问企业一个问题：“人民物质文化生活水平提高究竟带来什么机遇”，这实际上是目前未知市场面临的一个最大机遇！该地区先后发展的“家电业”、“厨房革命”、“保健品”应该是充分认识和细化实施的结果。这也体现了企业的机遇意识。进行人口普查，有专家提出那些资料是企业的“宝”，就看您怎么认识了：有个大型家具企业，起家把握的一个最大机遇是“中国第三次生育浪潮生育的这些人目前到了成家立业的高峰”。

2. 负相关

负相关是指事物之间相互“制约”，一种事物发展导致另一种事物受到限制。特别是“替代品”。比如资源政策、环保政策出台必然导致“一次性资源”替代品的出现，像“代木代钢”发展起来的PVC塑钢；某地强制报废助力车，该地一家电动自行车企业敏锐地抓住机遇。

（二）惯性原则

任何事物发展具有一定惯性，即在一定时间、一定条件下保持原来的趋势和状态，这也是大多数传统预测方法的理论基础。比如“线性回归”、“趋势外推”等。

（三）类推原则

这个原则也是建立在“分类”的思维高度，关注事物之间的关联性。

1. 由小见大

从某个现象推知事物发展的大趋势：例如现有人开始购买私家汽车，您预见到什么？运用这一思路要防止以点代面、以偏概全。

2. 由表及里

从表面现象推实质：例如“统一食品”在昆山兴建，无锡的“中萃面”应意识到什么？换个最简单的例子说：一次性液体打火机的出现，真的就有火柴厂没有意识到威胁的例子。

3. 由此及彼

引进国外先进的管理和技术也可以由这一思路解释。你记住一句话：发达地区被淘汰的东西，落后地区可能有市场。

4. 由史及今

毛泽东说过一句话：我不是李自成。可见历史的东西对以后的发展是极有指导性的。换句话说：谁敢想象自己家有空调、电脑、电话？我们问：您能不能想象一下 10 年后您会拥有自己的汽车？这种推理对商家是颇具启发的。您能总结一下中国家庭电视机的发展规律吗？也许，您从中就能找到商机！

5. 由远及近

比如国外的产品、技术、管理模式、营销经验、方法，因为可能比较进步，就代表先进的方向，可能就是“明天要走的路”。

6. 自下而上

从典型的局部推知全局，一个规模适中的乡镇需要 3 台收割机，这个县有 50 个类似的乡镇，可以初步估计这个县收割机的可能市场容量为 150 台。

7. 自上而下

从全局细分，以便认识和推知某个局部，对了解一个市场很有帮助，例如，我们想知道一个 40 万人的城市女士自行车市场容量，40 万人—20 万女性—（去掉 12 岁以下 50 岁以上）还有 10 万—调查一下 1000 女性骑自行车比率（假设 60%）—可能的市场容量为 6 万。

(四) 概率推断

我们不可能完全把握未来，但根据经验和历史，很多时候能大致预估一个事物发生的概率，根据这种可能性，采取对应措施。扑克、象棋游戏和企业博弈型决策都在不自觉地使用这个原则。有时我们可以通过抽样设计和调查等科学方法来确定某种情况发生的可能性。

三、市场预测的内容

(一) 市场容量及变化

市场容量是指有一定货币支付能力的需求总量。市场容量及其变化预测可分为生产资料市场容量预测和消费资料市场容量预测。生产资料市场容量预测是通过对国民经济发展方向、发展重点的研究，综合分析预测期内行业生产技术、产品结构的调整，预测工业品的需求结构、数量及其变化趋势。消费资料市场容量预测重点有以下三个方面。

1. 消费者购买力预测

预测消费者购买力要做好两个预测。第一，人口数量及变化预测。人口的数量及其发展速度，在很大程度上决定着消费者的消费水平。第二，消费者货币收入和支出的预测。

2. 预测购买力投向

消费者收入水平的高低决定着消费结构，即消费者的生活消费支出中商品性消费支出与非商品性消费支出的比例。消费结构规律是收入水平越高，非商品性消费支出会增大，如娱乐、消遣、劳务费用支出增加，在商品性支出中，用于饮食费用支出的比重大大降低。另外还必须充分考虑消费心理对购买力投向的影响。

3. 预测商品需求的变化及其发展趋势

根据消费者购买力总量和购买力的投向，预测各种商品需求的数量、花色、品种、规格、质量等。

（二）市场需求

市场需求是指特定的时间、特定的地域和特定的顾客群体，对某一商品现实和潜在的需求量。市场需求受很多因素影响，有外部因素，如政治、法律、文化、技术、消费心理和消费习惯等；有内部因素，如目标市场选择、销售价格制定与变动、促销手段的选择与实施、营销方法的确定等。

（三）市场价格的变化

企业生产中投入品的价格和产品的销售价格直接关系到企业盈利水平。在商品价格的预测中，要充分研究劳动生产率、生产成本、利润的变化，市场供求关系的发展趋势，货币价值和货币流通量变化以及国家经济政策对商品价格的影响。

（四）生产发展及其变化趋势

对生产发展及其变化趋势的预测，这是对市场中商品供给量及其变化趋势的预测。

子任务四　市场预测方法

市场预测的方法很多，西方一些研究机构统计有 200 多种，常用的预测方法有二三十种，我们可以根据预测的性质分为定性预测与定量预测。

一、定性预测

不依托数学模型的预测方法，可凭借自身的业务知识、实践经验和综合分析能力，运用已掌握的历史资料和直观材料，必要时将一些模糊的、无法确切定量的现象作估计量化，以此推测事物的趋势、方向和重大转折点作出估计和预测。定性预测简单易行，在预测精度要求不高时较为可行。定性预测的优点在于：注重于事物发展在性质方面的预测，具有较大的灵活性，易于充分发挥人的主观能动作用，且简单迅速，省时省费用。定性预测的缺点是：易受主观因素的影响，比较注重于人的经验和主观判断能力，从而易受人的知识、经验和能力的多少大小的束缚和限制，尤其是缺乏对事物发展作数量上的精确描述。

（一）类推法

通过不同事物的某些相似性类推出其他的相似性，从而预测出它们在其他方面存在类似的可能性的方法。包括产品类推法、地区类推法、局部总体类推法。产品类推法，又称相似性产品法，可以根据功能、构造、材质等特征相似性类推；地区类推法通常将以领先地区类推落后地区；局部总体类推是以局部普查或抽样资料类推全面或大范围。

（二）推销人员估计法

推销人员估计法也是一种常用的定性预测方法，是通过征求企业推销人员的意见预测未来需求的方法。该方法依据企业推销人员丰富的实践经验以及他们对市场动态和顾客心理的把握，对未来市场需求作出估计。优点：这些推销人员对市场情况很熟悉，对购买者意向很了解，所以他们比其他人有更丰富的知识和更敏锐的洞察力；有利于调动各种积极因素；可获得较详细的销售量估计；可节省预测时间和预测费用。缺点：推销人员的判断可能会过于乐观或过于悲观；不能正确地认识他们所面临的机会和威胁；可能会有意压低预测数字；对预测不感兴趣。

（三）用户调查法

用户调查法就是通过实际调查，在掌握第一手资料的情况下，对未来需求作出分析和判断的一种定性预测方法。主要包括预购法和潜在用户调查法，预购法是根据需求者的预购订单和预购合同来预算需求量的一种方法，这种方法主要适合于制造商和中间商在进行微观的短期预测时采用，不宜用做长期的预测。潜在用户调查法又叫购买者意向调查法，是指预测者直接向潜在用户了解在下一个时期中需要购买本企业产品的品种及数量，以预测下一个时期的销售量；潜在用户调查法用于工业品需求的预测，其准确性要比用在消费品方面高。用于耐用消费品方面的预测，其可靠性要比用于非耐用消费品方面高。

（四）集合意见法

集合意见法由调查人员召集企业内部或企业外部的相关人员，根据个人对事件的接触、认识、市场信息、资料及经验，对未来市场作出判断预测，并加以综合分析的一种方法。适用范围：该方法特别适合于企业预测，适用内容有市场开发、市场容量、产品销售量、市场占有率预测。

（五）专家意见法

专家意见法是指企业根据市场预测的目的和要求，向企业内部或外部的有关专家提供一定的背景材料，请他们就市场未来的发展变化进行判断。

1. 专家会议法

专家会议法就是邀请有关方面的专家，通过会议的形式对某一产品的市场需求及其发展趋势作出预测。交锋式会议法：要求参加会议的专家通过各抒己见，互相争论来预测问题。非交锋式会议法（头脑风暴法）：是指与会的每位专家可以独立地、任意地发表意见，但不相互争论，不批评他人意见，也不带发言稿，以便充分发挥灵感，鼓励创造性思维。混合式会议法（质疑式头脑风暴法）：是指在第一阶段实施头脑风暴法，在第二阶段进行质疑、争论、批评，不断交换意见、互相启发，最后取得一致结论。

2. 德尔菲法

德尔菲法是采用匿名的方式，用问卷的方法背靠背地征求专家各自的预测意见。德尔菲法的步骤：①拟订调查表——设计十几个问题；②选择专家——人数在 15 人左右；③寄发调查表——反复征询和反馈；④确定预测结果——写出预测结果报告。

（六）领先指标法

领先指标法就是通过将经济指标分为领先指标、同步指标和滞后指标，并根据这三类指标之间的关系进行分析预测。领先指标法不仅可以预测经济的发展趋势，而且可以预测其转折点。

（七）交叉影响法

交叉影响法，是分析各个事件由于相互影响而引起的变化以及变化发生的概率，来预测各个事件在未来发生的可能性大小的方法。

二、定量预测

定量预测法是根据比较完备的历史和现状统计资料，运用数学方法对资料进行科学的分析、处理，找出预测目标与其他因素的规律性联系，对事物的发展变化进行量化推断的预测方法。定量预测法可以分为两大类：一类是时间序列分析法；另一类是因果关系分析法，这里主要介绍时间序列分析法。时间序列是指同一经济现象或特征值按时间先后顺序排列而成的数列。时间序列分析法是运用数学方法找出数列的发展趋势或变化规律，并使其向外延伸，预测市场未来的变化趋势。时间序列分析法应用范围比较广泛，如对商品销售量的平均增长率的预测、季节性商品的供求预测、产品的生命周期预测等。

（一）加权算术平均法

用各种权数算得的平均数称为加权算术平均数，它可以自然数做权数，也可以项目出现的次数做权数，所得平均数值即为测定值。

（二）趋势平均预测法

趋势平均预测法是以过去发生的实际数为依据，在算术平均数的基础上，假定未来时期的数值是它近期数值直接继续，而同较远时期的数值关系较小的一种预测方法。

（三）指数平滑法

指数平滑法是生产预测中常用的一种方法。也用于中短期经济发展趋势预测，所有预测方法中，其是用得最多的一种。简单的全期平均法是对时间数列的过去数据一个不漏地全部加以同等利用；移动平均法则不考虑较远期的数据，并在加权移动平均法中给予近期资料更大的权重；而指数平滑法则兼容了全期平均和移动平均所长，不舍弃过去的数据，但是仅给予逐渐减弱的影响程度，即随着数据的远离，赋予逐渐收敛为零的权数。也就是说指数平滑法是在移动平均法基础上发展起来的一种时间序列分析预测法，它是通过计算指数平滑值，配合一定的时间序列预测模型对现象的未来进行预测。其原理是任一期的指数平滑值都是本期实际观察值与前一期指数平滑值的加权平均。

1. 一次指数平滑法

当时间数列无明显的趋势变化，可用一次指数平滑预测。其预测公式为：

$$S_{t+1}{}'=\alpha S_t+(1-\alpha)S_t{}'$$

式中　$S_{t+1}{}'$——$t+1$ 期的预测值，即本期（t 期）的平滑值 S_t；

S_t——t 期的实际值；

S_t'——t 期的预测值，即上期的平滑值 S_{t-1}。

该公式又可以写作：

$$S_{t+1}{}'=S_t{}'+\alpha(S_t-S_t{}')$$

可见，下期预测值又是本期预测值与以 α（加权系数）为折扣的本期实际值与预测值误差之和。

2. 二次指数平滑法

二次指数平滑是对一次指数平滑的再平滑。它适用于具有线性趋势的时间数列。公式为：

$$S_t^{(2)}=\alpha S_t^{(1)}+(1-\alpha)S_{t-1}^{(2)}$$

式中　$S_t^{(2)}$——第 t 周期的二次指数平滑值；

$S_t^{(1)}$——第 t 周期的一次指数平滑值；

$S_{t-1}^{(2)}$——第 $t-1$ 周期的二次指数平滑值；

α——加权系数（也称为平滑系数）。

$$\hat{x}_{t+T}=a_t+b_tT$$

其中

$$a_t=2S_t^{(1)}-S_t^{(2)}$$

$$b_t=\frac{\alpha}{1-\alpha}[S_t^{(1)}-S_t^{(2)}]$$

（四）趋势延伸法

1. 直观法

指根据预测目标的历史时间数列在坐标图上标出分布点，直观地用绘图工具画出一条最佳直线或曲线，并加以延伸来确定预测值。

2. 直线趋势延伸法的预测模型

直线趋势延伸法的定义是：当预测目标的时间序列资料逐期增减量大体相等时，长期趋势呈线性趋势所采用的方法。直线趋势延伸法的预测模型：

$$\hat{Y}_t=a+b_t$$

式中 t——已知时间序列 Y_t 的时间变量；

$\hat{Y}_t$——时间序列 Y_t 的线性趋势估计值；

a, b——待定参数；

a——截距；

b——直线斜率，代表单位时间周期观察值的增（减）量估计值。

a 和 b 参数的推算：直线趋势延伸法的关键是为已知时间序列找到一条最佳拟合其长期线性发展规律的直线，即正确地推算出直线的 a 和 b 参数。最常用的方法是用最小二乘法和极值定理求出最佳拟合线的 a 和 b 参数。

公式为： $b=\dfrac{n\sum tY-\sum t\sum Y}{n\sum t^2-(\sum t)^2}$　　$a=\dfrac{\sum Y}{n}-b\dfrac{\sum t}{n}$

一般按时间顺序给 t 分配序号。为了简化计算，使 $\sum t=0$，当时间序列中数据点数目 n 为奇数，如 $n=7$，则取 -3，-2，-1，0，1，2，3 为序号；如 n 为偶数，如 $n=8$，则取 -7，-5，-3，-1，1，3，5，7 为序号，此时 a 和 b 计算公式为：

$$a=\frac{\sum Y}{n}\qquad b=\frac{\sum tY}{\sum t^2}$$

（五）季节指数预测法

1. 季节指数预测法的概念

以市场的循环周期为特征，计算反映在时间序列资料上呈现明显的有规律的季节变动系数，达到预测目的的一种方法。

2. 季节指数预测法的要点

首先，利用统计方法计算出预测目标的季节指数，以测定季节变动的规律性；然后，在已知季节的平均值的条件下，预测未来某个月（季）的预测值。

3. 直接平均季节指数法操作步骤

收集历年（通常至少有 3 年）各月或各季的统计资料（观察值）。

求出各年同月或同季观察值的平均数（用 A 表示）。

求出历年间所有月份或季度的平均值（用 B 表示）。

计算各月或各季度的季节指数，即 $S=A/B$。

根据未来年度的全年趋势预测值，求出各月或各季度的平均趋势预测值，然后乘以相应季节指数，即得出未来年度内各月和各季度包含季节变动的预测值。

（六）回归分析法

寻求有关联（相关）的变量之间的关系。

1. 主要内容

（1）从一组样本数据出发，确定这些变量间的定量关系式；

（2）对这些关系式的可信度进行各种统计检验；

（3）从影响某一变量的诸多变量中，判断哪些变量的影响显著，哪些不显著；

（4）利用求得的关系式进行预测和控制。

2. 线性相关系数的性质和意义

（1）相关系数值范围是：$-1<r<1$。

（2）相关系数 r 的符号与 b 相同。当 $r>0$ 时，称为正线性相关，这时 y 有随 x 增加而线性增加的趋势；当 $r<0$ 时，称为负线性相关，这时 y 有随 x 增加而线性减少的趋势。

（3）相关系数 r 绝对值越接近 1，两个变量之间的线性相关程度就越高；反之则越低。当 $r=0$ 时，称为完全不线性相关。

3. 一元线性回归

假设有两个地理要素（变量）x 和 y，x 为自变量，y 为因变量。则一元线性回归模型的基本结构形式为（a 和 b 为待定参数；e 为随机变量）

$$\hat{y}=a+bx+e$$

子任务五　市场预测步骤

预测应该遵循一定的程序和步骤以使工作有序化、统筹规划和协作。市场预测的过程大致包含以下步骤。

一、确定目标

明确目的，是开展市场预测工作的第一步，因为预测的目的不同，预测的内容和项目、所需要的资料和所运用的方法都会有所不同。明确预测目标，就是根据经营活动存在的问题，拟定预测的项目，制订预测工作计划，编制预算，调配力量，组织实施，以保证市场预测工作有计划、有节奏地进行。

二、搜集资料

进行市场预测必须占有充分的资料。有了充分的资料，才能为市场预测提供进行分析、判断的可靠依据。在市场预测计划的指导下，调查和搜集预测有关资料是进行市场预测的重要一环，也是预测的基础性工作。

三、选择方法

根据预测的目标以及各种预测方法的适用条件和性能，选择出合适的预测方法。有时可以运用多种预测方法来预测同一目标。预测方法的选用是否恰当，将直接影响到预测的精确性和可靠性。运用预测方法的核心是建立描述、概括研究对象特征和变化规律的模型，根据模型进行计算或者处理，即可得到预测结果。

四、分析修正

分析判断是对调查搜集的资料进行综合分析，并通过判断、推理，使感性认识上升为理性认识，从事物的现象深入到事物的本质，从而预计市场未来的发展变化趋势。在分析评判的基础上，通常还要根据最新信息对原预测结果进行评估和修正。

五、编写报告

预测报告应该概括预测研究的主要活动过程，包括预测目标、预测对象及有关因素的分析结论、主要资料和数据，预测方法的选择和模型的建立，以及对预测结论的评估、分析和修正等。

实训实践

一、选择一种调研方法，对当前泰州市茶礼品包装进行市场调查，编写市场调查报告。

二、选择一种茶礼品，进行包装设计，提出产品营销策划攻略。

分析思考

1. 不同市场调查方法的优缺点有哪些?
2. 市场预测的步骤是什么?
3. 市场预测的方法有哪些?
4. 调查表设计的主要内容包含什么?

任务四

消费市场诊断

技术技能目标

1. 能够分析总结具体消费者市场的特点及购买行为规律
2. 能够明确有哪些因素影响消费者的购买行为，它们是怎样影响的
3. 通过对消费者行为的综合分析，明确应采取哪些营销对策

知识经验要点

1. 了解消费者市场的特点及购买行为模式
2. 熟悉影响消费者购买行为的因素
3. 了解购买决策的参与者，明确购买行为的类型
4. 掌握消费者购买决策的过程

教学重点

1. 消费者购买行为的类型
2. 消费者购买行为的影响因素

导入案例

看美国人、欧洲人和中国人怎么买车

营销只有围绕消费者的注意力转，才能获得市场。

——徐源

星期六早晨走进汽车销售公司，一边吃着他们免费提供的汉堡，一边听销售员殷勤唠叨，不一会儿，交钱、拿车钥匙、开车走人——这是美国人的购车方式。我们不禁失笑：美国人买车，原来就像吃麦当劳那样随意。

与美国人比起来，欧洲的买车族更像从经典油画中走出来的贵族。当欧洲人有了买车的想法后，他们会漫步到经销商那里定购，定购的车将在数个星期之后被送到。整个过程，就像坐在左岸的酒吧里品尝 MACANUDO（麦克纽杜）雪茄那般慢条斯理，有些许的诗意和悠闲。

在中国，我们买车就好像读一个 MBA，首先要温习功课：排量多少、哪国产的、有啥特点、发动机什么型号什么性能……对车的基本配置及功能都要了如指掌。在中国想要买车的人好像都要达到博导级别，才不会吃哑巴亏；至于现在不买车但以后想买车的人也都像专家。有一天我竟然听到，一群年轻人在聊吉利美人豹时，谈笑间就分析了中国汽车产业的结构和未来竞争态势。是的，中国人买车似乎在拍一张全家福，往往拖儿带女去看车。所以车主大多是没有“主权”的，还往往紧张得就像被北大光华管理学院的名教授检验MBA的入学资格一样。渐渐地，中国经销商普及试车，增加了买车的时间成本，但并没有对购买决策有什么实质帮助。事实上，大多数人试完车后，还得回家上网搜索和反复研究报纸周末版的试车报告。

思考：分析影响美国、欧洲和中国消费者购车行为的主要因素是什么？

子任务一　认识消费者市场与消费者行为模式

一、消费者市场的含义和特点

（一）消费者市场的含义

市场指有购买力、购买欲望的顾客群体。按照顾客购买目的和动机来划分，可将市场分为两大基本类别：组织市场和消费者市场。组织市场指以某种组织为购买单位的购买者所构成的市场，购买目的是为了生产、销售、维持组织运作或履行组织职能。按照现代营销学的观点，消费者市场就是所有消费者、全部购买力及各种购买动机的结合；换言之，是所有潜在的消费资料购买者的有效需求的总和。消费者的数量、购买力和购买动机构成了消费者市场不可或缺的三大要素。生活消费是产品和服务流通的终点，因而消费者市场也被称为最终产品市场。

（二）消费者市场的特点

1. 广泛性

生活中的每个人都会或多或少地发生一些消费行为或消费品购买行为，这样他们就成为消费者市场的一员。因此，消费者市场人数众多，范围广泛。

2. 分散性

消费者的购买单位是个人或家庭。一般而言，家庭商品储藏地点小、设备少，买大量商品不易存放；家庭人口较少，商品消耗量不大；再者，现代市场商品供应丰富，购买方便，随时需要随时购买，不必大量储存，导致消费者每次购买数量零星，购买次数频繁，易耗的耐用消费品更是如此。

3. 多样性

由于各个消费者的收入水平、文化程度、职业、性别、年龄、民族和生活所处环境的不同，自然会有各式各样的爱好和兴趣，对商品和服务的需要是千差万别、丰富多彩的。例如，对穿、用的商品，每个人在品种、质量、花色、规格上的需要都不尽相同，对食物的需求也存在习惯上的差异。这种不拘一格的要求，就是消费者需求的多样性。

4. 易变性

消费需求具有求新求异的特点，要求商品的品种、款式不断翻新，有新奇感，不喜欢一成不变的老面孔。许多消费者对某个新品种、新款式的共同偏好就形成了消费风潮，这反映了消费心理的变化。随着市场商品供应的丰富和企业竞争的加剧，消费风潮的变化速度加快，往往令人难以把握。

5. 发展性

随着科学技术的进步和消费人均收入水平的提高，人们对商品和服务的需要也不断变化，呈现由少到多、由粗到精、从低级到高级的发展趋势。未曾消费过的高档商品进入消费名单；过去消费少的高档耐用品现在大量消费；过去质量一般的商品，现在质量有所提高。一种需要满足了，又会产生新的需要。

6. 情感性

消费品有千千万万，消费者对所购买的商品大多缺乏专门的甚至是必要的知识，只能根据个人好恶和感觉做出购买决策，多属于非专家购买，受情感因素影响大，且受企业广告宣传和营销活动的影响大。

7. 伸缩性

消费需求受消费者收入、生活方式、商品价格和储蓄利率的影响较大，在购买数量和品种选择上表现出较大的需求弹性或伸缩性。收入多则增加购买，收入少则减少购买。商品价格高或储蓄利率高的时候减少消费，商品价格低或储蓄利率低的时候增加消费。

8. 替代性

消费品种类繁多，不同品牌甚至不同品种之间往往可以互相替代。由于消费品具有替代性，消费者在有限购买力的约束下，对满足哪些需要以及选择哪些品牌来满足需要必然慎重地决策且经常变换，导致购买者在不同产品、品牌和企业之间流动。

9. 可诱导性

消费者需求是可以引导和调节的。通过企业的工作和影响，人们的消费需求可以变化和转移。潜在的欲望可以变为明显的购买行动，未来的消费需求可以成为现实的消费。例如，人们原来并没有准备很快购买某种商品，但由于产品的问世或广告宣传等影响，就会由不准备购买或不准备现在购买，而迅速演变为强烈的购买冲动。因此，企业不仅应当适应和满足人们的需求，而且还可以启发、诱导人们的消费需求。

10. 季节性

分为三种情况：一是季节性气候变化引起的季节性消费，如冬天穿羽绒服、夏天穿单衣，夏天买冰箱、冬天买电炉子等；二是季节性生产而引起的季节性消费，如春夏季是蔬菜集中生产、消费的季节；三是风俗习惯和传统节日引起的季节性消费，如端午节吃粽子、中秋节吃月饼等。

二、消费者购买行为模式

对消费者购买行为规律的研究涉及消费者购买行为的基本模式，它主要回答以下问题。

形成购买群体的是哪些人？　　购买者（occupants）
他们要购买什么商品？　　　　购买对象（objects）
他们为什么要购买这些商品？　购买目的（objects）
哪些人参与购买决策过程？　　购买组织（objectives）
他们以什么方式购买？　　　　购买方式（operations）
他们在什么时候购买？　　　　购买时间（occasions）
他们在哪里购买？　　　　　　购买地点（outlets）

由于七个英文单词的开头字母都是O，所以市场营销学界将这些决策内容称为消费者市场的“7Os”架构。企业要有的放矢地开展营销活动，则必须先研究消费者的购买行为规律。例如，传真机这种产品，消费者购买什么类型的传真机作为家庭用？他们追求传真机的什么特点？他们买传真机追求什么利益？他们要传送何种类型的文件？为什么要传送这些文件？当具有新型特点的传真机上市时他们会不会更换旧型传真机？这些问题的答案可通过消费者研究获得，并可给传真机制造商制订产品计划、设计产品规格、决定促销策略提供重要的依据。

消费者购买行为理论中的刺激-反应模式是最有代表性的理论，见图 4-1。

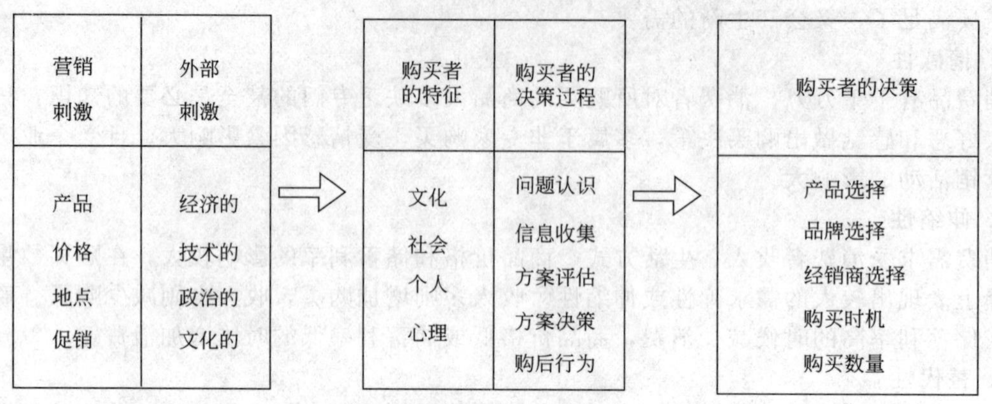

图 4-1 消费者购买行为模式

市场营销刺激和其他外部刺激进入购买者的意识，购买者根据自己的特征处理这些信息，经过一定的决策过程导致了购买决定。市场营销人员的任务就是要了解：在出现外部刺激后到做出购买决策前购买者意识中发生的变化。所以，对消费者购买行为的研究主要包括两个部分：一是对影响购买者行为的各种因素的分析；二是对消费者购买决策过程的研究。

子任务二 了解影响消费者购买行为的主要因素

一、影响消费者购买行为的外在因素

（一）文化因素

1. 文化

文化是指人类社会发展过程中所创造的物质财富和精神财富的总和，是根植于一定的物质、社会、历史传统基础上形成的特定价值观念、道德、信仰、理想和其他有意义的象征的综合体。“文化”看不见，摸不着，但人们能感觉得到它的存在，如东西方文化的巨大差异，同属东方文明的中、日文化之间的差异等。作为其有形的一面，文化又反映在一国的建筑、城市风貌、文学艺术、衣着，甚至饮食上。

文化是影响人们欲望和行为的基本因素。文化对消费者的购买行为具有强烈的和广泛的影响。例如，标有老年人专用字样的商品在美国等西方国家并不受老年人欢迎，因为这种宣传违背了人们忌讳衰老的价值观。而在中国，专为老年人生产的食品、用品、服装等却大受欢迎。

2. 亚文化

所谓的亚文化，它们以特定的认同感和社会影响力将各成员联系在一起，使这一群体持有特定的价值观念、生活格调与行为方式。这种亚文化有许多不同的类型，其中影响购买行为最显著的有四种。

（1）民族亚文化群　每个国家都存在不同的民族，每个民族都在漫长的历史发展过程中形成了各自的语言、风俗、习惯和爱好，他们的饮食、服饰、居住、婚丧、节日、礼仪等物质和文化生活方面各有特点，这都会影响他们的购买欲望和行为。

(2) 宗教亚文化群　世界上许多国家，在一国之内往往存在着许多不同的宗教。以我国来说，就同时存在伊斯兰教、佛教、天主教、基督教等。他们特有的信仰、偏好和禁忌在购买行为和购买种类上体现出许多不同特征。

(3) 种族亚文化群　一个国家可能有不同的种族，不同的种族有不同的生活习惯和文化传统。比如，美国的黑人与白人相比，购买的衣服、个人用品、家具和香水较多，食品、运输和娱乐消费较少。美国许多大公司非常重视通过多种途径开发黑人市场，还有的公司专门为其开发特殊的产品和包装。

(4) 地理亚文化群　世界上处于不同地理位置的各个国家，同一国家内处于不同地理位置的各个省份和市县都有着不同的文化和生活习惯：例如，我国华南地区与西北地区，沿海地区与内地偏远地区，都有不同的生活方式和时尚，从而对商品的购买也有很大不同。

总之，一个消费者对各种产品的兴趣，如对食物的偏好、衣着的选择、娱乐甚至事业的抱负，显然都受到他的民族、宗教、种族和地理背景等的影响。

3. 社会阶层

社会阶层是指社会学家根据职业、收入来源、教育水平、价值观和居住区域对人们进行的一种社会分类，是按层次排列的、具有同质性和持久性的社会群体。

社会阶层又有以下特点。

第一，同一阶层的成员具有类似的价值观、兴趣和行为，在消费行为上相互影响并趋于一致。

第二，人们以自己所处的社会阶层来判断各自在社会中占有的高低地位。

第三，一个人的社会阶层归属不仅仅由某一变量决定，而是受到职业、收入、教育、价值观和居住区域等多种因素的制约。

第四，人们能够在一生中改变自己的社会阶层归属，既可以迈向高阶层，也可以跌至低阶层，这种升降变化的程度随着所处社会的层次森严程度的不同而不同。

不同社会阶层的人，无论在购买行为和购买种类上都具有明显的差异性。市场营销员可以借助这一因素的研究成果，采取相应的市场营销策略，以获取更大的经济效益。

(二) 社会因素

相关群体是指那些直接或间接影响人的看法和行为的群体。相关群体有两种基本类型。一种是个人具有成员资格并因而受到直接影响的群体，即直接相关群体或成员群体。直接相关群体又分为主要群体和次要群体。主要群体是指那些关系密切且经常接触的非正式群体，如家庭成员、亲戚朋友、同事、邻居等。次要群体指较为正式但日常接触较少的群体，如宗教组织、行业协会等。另一种是个人并不具有正式成员资格，而是期望成为其中一员的群体，即间接相关群体。这种相关群体又分为向往群体和厌恶群体。向往群体是指某人推崇的一些人或希望加入的集团，如体育明星、影视明星就是其崇拜者的向往群体。厌恶群体是指某人讨厌或反对的一群人。一个人总是不愿意与厌恶群体发生任何关系，在各方面都希望与其保持一定距离，甚至经常反其道而行之。

相关群体对消费者购买行为的影响表现在三个方面。

(1) 示范性　相关群体的消费行为和生活方式为消费者提供了可供选择的模式。

(2) 仿效性　相关群体的消费行为引起人们仿效的欲望，影响人们的商品选择。

(3) 一致性　由于仿效而使消费行为趋于一致。相关群体对消费者购买不同商品的影响程度视产品类别而定。它对购买使用时不易为他人所觉察的洗衣粉、食盐等商品影响较小，对购买使用时十分显眼的服饰、耐用消费品、香烟、药品等商品影响较大。相关群体不仅影响消费者对产品的选择，而且影响消费者对商品品牌的选择。企业应善于运用相关群体对消费者施加影响，扩大产品销售：阿迪达斯公司在这方面的做法值得借鉴。在国际体坛，人们常用“哪里有世界冠军，哪里就有阿迪达斯公司的产品”来形容阿迪达斯公司在世界体育界的影响，这并不是夸张、过誉之词。

二、影响消费者行为的内在因素

影响消费者行为的内在因素主要有消费者的心理因素、生理因素和经济因素等。其中，心理因素包括较多内容，有消费者认知过程、消费者的个性、消费者的学习、消费者的态度等。

（一）感觉

感觉是人脑对当前直接作用于感觉器官的客观事物个别属性的反映，是影响个人购买行为的一个重要心理因素。感觉包括视感觉、听感觉、嗅感觉、皮肤感觉、机体感觉、平衡感觉、运动感觉、痛感觉等类型，其中皮肤感觉是一种综合性的感觉，包括温度感觉、触感觉等。人类对感觉的需求，以听、视感觉为最高，约占80%，触感觉约占15%，味嗅感觉约占5%。

一个被动机驱使的人随时准备着行动，但具体如何行动则取决于他对情境的感觉如何。两个处于同样情境的人，由于对情境的感觉不同，其行为可能大不相同。企业营销人员应当通过调查确定一些重要的感觉评价标准，了解消费者对各种商品的感觉，在产品开发、产品定位、使用方法、促销方法和广告设计中考虑消费者的感觉与感受的变化，设计相应的市场营销组合策略。

（二）知觉

知觉是人脑对直接作用于感觉器官的客观事物各个部分和属性的整体反映。知觉与感觉的区别如下。第一，感觉是人脑对客观事物的某一部分或个别属性的反映，知觉是对客观事物各个部分、各种属性及相互关系的综合的、整体的反映。第二，感觉是介于心理和生理之间的活动，它的产生主要通过感觉器官的生理活动过程，并依赖于客观刺激的物理特性，相同的客观刺激会引起相同的感觉；知觉却是以生理机制为基础而产生的纯粹的心理活动，处处渗透着人的主观因素作用。第三，感觉过程仅仅反映当前刺激所引起的兴奋，不需要以往知识经验的参与；而知觉过程包括了当前刺激所引起的兴奋和以往相应的知识经验的暂时神经联系的恢复过程。第四，从生理机制看，感觉是单一分析器活动的结果；而知觉是多种分析器协同活动对复杂刺激物或刺激物之间关系进行综合分析的结果。

知觉的性质及其在市场营销中的应用表现在以下方面。

1. 知觉的整体性

也称为知觉的组织性，指知觉能够根据个体的知识经验将直接作用于感观的客观事物的多种属性整合为同一整体，以便全面地、整体地把握该事物，有时，刺激本身是零散的，但由此产生的知觉却是整体的。

2. 知觉的选择性

指知觉对外来刺激行为有选择地反映或组织加工的过程，包括选择性注意、选择性扭曲和选择性保留。

（1）选择性注意　人们会更多地注意那些与当前需要相关的刺激物，人们会更多地注意他们期待的刺激物以及与刺激物的正常大小相比有较大差别的刺激物。

(2) 选择性扭曲　即使是消费者注意的刺激物，也并不一定会与原创者预期的方式相吻合；选择性扭曲就是人们将信息加以扭曲，使之合乎自己意思的倾向。

(3) 选择性保留　人们会忘记他们所知道的许多信息，但他们倾向于保留那些能够支持其态度和信念的信息。选择性保留解释了为什么营销人员在传递信息给目标市场的过程中需要选用大量戏剧性手段和重复手段。

3. 知觉的解释性

是指知觉整体同过去经验、动机、情绪、态度等因素作比较而获得意义的特性。

上述感觉和知觉的相关知识告诉企业营销者必须精心设计促销活动，才能突破消费者知觉选择性的壁垒。

(三) 动机

心理学认为，人类行为由动机支配，而动机由需要引起。购买行为也不例外。需要，是人感到缺少些什么从而想获得它们的状态。一种尚未满足的需要，会产生内心的紧张或不适，当它达到迫切的程度，便成为一种驱使人行动的强烈的内在刺激，称为驱策力。这种驱策力被引向一种可以减弱或消除它的刺激物时，如某种商品时，便成为一种动机。因此，动机是一种推动人们为达到特定目的而采取行动的迫切需要，是行为的直接原因。在一定时期，人们有许多需要，只有其中一些比较迫切的需要发展成为动机；同样，在人们的动机中，往往也是那些最强烈的“优势动机”才能导致行为。

心理学家曾提出许多关于人类行为动机的理论，最著名的如马斯洛、弗洛伊德、赫茨伯格的理论等。

1. 马斯洛的需要层次理论

该理论认为，人类的需求从较低需求到较高需求的先后顺序分为五个层次。如图 4-2 所示。

(1) 生理需要　包括饥渴、御寒和睡眠等所需的衣食住等方面的需要，这是人类最基本的需要，也是最首要的需要。当这类需要没有得到一定满足时，人们一般不会产生更高的需要，或者不认为还有什么需要比这类需要更高、更重要。在那些消费者倾注全力以获得足够食物来度日的地区市场，那里的消费者很少会对其他产品感兴趣，或有钱购买其他产品。

(2) 安全需要　即保护人身、财产安全和防备失业、患重病的需要。如为了人身安全和财产安全而对防盗设备、保安用品、人寿保险和财产保险产生需要；为了维护健康而对医药和保健用品产生需要等。

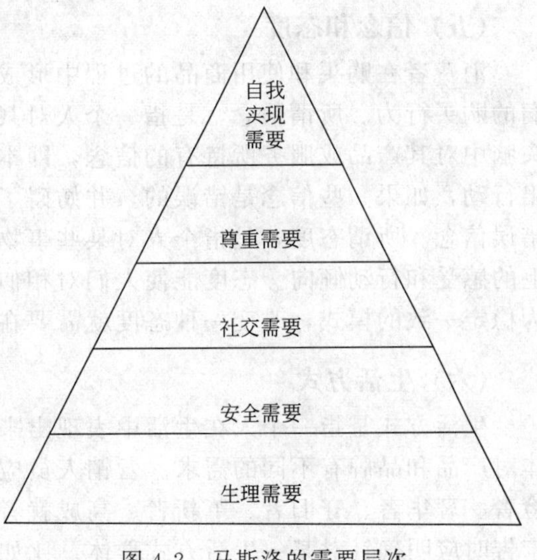

图 4-2　马斯洛的需要层次

(3) 社交需要　即参与社会交往，取得社会承认和归属感的需要。在这种需要的推动下，人们会设法增进与他人的感情交流和建立各种社会联系。消费行为必然会反映这种需要。

(4) 尊重需要　指在社交活动中受人尊敬，取得一定社会地位、荣誉和权利的需要。这些具体不同的需要，同样也会从不同的侧面影响人们的行为。

(5) 自我实现需要 即充分发挥个人能力，实现理想和抱负，取得成就的需要。这是人类最高层次的需要。

不过，马斯洛的这种需要层次结构不是不变的。在不同的人、不同社会、不同时代，也许需要层次的顺序不同，或没有某一层次的需要。例如，有的人甚至在其低级需要还未完全满足时，会受到为获得更高需要目标的动机影响，因为人们是可以容忍某种需要只得到部分满足的。马斯洛通过观察研究发现，可能一般人在生理需要获得 85%满足时，其安全方面的需要也已得到 70%的满足，归属感方面的需要得到 50%的满足，尊重需要得到 40%的满足，自我实现的需要得到 10%的满足。

2. 弗洛伊德的动机理论

弗洛伊德假定，形成人们行为的真正心理因素大多是无意识的。根据弗洛伊德理论，一个人不可能真正懂得其受激励的主要动因。“动机定位”使每一个产品能唤起消费者的一个独特的动机因素，如奔驰——自我实现。

3. 赫兹伯格的动机理论

弗雷德里克·赫兹伯格提出了动机双因素理论。这个理论区别了两种不同因素，即不满意因素和满意因素；该动机理论有两层含义：第一，企业应该尽最大努力防止影响购买者的各种不满意因素；第二，企业要仔细识别消费者购买产品的各种主要满意因素和激励因素，并对此深加研究。

(四) 学习

人们要行动就要学习。学习是指由于经验而引起的个人行为的改变。人类行为大都来源于学习。一个人的学习是通过驱使力、刺激物、诱因、反应和强化等影响而产生的。由于市场营销环境不断变化，新产品、新品牌不断涌现，消费者必须经过多方收集有关信息之后，才能做出购买决策，这本身就是一个学习过程。

(五) 信念和态度

消费者在购买和使用商品的过程中形成了信念和态度。这些信念和态度又反过来影响人们的购买行为。所谓信念，是指一个人对某些事物所持有的描述性思想。生产者应关注人们头脑中对其产品或服务所持有的信念，即本企业产品和品牌的形象。人们根据自己的信念做出行动，如果一些信念是错误的，并妨碍了购买行为，生产者就要运用促销活动去纠正这些错误信念。所谓态度，是指个人对某些事物或观念长期持有的好与坏的认识上的评价、情感上的感受和行动倾向。态度能使人们对相似的事物产生相当一致的行为；一个人的态度呈现为稳定一致的模式，改变一种态度就需要在其他态度方面作重大调整。

(六) 生活方式

生活方式是指一个人在生活中表现出来的活动、兴趣和看法的模式。不同的生活方式群体对产品和品牌有不同的需求。营销人员应设法从多种角度区分不同生活方式的群体，如节俭者、奢华者、守旧者、革新者、高成就者、自我主义者、有社会意识者等，在设计产品和广告时应明确针对某一生活方式群体。比如，保龄球馆不会向节俭者群体推广保龄球运动，名贵手表制造商应研究高成就者群体的特点以及如何开展有效的营销活动，环保产品的目标市场是社会意识强的消费者。西方国家的妇女服装制造商为“俭朴的妇女”、“时髦的妇女”、“有男子气的妇女”分别设计不同的服装。

子任务三　消费者如何进行购买决策

一、消费者购买决策过程的参与者

对大多数产品而言，确认购买者是很容易的。但在许多情况下，购买决策并不是由一个人单独做出的，而是有其他成员的参与，是一种群体决策的过程。这不仅表现在一些共同使用的产品（如电冰箱、电视机、住房等）的购买决策过程中，也表现在一些个人单独使用的产品（如服装、手表、化妆品等）的购买决策过程中，因为这些个人在选择和决定购买某种个人消费品时，常常会同他人商量或者听取他人的意见。因此，了解哪些人参与了购买决策，他们各自在购买决策过程中扮演怎样的角色，对于企业的营销活动是很重要的。

一般来说，参与购买决策的成员大体上形成五种重要角色。

1. 发起者

发起者是指购买行为的建议人，首先提出要购买某种产品。

2. 影响者

影响者是指对发起者的建议表示支持或者反对的人，这些人不进行最终决策，但是他们的意见会对购买决策者产生影响。

3. 决策者

决策者是指对是否购买、怎样购买有权进行最终决策的人。

4. 购买者

购买者是指执行具体购买任务的人，其会对产品的价格、质量、购买地点进行比较选择，并与卖主进行谈判和成交。

5. 使用者

使用者是指产品的实际使用人，其决定了对产品的满意程度，会影响买后的行为和再次购买的决策。

这五种角色相辅相成，共同促成了购买行为，是企业营销的主要对象。必须指出的是，五种角色的存在并不意味着每一种购买决策都必须五人以上才能做出。在实际购买行为中，有些角色可在一个人身上兼有，如使用者可能也是发起者，决策者可能也是购买者；而且在非重要的购买决策活动中，决策者参与的角色也会少一些。

二、消费者购买行为类型

不向类型的消费者对于不同类型的商品，购买决策行为也是有很大差异的。如购买一台电脑和购买一支牙刷，购买决策行为就会有很大不同。前者可能要广泛搜集信息，反复比较选择；后者则可能不加思考，随时就可以购买。根据购买者的参与程度和产品品牌差异度区分出四种购买类型，见表 4-1。

表 4-1　四种购买类型

品牌差异程度	购买参与程度	
	高	低
大	复杂的购买行为	多样性的购买行为
小	寻求平衡的购买行为	习惯性的购买行为

1. 复杂的购买行为

当消费者参与购买的程度较高，并且了解品牌间的显著差异时，他们则会有复杂的购买行为。这时，购买者就要经历一个学习的过程，即首先产生对产品的认识，然后逐步形成态度，接着对产品产生喜好，最后做出慎重的购买选择。对于需要购买者参与程度较高的产品，市场营销人员必须了解这些消费者进行信息收集并加以评价的行为。市场营销人员需要制订出各种策略，来帮助购买者了解这类产品的各种属性的相对重要程度以及公司的品牌在比较重要的属性方面的名望；市场营销人员还必须突出品牌的这些特征，利用主要印刷媒体和详细的广告文稿来描述品牌的这些优点，并发动商店售货员和购买者的朋友，以便影响购买者对品牌的最终选择。

2. 寻求平衡的购买行为

当消费者面对重复购买率低且品牌差异较小的商品时，也会持谨慎态度。消费者会因商品昂贵、购买有风险等因素，保持较高的购买参与度。消费者会到处选购商品，收集信息。但出于品牌差异较小，消费者有可能对合适的价格、方便的购买时间与地点做出迅速的购买决策。如购买首饰、高档服装，就是参与程度较高的决策。消费者在品牌差异较小的情况下购买后通常会产生一种心理不平衡的感觉，这是由于他注意到产品的某些缺点或了解到其他同类产品的优点。这时，消费者会试图收集更多的信息，努力证明自己的决策是准确的，这便是消费者购买后所经历的一种过程。针对这一过程，市场营销人员就应运用各种营销手段在影响消费者迅速做出购买决策的同时，通过各种媒介，加强与消费者的沟通，以减轻消费者心中的不平衡感。例如，市场营销人员可以就产品的售后服务和使用的问题与购买者进行交流，加强对产品市场占有率的提高和获得某类奖项等产品优势的宣传，这些都会加快消费者的心理调节。

3. 多样性的购买行为

消费者也会因产品品牌差异大和参与购买程度低而经常改变对品牌的选择。例如，购买饼干时，消费者几乎不理会某一品牌的评价，等吃饼干时才加以评价。再次购买时，消费者也许出于厌倦了原有口味或者想品尝新口味而转至另一种品牌。品牌的转化是因为需求变化，而不是对产品不满意。

对于寻求多样性的购买行为，市场领导者和挑战者的营销策略是不同的，市场领导者力图通过占有货架、避免脱销和提醒购买的广告来鼓励消费者形成习惯性购买行为；而挑战者则以较低的价格、折扣、赠品、免费赠送样品和强调试用新品牌的广告来鼓励消费者改变原习惯性购买行为。

4. 习惯性的购买行为

价格低廉又经常需要的产品，如果品牌差别小，消费者又比较熟悉，则一般不会花太多时间进行选择。比如在超市中购买牙膏，可能随便选择一支就是了，消费者并不一定关心品牌。即使每次都选择同一品牌，也多出于习惯。并不是出于品牌忠诚。在该类型的购买行为中，消费者并没有经过正常的信息—态度—学习—行为等一系列过程，以及对产品和品牌的认真研究和评价。消费者选择某一品牌，并不是对其有偏好，而仅仅是由于长期接触其广告，对其较熟悉。生活日用品的购买大多属于此类购买行为。

三、消费者决策过程的主要步骤

消费者的购买决策是一个动态发展的过程，一般可将其分为五个阶段：认识需要、信息收集、方案评价、购买决策、购后行为。如图 4-3 所示。

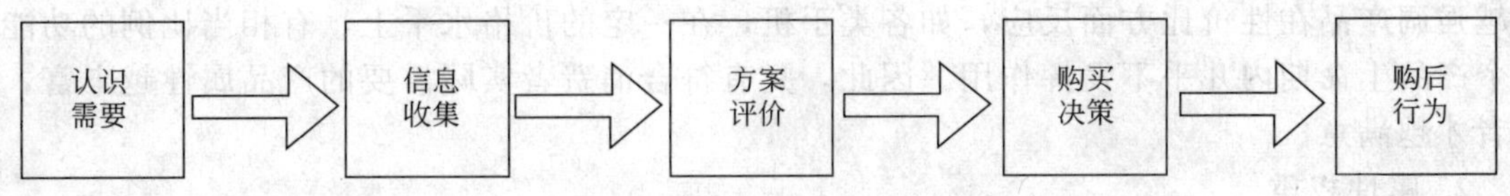

图 4-3　购买过程五个阶段

以下分别就这五个阶段进行分析。

(一) 认识需要

每一购买过程都是从消费者对其需要的确认开始的。所谓认识需要，就是消费者发现现实的状况与所要达到的理想状况之间的差异，并产生相应的解决问题的需要。内在动因和外在刺激都能引起需要，诱发购买动机。内在的原因多是人体内在功能的感受所引发，如寒冷、饥渴达到一定程度就会形成需要。而人们依据以前对付这些需要的经验，驱使自己去寻找能满足这些需要的产品。外来的刺激多是客观对主观的影响，如看见新出炉的面包产生食欲，动人的新车广告引发购买汽车的想法等。这种需要被唤起后可能逐步增强，最终驱使人们采取购买行动，也可能逐步减弱甚至消失。

营销人员在这个阶段的任务如下。

(1) 了解与本企业相关的、现实的和潜在的需要。在价格和质量等因素既定的条件下，一种产品如果能够满足消费者多种需要或多层次需要，就能吸引更多的购买。

(2) 了解消费者需要随时间推移以及外界刺激强弱而波动的规律性。以设计诱因，增强刺激，唤起需要，最终唤起人们采取购买行动。

(二) 信息收集

需要受到激发的消费者会积极进行有关信息的收集，会注意相关产品的广告说明，并乐于就有关问题同朋友讨论或向专家咨询。消费者的信息来源：一是个人来源，如家庭、朋友、邻居、熟人；二是商业来源，如广告、推销员、经销商、包装、展览；三是公共来源，如大众传播媒体、消费者评比机构、官方公布；四是经验来源，即亲身经历和感受。

通过收集信息，消费者可以加深对相关产品的了解，如计算机购买者可能会参加计算机展览会，参阅各类计算机书籍、报刊，以增进对计算机的各项性能指标和各种品牌的了解，并听取朋友或亲人对各品牌产品质量和服务的评价等。

市场营销人员应当了解消费者的主要信息来源和各类信息对消费者购买决策的影响程度。企业要在对各种信息来源调查、分析的基础上，设计和安排恰当的信息渠道和传播方式，采用对目标市场影响最大、信息数量最多的促销组合。如有些企业向国家有关部门或国际标准认证机构，积极地进行产品奖项或认证申请，以期得到官方或国际上对产品的认可，通过此方式向目标市场传递产品信息，从而使消费者确信产品信息的可靠度。

(三) 方案评价

消费者基于对产品信息的了解，会不断分析、处理所得信息，逐渐对市场上各种品牌的产品形成不同评价，最后才能选择购买哪一品牌的产品。大多数消费者对产品的评价都是建立在自觉和理性的基础之上的。消费者对产品的评价一般会涉及以下几个要素。

1. 产品属性

是指产品能够满足消费者某种需要的特性。例如，学校的师资状况、教学质量、社会声望；照相机的体积大小、成像清晰等都是消费者感兴趣的产品属性。产品的各项不同属性可以满足消费者的多方位需求。然而，并不是产品属性越丰富，消费者越满意。如今，市场越来越强调产品在性价比方面反应，如各类手机，在一定的价格水平上，有相当比例的功能在整个产品生命期内几乎不发挥作用。因此，只有符合消费者实际需要的产品属性越丰富，消费者才越满意。

2. 属性权重

是指消费者因各项产品属性的重要程度不同而对其赋予的不同权重。属性权重具有很强的不确定性，消费者在不同时期对同一属性赋予的权重会发生变化，而且消费者对各项产品属性的关切程度也因人而异。显著的产品属性并非是重要的产品属性。有些产品属性较显著，仅仅是因为消费者经常接触相关信息，但他们不一定能满足消费者最迫切的需要。就计算机而言，造型、机壳颜色和价格可能都是显著属性，但对于某些购买者来说，也许他们更关心计算机的存储能力和图像的显示效果。

3. 效用函数

是指描述消费者所期望的满意度随产品属性的不同而发生变化的函数关系。产品属性是个合集，效用函数是关于各项产品属性所带来效用的组合关系。如购买者会运用效用函数，对各品牌产品就其各项属性带来的效用进行整体评价，从而选出能带给其最大效用的产品。

4. 评价模型

是指消费者对不同产品和品牌进行评价和选择的程序和方法。消费者会对以上要素进行综合考虑，对各种品牌进行评价、比较，才能做出购买选择。在这一阶段内市场营销人员当注意什么呢？首先，应当通过调查研究消费者期望的产品属性有哪些，以及各项属性所占的比重；其次，在提供充分符合消费者需要的产品基础上，通过各种手段强化本企业品牌所具有的优势属性的权重，并弱化不大具有优势的属性权重；最后，针对效用评价模型，调整营销组合。

(四) 购买决策

消费者经过产品评估后会形成一种购买意向，但不一定导致实际购买，从购买意向到实际购买还有些因素介入其间。

1. 他人态度

他人态度的影响力取决于三个因素：他人否定态度的强度；他人与消费者关系的密切程度；他人的权威性或专业水平高低。

2. 意外因素

消费者购买意向是以一些预期条件为基础形成的，如预期收入、预期价格、预期质量、预期服务等，如果这些预期条件受到一些意外因素的影响而发生变化，购买意向就可能改变。

顾客一旦决定实现购买意向，必须做出以下决策：产品种类决策，即在资金有限的情况下优先购买哪一类产品；产品属性决策，即该产品应具有哪些属性；产品品牌决策，即在诸多同类产品中购买哪一品牌；时间决策，即在什么时间购买；经销商决策，即在哪一家商店购买；数量决策，即购买多少；付款方式决策，即一次付款还是分期付款，现金购买还是其他方式等。

因受到可觉察风险的影响，消费者可能修正、推迟或回避做出购买决策。可觉察风险的大小随着所支付费用的多少、产品属性不确定的程度及消费者的自信程度而发生变化。市场营销人员必须了解引发消费者各种风险感觉的因素，为消费者提供相关信息，以减轻其风险感。

（五）购后行为

消费者购买了商品并不意味着购买行为过程的结束，因为其对于购买的商品是否满意，以及会采取怎样的行为，对于企业目前和以后的经营活动都会带来很大的影响。所以，重视消费者购买后的感觉和行为并采取相应的营销策略同样是很重要的。

满意还是不满意是消费者购买商品之后最主要的感觉，其购买后的所有行为都基于这两种不同的感觉。而满意还是不满意取决于其所购买的商品是否与其预期的欲望（理想产品）相一致，若符合或接近其预期欲望，消费者就会比较满意，否则就会感到不满意；另一方面则取决于他人对消费者购买商品的评价，若周围的人对其购买的商品持肯定意见的多，消费者就会感到比较满意，持否定意见的多，即使他原来认为比较满意，也可能转为不满意。

如果对产品满意，则在下次购买中，消费者极有可能继续选择该品牌的产品，并且，具有较强满意感的消费者会倾向于向其他人推荐该品牌的产品，这是市场营销人员期望的最佳效果。而对产品不满意的消费者的反应截然不同，他们会产生不同程度的不协调感，通过放弃或退货来减轻这种不和谐，或去寻求能确定产品的高价值的信息。因此，对于市场营销人员来说，产品售卖出去，并不意味着工作结束，还应当密切注意购后产品的使用和消费者的评价。

研究消费者需求和购买决策过程，是市场营销成功的基础。通过对购买决策五个阶段的分析，可以获得许多有助于满足消费者需求的线索。通过制订市场营销计划并采用有效的营销组合，可以强化消费者对本企业的认识，影响或引导其购买行为。

实训实践

一、在超市选择一种类别的商品，如蔬菜、生鲜肉食、一般零食、牛奶、护肤品、自行车、洗涤用品等，分析消费者购买行为的区别。

二、分析影响人们购房行为的因素有哪些?

分析思考

1. 消费者市场有哪些特点?
2. 相关群体有哪些类型?
3. 对习惯性购买行为，企业应采取什么营销策略?
4. 不法商家会较多在哪些商品的推销中利用消费者市场非专业购买的特点来蒙骗顾客?
5. 日常生活中有关计算机产品的信息来源有哪些? 评价各种信息来源对购买决策的影响程度。

任务五

规划产品

技术技能目标

1. 学会分析产品层次
2. 利用产品组合开展营销活动
3. 把握产品的生命周期开展营销策划
4. 新产品开发策划设计能力

知识经验要点

1. 掌握产品及产品组合相关概念
2. 熟悉产品生命周期与营销策划
3. 掌握新产品开发策划的步骤及开发策略
4. 熟悉产品品牌设计及产品包装策略

教学重点

1. 产品组合的概念
2. 产品品牌设计及包装策略

导入案例

温州奥古斯都皮鞋产品策划

21世纪的工作，已经从做一份工作、追求一项事业，转变到建立专业品牌。

——汤姆·彼得斯

几年前，一个温州皮鞋老板有感于每次出差总要换下一堆臭袜子，想到要为像他一样出差的人生产一双可以抗菌防臭、卫生自洁的皮鞋，从此不仅创造了一个引领消费时尚的全新品牌，更成为推动中国抗菌产业发展的领头企业！这就是温州的奥古斯都皮鞋公司出品的“抗菌精英”皮鞋。

当中国的皮鞋在款式、材质、做工等方面已经相差无几的情况下，“抗菌精英”皮鞋把目光转移到“皮鞋内细菌含量高，卫生清洁难”的问题上，这也是挖掘产品差异化卖点的一个成功代表。奥古斯都鞋业也由此跳出皮鞋行业胶着的竞争困境，被市场和代理商追捧，企业发展神速。

构思产生、概念测试、筛选

奥古斯都是怎样在传统制鞋行业中产生并导入“抗菌”概念和构思的呢？奥古斯都的老

总李上辉如实道出亲身经历。每次出差，走路多了，鞋里湿闷，总有些异味，每次出去都带一打袜子，每天换一双，丢一双，还是不管用，脚还是不舒服，人总觉得累。职业的敏感性让李上辉在不断思考：我是做鞋的，知道问题出在皮鞋里细菌过高。如果我穿的皮鞋可以抑制细菌生长繁殖，保持鞋内清洁卫生，这鞋肯定有市场。不算外出旅游的人，只算本身脚臭烦恼的和重视生活质量的人群，市场就相当可观。一个新产品构思和设想在李上辉的脑袋里出现。

针对中国企业很善于模仿，当发现某种产品的差异化有市场时，喜欢一哄而上，差异化产品如果没有实际效果，仅仅停留在一种概念或一种说法上，肯定是做“一锤子”买卖，于是奥古斯都领导层在李上辉的促动下事先考虑好市场将会出现的种种情况，并在产品款式开发和抗菌功能上做足功夫，送各权威部门检验，证明抗菌率达99%以上后才推上市场。

产品定位

皮鞋是时尚产品，消费者选购皮鞋主要看款式，“抗菌精英”在定位的同时也注意到了这一点，产品定位上，它不但强调“抗菌精英”的功能，而且在皮鞋的款式、材质、做工，甚至价格方面都很认真地进行定位。不脱离普通消费大众，让消费者易接受，买得起。目标消费群体定位在4类最需要此鞋的人群：商务人士、外出旅游者、有小宝贝的家庭和本来就有脚臭烦恼的人群。

品牌命名、包装、品牌传播

奥古斯都是罗马帝国创建者的名字，他说过这么一句名话：“我接受了一座用砖建造的罗马城，却留下一座大理石的城。”奥古斯都给罗马带来了200年的繁荣，取名奥古斯都的确出于一种良好的愿望，与消费者的“洋气”、时尚、良好祝愿等消费心理是比较贴近的。

奥古斯都在包装上和标志上非常考究和到位，导入企业形象识别系统（CIS）。此鞋的整体视觉效果显得非常个性化和亲近感，在文字的造型和图案结构上非常协调，组合得当，错落有致，卓尔不群，给人耳目一新的感觉。色彩配合时尚、鲜艳，易为大众接受。

品牌传播方面，奥古斯都是很有计划的，2003年6月的第三届中国抗菌产业发展大会和第二届中国国际抗菌纳米暨消毒产业博览会在广州召开，中国和日本的专家、学者和皮鞋业人士云集，奥古斯都占据了整个九号馆的一、二两个楼层，以大手笔、大气势展出了180款产品，包括休闲、绅士、运动三大系列的“抗菌精英”，大放异彩，成为该次博览会的一个亮点。

思考：分析奥古斯都鞋业成功的原因。

产品决策在企业营销组合战略中占有十分重要的地位，因为企业的市场营销活动是以满足市场需求为中心，而市场需求的满足只能通过提供某种产品或服务来实现。任何企业在制订战略时，首先需要回答的问题是用什么样的产品来使企业与目标市场发生联系，继而再进行营销组合中的其他三项决策。也就是说，没有适合市场需要和具有竞争力的产品，企业的其他营销策略就无从谈起，从这个意义上说，产品决策是整个营销组合战略的基石。

子任务一　产品与产品组合

一、产品的含义

所谓产品，是指能够提供给市场，用于满足人们某种欲望和需要的任何事物，包括实物、服务、场所、组织、思想等。例如：一个消费者购买一部电视机，是想获得一种帮助其娱乐的功能，以减轻工作后的压力。一个企业购买一台新的机器，是为了能够增加产能，或是提高质量，或是提高能源的利用率，或是提高能源的消耗率，或是用于新产品开发等。从而达到提高经济效益的目的。当然，消费者在购买电视机时，他所考虑的不只是电视机的功能如何，而且还要看电视机的样式是否美观，颜色是否好看，什么品牌，售后服务如何，保修期有多长等。也就是说，消费者要求产品的各个方面都能满足他们的需求。

二、产品层次

产品整体概念包含5个层次：核心产品、形式产品、期望产品、附加产品和潜在产品，如图5-1所示。

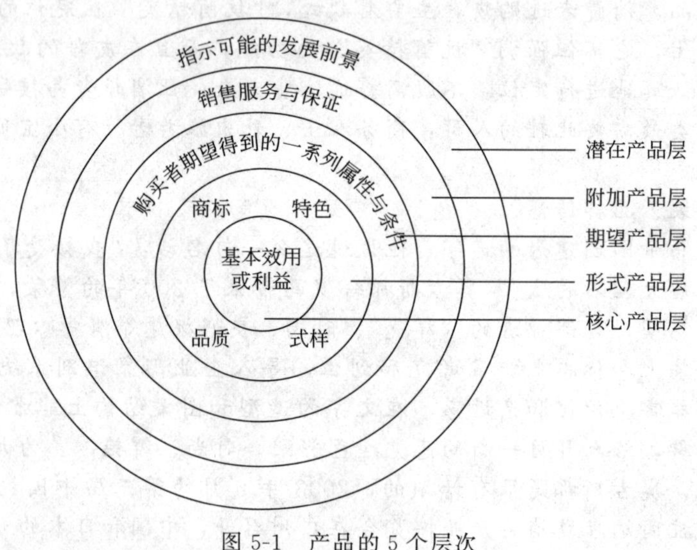

图5-1 产品的5个层次

(一) 整体产品概念的5个层次

1. 核心产品

核心产品是指顾客在购买某种产品时所追求的最基本的效用或利益，因而是购买者购买产品的“真正原因”，它满足了顾客最基本的需求。我们必须明白，人们购买产品不是为了想拥有或获得产品本身，而是为了满足某种需要。

例如，购买冰箱的目的不是要买一台冷冻机和一个铁的外壳，而是为了储藏食物；洗衣机的核心利益体现在它能让消费者方便、省力、省时的清洗衣物。因此，任何产品都必须具有反映顾客核心需求的基本效用或利益。

2. 形式产品

形式产品（又称有形产品）是指向市场上提供的产品的形状和外观。它通常包括产品的品质、款式、品牌或商标、特征、包装5个方面。如购买电视机时，顾客要考虑电视机的功能、质量、品牌、造型和颜色等产品形式。它是消费者选择产品的重要依据。因此，企业在产品设计、包装、款式、确定质量（档次）、特征时，要迎合消费者的心理需求，以达到销售的目的。

3. 期望产品

期望产品是指顾客在购买产品时，期望得到的与产品密切相关的一整套属性和条件。例如，顾客在餐馆消费时，期望洁净的餐具和可口的饭菜。由于大多数餐馆都能满足这最低的期望，因此顾客在选择档次大致相同的餐馆时，一般不是选择哪家餐馆能提供期望产品，而是根据哪家餐馆最近和最便利而定；女性在购买化妆品时，总是希望能通过化妆品的使用使自己达到美丽的效果。

4. 附加产品

附加产品（又称延伸产品）是指消费者购买核心产品时所获得的全部附加服务和利益。它主要包括安装、送货、信贷、售后服务、保证、技术培训与优惠条件等。

现代企业之间的竞争不只是核心产品的竞争，重要的是在保证核心产品质量的同时，看谁的形式产品和附加产品更好。发展附加产品成为许多企业打造其核心竞争力的重要途径。

5. 潜在产品

潜在产品是指现有产品包括所有附加产品在内的、可能发展成为未来最终产品的潜在状态的产品。潜在产品指出了现有产品的可能的发展趋势和前景。如彩电可发展成为电脑终端机，手机可发展成为家电遥控指令器等。

产品整体概念的五个层次，十分清晰地体现了以消费者为中心的现代营销观念。这一概念的内涵和外延都是以消费者需求为标准，由消费者的需求来决定的。产品不仅给予消费者生理和物质上的满足，而且要给予消费者心理和精神上的满足。

正如美国学者西奥多·李维特所说："未来竞争的关键不在于企业能生产什么产品，而在于其产品所提供的附加价值：包装、服务、广告、用户咨询、融资、送货安排、仓储和人们所重视的其他价值。"

三、产品分类

产品可以从不同角度进行分类。在现代营销观念下，产品分类的思维方式是：每一个产品类型都有与之相适应的市场营销组合策略。

（一）非耐用品、耐用品和劳务

（1）非耐用品指在正常情况下使用一次或几次即被消费掉的低值易耗品，如肥皂、食盐等。企业应广设零售网点，方便消费者，实行低价策略，还应加强广告宣传以吸引消费者试用并形成偏好。

（2）耐用品指在正常情况下能够长久使用的、价格较高的有形物品，如冰箱、彩电等。耐用品倾向于较多的人员推销和服务等。

（3）劳务是指为出售而提供的活动、服务或享受。如文艺演出和修理等。劳务的特点是无形、不可分、易变和不可储存。

因此，它需要更多的质量控制、供应商信用以及适用性。

（二）消费品分类

可区分为便利品、选购品、特殊品和非渴求品四种类型，如图 5-2 所示。

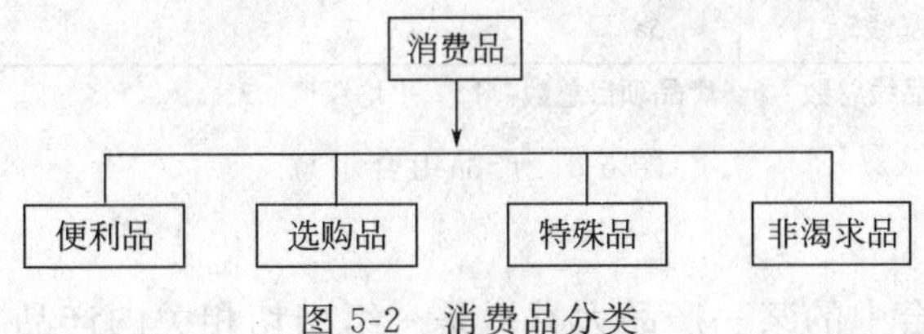

图 5-2　消费品分类

1. 便利品

便利品是指消费者相当熟悉，频繁购买或需要随时购买的产品。如牙膏、香烟、报纸等。便利品可进一步分为常用品、冲动品以及救急品。常用品是消费者经常购买的产品。冲动品是消费者没有经过计划而随意购买的产品。救急品是当消费者的需求十分紧迫时购买的产品。救急品的地点效用很重要，一旦消费者需要能够迅速实现购买。

2. 选购品

选购品是指消费者在选购过程中，对产品的适用性、质量、价格和样式等方面反复权衡比较才决定购买的产品。例如家具、服装等。选购品分为同质品和异质品。同质品是指质量类似而品牌和价格不同的产品。异质品是指在外观和性能上不相同的产品。经营异质选购品的经营者必须备有大量的品种花色，以满足不同消费者的爱好，同时还应配备训练有素的推销人员，为消费者提供信息和咨询。

3. 特殊品

特殊品是指特定品牌或独具特色的产品，如小汽车、高级摄影器材以及立体声音响。经营此类产品只需要极少的销售点，有相当多的购买者一般都愿意作出特殊的购买力。

4. 非渴求品

非渴求品是指消费者不了解或即便了解也不想购买的产品。传统的非渴求品如：保险、墓地、墓碑以及百科全书等。

子任务二　产品组合

一、产品组合、产品线、产品项目

1. 产品组合

产品组合包含产品线和产品项目，是指一个企业提供给市场的全部产品线和产品项目的组合或结构，即企业的业务经营范围。企业为实现营销目标，充分有效地满足市场需求，必须设计一个优化的产品组合，由各条产品线组成，每条产品线又由许多产品项目构成。例如，某装饰城经营地板、洁具、厨具、家具、灯具等，这就是产品组合。如图 5-3 所示。

深度（横向）；宽度（纵向）

	产品项目				
产品线1	1a	1b	1c	1d	
产品线2	2a	2b			
产品线3	3a				
产品线4	4a	4b	4c	4d	4e
产品线5	5a	5b	5c		

产品线总数：5。产品项目总数：15。平均深度：3

图 5-3　产品组合示意

2. 产品线

产品线是指产品组合中的某一产品大类，是一组密切相关的产品。密切相关是指产品都是针对具有同质需求的消费者，通过同一种渠道被销售出去。一个企业往往有一条或几条不同的产品线。该装饰城经营地板、洁具、厨具、家具、灯具等，其中“地板”或“洁具”大类就是产品线。

3. 产品项目

产品项目是产品大类中各种不同品种、规格、质量的特定产品，企业产品目录列出的每一个具体品种就是一个产品项目。该装饰城经营地板、洁具、厨具、家具、灯具等，每一大类所包含的品牌、品种就是产品项目。

二、产品组合的宽度、深度、关联度

1. 产品组合的宽度

产品组合的宽度是指在产品组合中包含的产品线的多少。产品线越多，说明产品组合的宽度越宽。一般来说，增加产品组合的宽度，有利于扩展企业的经营范围，分散企业的经营风险。

2. 产品组合的深度

产品组合的深度是指每条产品线上的产品项目数，也就是说每条产品线有多少个品种。产品线中包含的产品项目愈多，产品组合深度愈深。产品组合深度反映了一个企业同类细分市场中，满足顾客不同需求的程度。

3. 产品组合的关联度

产品组合的关联度是指每条产品线之间在最终用途、生产条件、销售渠道及其他相互关联的程度。产品组合的相近程度越大，其关联度也越高。企业产品组合的关联度高，有利于实现企业资源的共享，充分发挥协同作用，提高企业竞争力。

三、产品组合策划

产品组合优化是指企业根据企业资源、市场需求和市场竞争状况，对产品组合进行适当调整，以达到最佳产品组合。优化调整产品组合有以下几种决策可供选择。

（一）扩大产品组合决策

由于有些产品的销售形势很好，企业可以采取扩大产品组合的策略，满足市场需求。这种策略是扩大产品组合的宽度和深度，也就是增加产品线和产品项目，增添生产产品品种，扩大经营范围，提高经济效益。

1. 垂直多样化策略

这种策略不增加产品线，只是向产品线的深度发展，增加产品线的深度。

（1）向上延伸　向上延伸即在定位于只生产经营低档产品的产品线中，增加生产和经营高档产品，如吉利汽车开始生产高档家用小汽车瑞虎，采用向上延伸策略的条件是：

① 高档产品市场具有较大的潜在成长率和较高的利润率的吸引；

② 企业的技术设备、生产条件和营销能力已具备进入高档产品市场的条件；

③ 产品要进行重新定位，以符合高档产品的形象。

采用向上延伸策略的风险是：顾客可能不相信企业能生产高档产品；竞争者也可能反过来进入低档产品市场，进行反击。

（2）向下延伸　向下延伸即在定位于只生产经营高档产品的产品线中，增加生产和经营低档产品，如通用汽车生产低端赛欧家用小汽车。采用向下延伸策略的条件是：

① 高档商品市场增长缓慢或受到激烈的竞争；

② 利用高档商品的声誉吸引低档商品需求者，扩大市场范围；

③ 补充企业产品线的空白。

采用向下延伸策略的风险是：如处理不慎，可能会损坏高档产品的形象和声誉，给企业经营带来风险；竞争对手可能趁机进入高档产品市场。

(3) 双向延伸　双向延伸即原定位于中档产品市场的企业，增加高档和低档产品项目。企业向产品线的上、下两个方向延伸，主要是为了扩大市场范围，开拓新市场，为更多的顾客服务，以获取更大的利润。

2. 相关系列多样化

这是根据产品组合的关联性原则，增加相关的产品线。如在肥皂产品线外，增加洗衣粉、清洁剂两条产品线；汽车制造厂除生产卡车外，增加小轿车、旅游客车的生产线等，以扩大市场范围，满足顾客的不同需求，争取更大的利润。

3. 无关联多样化

无关联多样化是指拓展产品线时，不考虑关联性原则，增加与原产品线无关的产品，开拓新市场，创造新需求。如某公司的产品组合主要由化妆品、珠宝首饰以及日常用品三条产品线组成，三条产品线彼此之间并无关联。

(二) 缩减产品组合决策

这种策略是企业主动合并、减少一些销售困难，不能为企业创造利润的产品线和产品项目，集中优势兵力生产经营市场需求较大，能为企业获取预期利润的产品。如美国无线电公司将彩电由 69 个型号削减为 44 个型号。

(三) 淘汰产品决策

这种策略是指企业为提高经济效益，对一些已经进入衰退期的、老化的产品线和产品项目进行淘汰。

子任务三　新产品开发策略

新产品开发是企业经营的关键性问题之一。据统计，在现代企业中，新产品的销售额已占企业销售总额的 40%～50%。新产品的开发也是企业提高市场竞争力的源泉和核心要素，因此，企业必须重视新产品的开发工作，有组织地开展新产品的开发活动。

一、新产品的概念

市场营销中认识的新产品与科学技术意义上认识的新产品并不完全相同。前者含义宽于后者，并且包含了后者。科学意义上的新产品是指以新的科学技术的应用为标志。市场营销学中，新产品是指以现有消费品市场的存在为标志的。产品在功能或形态上得到改进，与原有产品产生差异，并为消费者带来新的利益，都可视为新产品。大体上包括以下 4 类。

1. 全新产品

全新产品是指应用科学技术的新发明研制成功的，具有新的原理结构、新的技术、新的材料等特征，市场上从未有过的新产品。如蒸汽机、电灯、收音机、电视机、计算机、抗生素、塑料、原子能等。一项科技成果从发明到转化为产品，往往需要花费很长的时间和付出巨大的人力、物力、财力。这样的全新产品，绝大多数企业很难提供。

2. 换代型新产品

换代型新产品是对原有产品采用或部分采用新技术、新材料、新结构而制造出来的新产品。这种换代产品比原有产品增添了新的功能，给顾客带来了新的利益。如彩色电视机是黑白电视机的换代产品，数码相机是机械相机的换代产品，全自动洗衣机是半自动洗衣机的换代产品。

3. 改进型新产品

改进型新产品是对现有产品的结构、造型、质量、性能、特点、花色、款式、规格进行改进的产品，或是由基本型派生出来的产品。如各种不同型号的电冰箱、二合一洗发香波等，或是只对原有产品做很小改进，突出产品的某一个特点，使用一种新牌子、新包装的新产品，如××牌水果香型牙膏。

4. 仿制型新产品

仿制型新产品是指企业没有，但市场上已有而模仿制造的产品。例如，A 企业生产的减肥茶已流行于市场，而 B 企业对该产品加以仿制，也推出了不同品牌的减肥茶，对 B 企业来说，这也是一种新产品。仿制是开发新产品最快捷的途径，风险也比较小，但仿制新产品不能生搬硬套，应进行适当的改造，以提高产品的竞争力。

二、新产品开发的重要性

1. 新产品开发是企业生命力的源泉

企业也存在生命周期。如果企业不开发新产品，则当产品走向衰落时，企业的生命也就走到了尽头。相反，企业如果能不断地开发新产品，就可以在原有产品退出市场时利用新产品占领市场。

根据产品生命周期理论，企业应不断创新，开发新产品，使企业在任何时期都有不同的产品处在生命周期的各个阶段，从而保证企业利润的稳定增长。

2. 消费需求的变化迫使企业不断开发新产品

随着社会经济的发展和人们生活水平的提高，消费需求也在不断地发展变化，新的需求不断产生，新的消费潮流不断涌现。这一方面给企业带来了威胁，不得不淘汰难以适应消费需求的老产品；另一方面也给企业提供了开发新产品适应市场变化的机会。

3. 科学技术的发展推动着企业不断开发新产品

科学技术的发展导致许多高科技新产品的出现，产品生命周期大大缩短，更新换代速度加快。科技的进步有利于企业淘汰旧有的产品，生产性能更优、更好的产品。企业只有不断运用新技术开发新产品、改造旧产品，才不至于被排挤出市场。

4. 市场竞争的加剧迫使企业不断开发新产品

日趋激烈的市场竞争，迫使企业要想保持竞争优势，只有不断创新，开发新产品，才能在市场中占据领先地位，增强企业竞争的活力。在市场竞争中，永无疲软的市场，只有疲软的产品，没有任何一种产品能保证企业永久的竞争优势，企业只有不断地推出新产品，满足消费者的新需求，才能在市场竞争中立于不败之地。

三、新产品开发的原则

1. 满足需求原则

顾客的需求是开发新产品的源泉。企业开发新产品的目的就是满足消费者尚未得到满足的需求，因此，是否满足消费需求是新产品开发能否成功的关键。

为此，企业在进行新产品开发时，必须深入进行市场研究，了解消费者对产品的品质、性能、价格、款色和服务等方面的要求。此外，还必须关注市场竞争者情况，从而了解新产品在未来市场发展的空间。

2. 创新原则

新产品必须具有新的性能、新的用途、新的特征和新的服务。也就是说，新产品与旧产品相比，要有新颖奇特之处。如果新旧产品没有多大差别，或虽然有些差别但不足以吸引消费者，这样的新产品是毫无意义的。

3. 量力而行原则

开发新产品必须具备一定的人力、物力、财力，特别是技术力量和资金。否则，开发费用过高，企业难以承受，导致半途而废，前功尽弃。因此，新产品开发一定要量力而行。

4. 效益原则

企业开发新产品的目的在于获得预期的利润。一方面，企业应充分利用原有生产能力降低成本；另一方面，还要为新产品进入市场制定出合理的价格，既要能被消费者接受，又要能达到预期的利润目标。

四、新产品开发的方式

为了成功而且较快地开发新产品，企业可根据自己的具体条件，采用不同的开发方式。

1. 独立研制

独立研制即企业利用自己的技术力量和技术优势，独立进行新产品的全部开发工作。它一般适合技术、经济力量雄厚的大型企业。

2. 联合开发或协作开发

联合开发或协作开发即由企业与高等院校或科研机构利用各自在经济、技术、设备、人力等方面的优势互相协作联合开发新产品。这种方式能较快地研制开发出先进的、优质的新产品，使科研成果很快地转化为商品，故实际应用非常广泛。

3. 技术引进

企业通过引进国内外先进技术，或技术转让，或购买专利等方式来开发新产品。这种方式能使企业的新产品迅速赶上国内外先进水平，提高产品的技术水平、质量水平和产品档次，缩短差距，节约研制费用和时间，有助于新产品进入国内外市场。

以上几种方式可以单独使用，也可根据企业的实际情况结合使用。

五、新产品应具备的特点

新产品本身的特点是影响它是否能被消费者接受的重要因素。成功的新产品应具备以下特点。

1. 相对差异优点

所谓相对差异优点，也就是产品的比较优势。相对于已有的产品或竞争产品，新产品应具有独特的优点，这种优点越大、越明显，越能给消费者提供更多的利益，就越容易被消费者接受。

2. 较好的适应性

新产品同人们的消费习惯与价值观念越是相适应，就越容易被接受；反之，就越难以推广。因为改变人们旧的消费习惯，使之养成新的习惯往往非常困难。

3. 简易性

新产品的结构和使用方法，要力求简便易懂，容易操作使用，否则就不易被消费者所接受。

4. 可分割性

由于不同消费者在购买力、生活习惯和消费方式等方面存在差别，新产品应力求可以分割。可分割性越大，新产品被接受的过程越短，如食品及大多数日用品都有这种要求。

5. 产品介绍的明确性

介绍新产品的特点和使用方法，内容应明确实在，切忌抽象空泛，使人产生怀疑。宣传越切合实际，说服力越强，产品越容易被消费者尽快接受。

六、新产品开发与营销策划程序

为了提高新产品开发的成功率，必须建立科学的新产品开发管理程序，如图 5-4 所示。

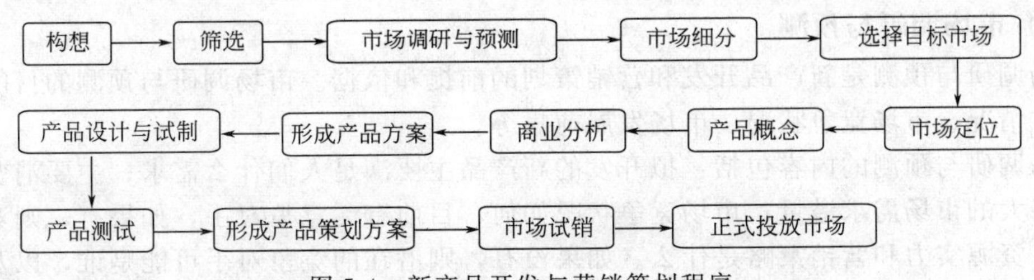

图 5-4 新产品开发与营销策划程序

应当指出的是，在整个新产品开发与策划过程中，分析占据着重要的地位，分析什么，根据什么分析非常重要，一定要结合各阶段任务和策划目的进行选择。

（一）构想

构想是指对拟开发的新产品的构思与设想，任何一种产品的开发工作都是从构想开始的，没有构想也就没有新产品的开发，一个好的构想等于新产品成功了一半。新产品构思的来源如下。

1. 企业内部

包括设计开发人员、销售人员、生产人员及其他人员。据国外的一项调查表明，在新产品的开发构想中，有 55%来自企业内部。内部渠道来的构想，其特点是了解企业的实际情况和能力，使构想与企业实际情况不致严重脱节。

2. 顾客

顾客是新产品开发的源泉和动力，故顾客是征集新产品开发构想的主要来源。据国外的一项不完全统计，消费者提出的产品构想被企业采纳的占 28%。

3. 竞争者

企业在开发新产品时，应密切注意竞争者的动向。据统计，企业有 27%的产品开发构想是在对竞争对手的产品加以分析后萌发的。方法是：收集、购买竞争者的产品目录、使用说明书、广告宣传品；可以购买竞争者产品，剖析其性能及优缺点；可向购买竞争者产品的用户和销售竞争者产品的经销商收集其对产品的意见和看法等，以便研究或改进本企业新产品的开发构想。

4. 经销商

向经销商了解顾客对现有产品的意见和想法以及对未来产品的要求等。

5. 其他

包括政府机关、高等院校、科研院所、市场调研机构、广告公司、学术会议、技术鉴定会议、展销会、报刊杂志、文献资料、专利及国外的样品等。

此外，还可从现有产品所存在的问题中得到构想，对现有产品结构做进一步分析，如结构是否可以改变，大的能否变成小的，重量能否减轻，上下左右能否颠倒，或是两个部件能否分开，或是组合在一起等，从中得到新的构想。

（二）筛选

这一步骤主要是对从各个渠道收集得来的开发构想进行筛选，对哪些构想应保留，哪些应该剔除，作出认真决策，从中选出具有开发价值的构想。

为避免出现筛选过程中的失误，要求企业领导和有经验的专家对每一项新产品构想的性能、质量、技术先进程度、市场需求、市场竞争能力、原材料供应、设备和劳动力利用、开发周期、开发费用、制造成本以及经济效益等因素进行评定审核，作出最终抉择。

（三）市场调研与预测

市场调研与预测是新产品开发和营销策划的前提和依据。市场调研与预测的目的是摸清市场需求情况、市场竞争状况、市场发展前景等。

市场调研与预测的内容包括：拟开发的新产品主要满足人们什么需求；主要消费对象是谁；有多大的市场需求潜量；市场竞争状况如何，目前有无竞争对手，如果有，则竞争对手的产品、资源实力和营销策略是什么。如果没有，则潜在的竞争对手可能是谁，以及企业如何应付竞争；企业资源与技术条件是否具备；政府政策、法律是否允许；人们是否接受新产品的消费理念；新产品开发、生产、销售所需的其他条件是否具备或易于解决等。

（四）市场细分

市场细分是指根据消费需求的差异性和类似性，将整体市场细分为若干子市场的过程，市场细分的目的在于寻找目标市场，根据目标市场进行定位。

（五）选择目标市场——界定目标顾客群

要求准确、具体地对目标顾客状况、消费心理、消费行为、购买动机、对产品功能的要求和对产品特性、关注的焦点进行认真分析，为产品的市场定位和工艺设计提供依据。

（六）市场定位——准确把握目标顾客的真实需求

市场定位是明确企业产品在目标顾客心目中独特地位的活动，通过定位使本企业的产品与其他企业的产品严格区分开来，并使顾客明显感觉和认知这种差别，从而在顾客心目中留下特殊的印象。

市场定位要体现消费者的愿望，即消费者最希望产品具备的属性——这是他们的理想点，理想点和产品的独特性必须贯穿到产品策划工作中，从而吸引顾客的青睐。

（七）产品概念——确定产品特征

所谓产品概念是指已经成型的产品构想，是用文字、图像、模型等予以清晰阐述，使之在顾客心目中形成一种潜在的产品形象。即产品概念是根据市场定位（目标顾客需求）列举的产品功能、产品特点，按照核心产品、形式产品、期望产品、附加产品和潜在产品进行产品描述，它包括特色概念、功能概念、属性概念、类型概念、档次概念、时间概念、价格概念等。

一个产品构想通常可转化为若干个产品概念。例如，某葡萄酒厂提出拟以葡萄为原料开发葡萄饮料新产品的构想，这种构想可衍生出许多具体的产品概念，如葡萄汁汽酒、葡萄可乐等。因为顾客要购买的不是产品构想（葡萄饮料）而是葡萄汁汽酒等产品概念，企业要开发的也是具体的产品。

所以，要把产品构想转化成产品概念，企业须对几种产品概念从销售量、生产条件、产品质量、产品价格、销售对象、市场地位、收益率等方面加以评估比较，再把选定的可行产品概念提交给一组消费者，请他们验证，听取和收集他们的意见。

方法是用文字描绘或制作实体模型，说明产品的特性、用途、外观、包装、价格等，请消费者针对此概念回答有关问题，如与同类产品相比，该产品有何特点，这种产品能否满足其需求，对产品的外观、品质、性能、价格、包装等方面有何改进的建议，估计哪些顾客会购买本产品等。通过对产品概念的验证，有助于完善产品概念，并选出最佳产品概念作为新产品开发目标。

产品概念形成过程事实上是企业根据消费者的特殊需要和偏爱，为某一种产品创造一定特色，确立产品形象的过程，通过设计产品和市场营销组合，以满足消费者的特殊需要和偏爱。

企业产品策划工作的关键在于最终市场如何看待产品组合中的各种产品。企业必须付出努力，使自己的每一种产品看上去都具有某些独一无二的特征（产品差异化），而且这些特征是目标市场所需要的（将差异化转化成为差别优势）。

（八）商业分析

商业分析是根据所需投资、预期销售额、成本、价格、利润、预期投资收益等，对新产品构思进行更加详细的实质性的经济分析。

除此之外，企业需要查看过去同类产品的销售记录，并且还要调查市场将会出现的反应，企业必须估计最大销售额和最小销售额，以从中得出风险范围。完成销售预测后，企业就可以估计产品的期望成本和利润，包括营销、研究与开发、制造、会计和财务成本。然后，用销售和成本数据来分析新产品的财务吸引力。

（九）形成产品方案

把以上产品概念进一步整理，形成具体的产品方案提交给企业高级主管部门审批，并由高级主管部门以新产品设计任务书形式下达给产品设计部门。新产品设计任务书的内容一般包括新产品的基本特征、技术规格、结构形式、主要用途、使用范围、主要技术参数、费用预算、目标成本，与国内外同类产品的分析比较，以及开发该产品的理由和依据等。

（十）产品设计与试制

新产品设计是新产品开发的关键，因为设计缺陷会导致产品终身的缺陷。新产品设计一般分为初步设计、技术设计和工作图设计三个阶段。初步设计主要是对新产品的基本原理和结构进行试验研究；技术设计是新产品的定型阶段；工作图设计是在技术设计的基础上为新产品试制和生产提供所需的全套图纸，为试制、生产和使用提供所需的全部技术文件，如零件图、产品总图、部件装配和总装图、零部件明细表及产品使用说明书等。

所谓试制是指根据产品设计试制生产出样品、样机，它是对新产品设计的验证。

（十一）产品测试

产品测试包括产品功能测试、消费者测试和市场测试。在这个阶段，产品进入更为真实的市场环境中进行试销，主要检验产品是否准确满足目标顾客的需求和市场适应性。在大规模投入生产之前，市场测试可使营销人员提前了解营销时会出现的具体情况，以便制订产品策划方案。

（十二）形成产品策划方案

根据产品测试和市场试销的状况，制订产品策划方案。产品策划方案的内容主要包括市场机会的分析、市场环境的分析、市场竞争的分析、消费者心理与消费者行为分析、市场细分、目标市场选择与目标人群描述、市场定位与产品定位、市场营销策略组合（产品策略、价格策略、渠道策略、促销策略)、包装策划、品牌策划等内容。

（十三）市场试销

在产品大批量生产和投放市场之前，为检验产品是否真正能受到消费者的欢迎，企业可进行市场试销。市场试销的目的是了解消费者对产品的意见和建议，了解市场的需求情况，收集资料，为选择有效的市场营销策略提供依据；发现产品缺陷，及时反馈，改进产品，调整、修改、完善产品策划方案。

（十四）正式投放市场

试销成功后，即可将新产品正式投放市场。为此，企业应采取有效的市场营销组合策略，使新产品顺利地进入市场，并尽可能缩短投入期，早日进入成长期。

七、产品策划的评价

评价一个产品策划的优劣主要从以下几个方面进行。

1. 产品是否代表主流方向

所谓主流方向是指市场需求发展方向。这是一个相对的概念。它关系到企业可持续发展的问题。这不仅是个技术问题，而且是一个技术与经济，技术与消费心理、消费需求，相互作用、相互配合和协调的问题。产品开发只有符合消费需求的总体发展趋势，才会有光明的发展前景。

如果不是主流方向，当然在一定期间内可以进入，但必须充分研究和注意市场的变化，并准备适时地退出，否则很容易掉进自掘的陷阱之中。

消费需求的总体发展趋势是：随着经济的发展和人们生活水平的提高，消费需求更加注重质量和品位。

① 消费投资结构从以吃、住、用、行为主，开始向享受、舒适、品位方向发展。

② 消费方式上追求省时、方便、快捷、安全与舒适。

③ 对消费品的需求呈现个性化、多样化、多功能化、高效化、微型化、绿色化、欣赏化、品位化、舒适化、智能化。

2. 市场定位是否恰当

定位就是瞄准市场。这包括充分分析研究目标消费者心理、购买动机及消费者价格接受心理和心理承受能力等。只有准确定位，才能最大限度地被目标消费者接受。

3. 产品的异质性是否满足消费者的需求

异质性与同质性是相对而言的。异质性是创造产品差异并与竞争者产品区别开来的根本途径。在实行产品差异化策略时，一定要从顾客需求出发，即这种差异是顾客所感兴趣的，且对差异化可能造成的成本提高，顾客是愿意接受的。

4. 产品是否具有不可替代性

它有两方面含义：一个是横向的，因为在一个行业中看起来很优秀的产品很可能被另一个行业的某个产品出其不意地取代；另一个是纵向的，即本身的需求弹性小，必需性强。这要求企业在产品开发时要对市场需求和技术发展给予高度的关注。一个较容易被其他产品所替代的产品是没有前途的。

5. 产品是否容易被他人仿制

由于现阶段多数厂家都采用了仿制和跟进策略，其中有一些厂商对这种策略的运用已经非常熟练，以至于时常发生仿制者打败开创者的事情。某些产品一旦容易被他人仿制，就会在短时间内一哄而上，遍地开花。好的产品策划要注意防止他人仿制和跟进，设置进入壁垒。

6. 产品目标市场容量是否足够大

从理论上说，目标消费者需求的数量与单个产品价格的总和就是目标市场容量。但在实际当中其数量与价格都受到企业具体操作的影响，对此，企业在产品开发和营销策划时应予以足够的重视。

7. 其他应注意事项

要策划出满意的方案必须注意以下几项。

(1) 指导思想要正确　产品是为满足市场需求才生产的，没有对顾客的忠诚和体贴，就没有顾客对企业的信任与依赖，就没有忠诚顾客和利润。

(2) 熟知企业战略　每个产品都是服务于企业整体发展战略的，不顾整体战略规划的局部成功、短时效益，可能会给企业长期发展带来致命的损害。

(3) 没有翔实的资料和分析就没有科学的策划，突发奇想不是策划。

(4) 必须保证策划程序的规范。只有工作过程的质量才能保证工作结果的质量。

八、新产品开发策略

(一) 领先策略

领先策略是指企业要在其他企业的新产品还未开发成功或还未投放市场之前，抢先开发新产品，投放市场，使企业的某种产品处于领先地位，然后千方百计地扩大战果，迅速扩大覆盖面。这是进攻型的新产品开发策略。

例如，创办于1946年的日本索尼公司，初期不过20人，资本不过500美元。40多年后，职工已逾4万人，年销售额达到50亿美元，产品远销180多个国家和地区。究其成功的奥秘，就在于索尼公司是“晶体管先驱者”和“新潮流创始者”(便携式立体声系统)。

领先策略实质上是以攻取胜、以奇制胜，企业采用这种策略需要有较强的新产品开发能力和风险承受能力，关键在于企业领导人员要有敏锐的目光和开拓的胆识，看到社会需求的新动向，选准科技发展的制高点，果断决策。

(二) 跟随超越策略

这种策略是以跟随为先导，以超越为目标，善于利用外界条件达到事半功倍的效果，企业在发现市场上刚崭露头角的畅销产品或竞争力强的产品后，不失时机地仿制和组织力量将仿制产品及时地投放市场。

这种策略风险小，要求的科研能力不高，在技术和经济上都较稳妥。但是，采用跟随超越策略必须具备两个条件：一是要对市场信息捕捉快、接收快；二是要具备一定的应变能力和研究开发能力，这样才能及时地把仿制的新产品开发出来，投放市场。

例如，20世纪60年代，每当通用汽车公司的新型车上市，福特汽车公司便立即采购，并在10天内把新车解体，对其零件逐个清洗称重，按功能分别排列在固定的展览板上，然后与自己的产品对照，分别进行工艺成本分析，找出应变的对策。

有时，对流行产品的革新，也会使产品更加完善、超越别人。如威力牌洗衣机只是将洗衣桶内的波轮倾斜度加以调整，其洗净率就比国内外同类产品高出10%～20%，使用户不再为领口、袖口洗不净而烦恼。

跟随超越策略最大的好处是可以大大缩短新产品的研制周期，降低研制费用。例如，日本在1945～1970年期间，花费60亿美元引进国外技术，而这些技术的研制费高达2000亿美元，从而使日本付出的代价不到研究费用的1/30。这些技术的研制时间一般为12～15年，而日本掌握这些技术只用了2～3年，只相当于研制时间的15%～25%。“先引进，后改进，不发明”已成为日本一些企业的主要开发策略。

（三）更新换代策略

更新换代策略指在老产品的基础上，采用新技术、新材料，开发具有更高技术经济性能的新产品。产品更新换代是科技进步的必然结果。在企业不改变服务对象，老产品所提供的基本功能仍为用户所需情况下，企业常常采用这种策略，从而使产品更具竞争力。

（四）系列延伸策略

一种新产品的问世往往会延伸出与该产品的使用密切联系的一系列配套需求。如电冰箱的使用会延伸出对冰箱断电保护器、冰箱去臭剂、保鲜膜、冰糕盒的需求等，针对人们在使用某一产品时所产生的新的需要，推出特定的配套产品，可以加深企业产品组合的深度，为企业新产品的开发提供更广阔的天地。

子任务四　产品生命周期

一、产品生命周期的含义

（一）产品生命周期的概念

产品生命周期是指产品从试制成功投入市场开始，直到最后被淘汰退出市场为止所经历的全部时间，这段时间称为产品生命周期。产品生命周期一般可分为4个阶段，即投入期、成长期、成熟期和衰退期，如图5-5所示。

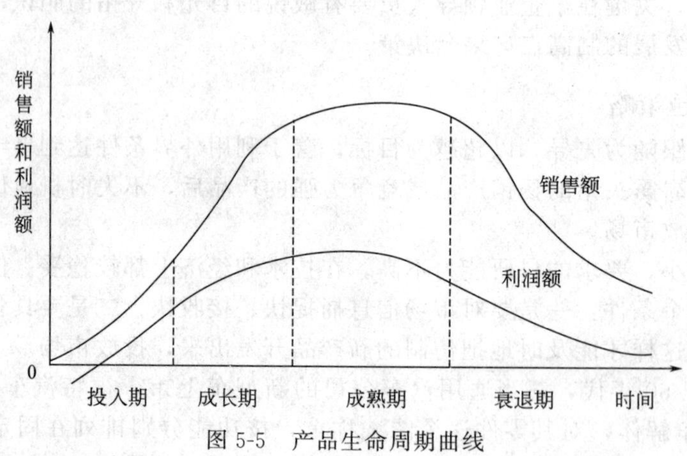

图5-5　产品生命周期曲线

（二）对产品生命周期概念的理解

1. 产品生命周期与产品的使用寿命不是一回事

产品使用寿命是指产品实体的自然寿命。例如，一瓶饮料的使用寿命可能只有一两个小时。而产品生命周期指的是产品的经济寿命，即某个品牌产品在市场中的经济寿命。使用寿命短的产品，不等于其市场生命周期也短；反之，使用寿命长的产品，也不等于其市场生命周期长。

2. 产品生命周期与产品行业生命周期不是一回事

产品生命周期指的是某一具体品牌产品的生命周期，不是指某一类产品的生命周期，更不是指某一行业产品的生命周期。例如，红塔山牌香烟的生命周期，是指该品牌香烟在市场中所经历的过程，不是指所有香烟的市场生命周期，更不是指烟草行业的生命周期。

理论上讲，产品生命周期概念能够用于分析一个产品种类，但在实践中，就产品种类而言，人们往往无法预见其生命周期，它可能无限地延长下去，例如香烟类产品会长期存在，但作为某一品牌的香烟在竞争中则在不断地被新品牌的香烟所替代而结束其产品生命周期。

3. 产品生命周期曲线是一条理论曲线

生命周期曲线是一条理论曲线，一般呈S形，与正态分布曲线相近。但在实际生活中，产品生命周期曲线是多种多样的，如图5-6所示。

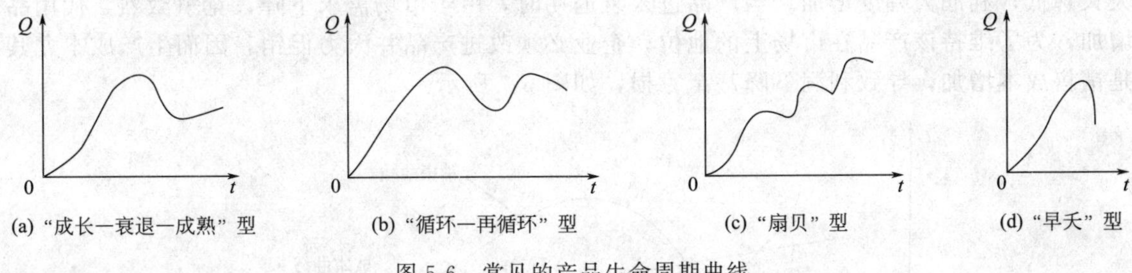

图5-6　常见的产品生命周期曲线

第一种，“成长—衰退—成熟”型。表示产品投放市场以后，起初增长快，后来下降也快，最后平稳上升，保持较好的势头。

第二种，“循环—再循环”型。表示某些产品虽然符合顾客需求，但由于促销不力，消费者对其缺乏了解而造成滞销。经过促销努力，产生了第二个周期，但规模和持续期都低于第一个周期。

第三种，“扇贝”型。在产品进入成熟期后，企业通过制订和实施正确的营销策略，使产品销售量不断达到新的高潮。

第四种，“早夭”型。表示产品由于设计、工艺或性能等不适合消费者的要求，使其一进入市场便在竞争中被淘汰。

二、产品生命周期阶段的划分

产品生命周期阶段的划分并无一定的标准。通常用以下方法来进行划分，作大致的观察。

1. 类比法

类比法即根据类似产品的发展情况，进行对比分析判断。例如，参照黑白电视机的销售资料来近似地判断彩色电视机的发展趋势。

2. 销售增长率比值法

这是以某一时期（通常为1年）的销售增长率的数据（$\Delta Y/Y$）制订出定量标准，来划分产品市场寿命周期的各个阶段。销售增长率可用下列公式计算：

$$D=\Delta Y/Y=(Y_2-Y_1)/Y_1$$

式中，D 为计算期销售量增长率；Y_1 为期初销售量；Y_2 为期末销售量。

根据经验数据：当 $D<0.1$ 时产品处于投入期；当 $D>0.1$ 时产品处于成长期；当 $0<D<0.1$ 时或 $0>D>-0.1$ 时，产品处于成熟期；当 $D<-0.1$ 时，产品进入衰退期。

3. 普及率法

① 当产品在市场上的普及率小于5%时为投入期。

② 普及率为5%～50%时为成长期。

③ 普及率在50%～90%时为成熟期。

④ 普及率为90%以上时则进入衰退期。

三、产品生命周期与成本、价格及利润的关系

产品生命周期与成本、价格、利润之间有着极其密切的关系，它直接影响着企业的经营和营销绩效，关系到企业的投资回收甚至企业未来的生存与发展。当产品处于导入期时，正处于试产试销或小批量生产阶段，成本很高，有时甚至成本高于市场价格，因而企业的利润很小或是负值。当产品进入成长期特别是成熟期以后，由于技术熟练，成批生产，产品成本大大降低，利润大幅度增加。当产品进入衰退期时，由于市场需求下降，竞争激烈，代用品增加，为了维持该产品在市场上的地位，企业必须改进产品并大力促销，因而生产成本尤其是销售成本增加，导致利润下降甚至亏损，如图 5-7 所示。

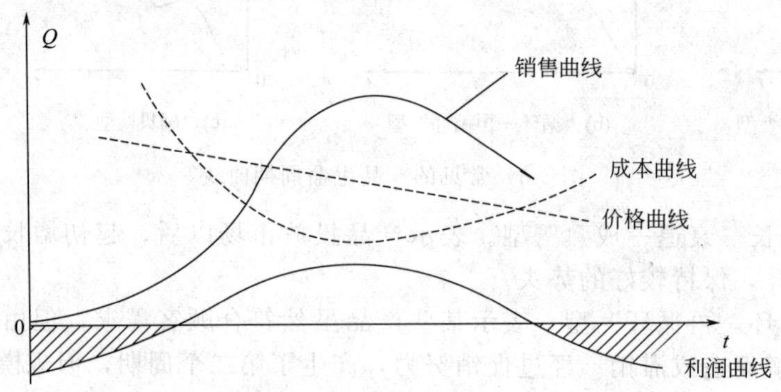

图 5-7 产品生命周期成本、价格、利润关系

从图 5-7 可知，企业获利的最佳区域是成长期和成熟期。由此可见，延长产品生命周期，即延长成长期和成熟期，就是延长高利润的时间范围。

通常，延长产品生命周期的方法有：对产品进行改良、增加服务、增加产品功能、改进产品款式等。

四、产品生命周期各阶段的特征与营销策划

产品生命周期各阶段都有其不同的特点，企业可根据其特点，采取相应的市场营销策略。

(一) 投入期的特征与营销策划

1. 投入期的市场特征

(1) 产品刚投入市场，消费者对产品不是很了解。

(2) 需求量小，销售量增长缓慢；研制开发成本和营销费用大，一般无利润可言，甚至会亏损。

(3) 失败的可能性高，而成功的概率低。由于新产品在性能、质量、价格、分销渠道和

服务等方面不能适应广大消费者的需求，因而在竞争中易失败。

形成上述特征的原因很多，一般有：成本高，费用高，设计尚未定型，分销渠道尚未畅通，新产品在市场上有一个被认识、接受的过程，促销手段不力等。

2. 投入期的营销策划

针对投入期的市场特征，企业为了尽快打开局面，应采取以下基本策略。

（1）注重新产品的“第一印象” 注重新产品的品质、性能、服务、包装等给消费者的“第一印象”。实践证明，在投入期，产品品质较高、性能较优、形象较好，销售量会有明显增长；反之，如果产品给消费者的“第一印象”不良，轻则使产品投入期延长，重则使产品被迫退出市场。

（2）借助现有产品提携支持 如将新产品与老产品一起出售，或免费赠送新产品让消费者试用，或将新老产品合并陈列。

（3）建立有效的分销渠道，搞好试销工作。

（4）利用各种促销手段宣传产品，千方百计地打开销路。

3. 投入期的价格与促销策划

投入期的营销策略，就考虑价格和促销两个因素，还可以组合成以下四种策略，如图 5-8所示。

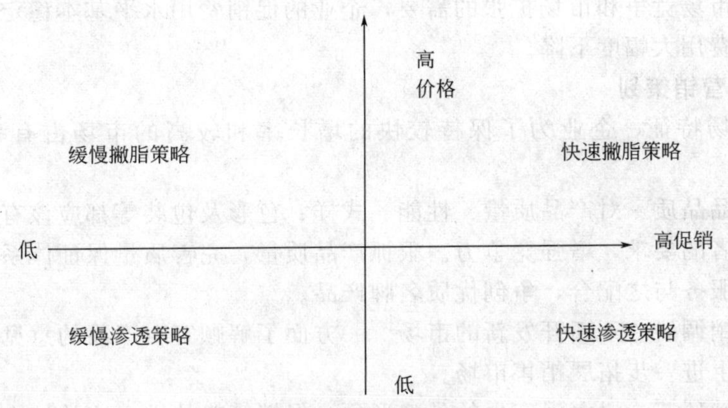

图 5-8 投入期的市场策略

（1）缓慢撇脂策略 缓慢撇脂策略，即高价格、低促销的策略。也就是说以高价格和低促销费用，将新产品投放市场。高价格和低促销组合可以使企业获得较多的利润。

实施该策略的市场条件是：市场规模较小；企业产品有专利保护，竞争威胁不大；消费者别无选择；消费者对此类产品的需求缺乏弹性，适当的高价能被市场接受。

（2）快速撇脂策略 快速撇脂策略，即高价格、高促销的策略，也就是说以高价格和高促销推出新产品，其特点是开展大规模的促销活动（如广告、人员推销、展销会等），先声夺人，诱发消费者采取购买行动，并利用高价格迅速收回投资。

采用这种策略的市场条件是：市场上有较大的需求潜力；目标顾客具有求新心理，急于购买新产品，并愿意接受高价格；企业面临潜在竞争者的威胁，需要及早创立名牌；该品牌质量、性能优异，对顾客有吸引力。

（3）缓慢渗透策略 缓慢渗透策略，即低价格、低促销的策略，也即企业以低价格和低促销费用推出新产品。低价是为了迅速占领市场，低促销则可节省费用。

采用这种策略的市场条件是：市场容量较大；替代品较多，潜在竞争威胁大；消费者对价格十分敏感，需求价格弹性较大；消费者非常了解这类产品，促销弹性较小。

采用这一策略的客观原因是此类产品在市场上的知名度已经很高，促销弹性因而降低，加之产品的价格弹性很大，此时以低价多销最为有利，无需大量支出促销费用。

（4）快速渗透策略　快速渗透策略，即低价格、高促销的策略，也即以低价配合大规模的促销活动达到最快的市场渗透，提高市场占有率。

采用这种策略的市场条件是：市场容量大；消费者对新产品缺乏了解，且对价格十分敏感；潜在竞争比较激烈；产品的单位成本可随大批量生产而降低。这是一种大刀阔斧和放长线钓大鱼的做法。该策略如获成功，企业会迅速发展，但风险较大，一旦失败，亏损难以弥补。

（二）成长期的特征与营销策划

1. 成长期的市场特征

（1）产品有很大吸引力，并被消费者所接受，销量迅速增加。

（2）产品已基本定型，已形成规模生产能力，成本下降，利润增加。

（3）分销渠道已经建立，有利的营销局面已经打开。

（4）市场价格趋于下降。

（5）市场竞争日趋激烈，但激烈程度尚未达到最大。

（6）为应对市场竞争和市场扩张的需要，企业的促销费用水平基本稳定或略有提高，但单位产品的促销费用大幅度下降。

2. 成长期的营销策划

针对上述市场特征，企业为了保持较快的增长率和较高的市场占有率，应采取以下策略。

（1）改良产品品质　对产品质量、性能、式样、色彩及包装等都应该有相应的改进，以满足和适应消费者的要求，增强竞争力。狠抓产品质量，完善质量保证体系，并以良好的包装装潢与贴心的服务与之配合，争创优质名牌产品。

（2）加强营销调研，不断开发新的市场　一方面了解顾客对产品的意见和要求；另一方面从广度和深度上进一步拓展销售市场。

（3）加强促销环节，树立强有力的品牌形象　促销策略的重心应从扩大产品的知名度转移到品牌形象塑造上，培养消费者的品牌选择性偏好，争创名牌。

（4）完善分销系统　向中间商提供促销支持，积极开发新的营销渠道和新的市场，努力扩大产品在市场上的覆盖面。

（5）选择适当的时机调整价格，以争取更多的顾客　上述策略的采取能增强产品的竞争力，但也会增加一定的成本和促销费用。因此，在成长期阶段，面临着“提高市场占有率”或“高利润”的选择。由于成长期是决定一个企业的产品能否在以后获得发展的关键阶段，因此企业应该着眼长远，提高市场占有率，提高市场竞争能力。

（三）成熟期的特征与营销策划

1. 成熟期的市场特征

（1）市场趋于饱和，销售增长率的增长幅度开始下降，成熟期的后期甚至为负增长。

（2）产品的销售量和企业利润总额都达到了最高峰，后期开始下降。

（3）市场竞争最为激烈，企业与企业之间的价格战、广告战层出不穷，愈演愈烈。

（4）单位产品价格进一步下降，单位产品利润减少。

（5）相对其他阶段而言，成熟期的延续时间较长。

2. 成熟期的营销策划

针对上述基本特征，企业应采取以下营销策略。

（1）市场改良　从广度和深度上进一步开辟新市场或扩充原有市场。从广度上看，即把市场从城市拓展到农村，从国内拓展到国外；从深度上看，即将产品原来只适应顾客一般要求，有针对性地转变为能够适应顾客的特殊要求，还可以发掘产品新的用途。

（2）产品改良　进行产品改良，使产品多样化、差异化。例如，改善产品的耐用性、可靠性、安全性和方便性，或者改变产品的性能、规格、款式、设计和材料等。其目的在于使消费者感受到产品新出现的吸引力，以突破销售量增长减缓或停滞不前的困境。

（3）营销组合改良　调整市场营销组合手段，即调整某种营销组合的因素。如改进包装、降低价格、加强服务、改进广告宣传等，以刺激销售量的增加。

（4）准备产品的更新换代　企业应高度重视新产品的开发，并适时地向市场推出新产品，做好新、旧产品的衔接工作。

（四）衰退期的特征与营销策划

1. 衰退期的市场特征

（1）新产品已经出现，老产品销售量迅速下降，消费者的兴趣已发生转移。

（2）价格已下降到最低水平，企业利润大幅度下降，甚至出现亏损。

（3）促销手段开始失灵，降价、让利、增加服务等促销手段都无济于事。

（4）多数企业无利可图，被迫退出市场。

2. 衰退期的营销策划

针对衰退期的市场特征，企业应采取以下策略。

（1）有计划、有步骤地淘汰疲软产品，即减产、转产或将产品转让给别的企业生产。

（2）促销减至最低水平，即减少到保持坚定忠诚者需求的水平。

（3）对分销系统进行选择，逐步淘汰无盈利的分销网点。

（4）转向新产品的开发、试销。

五、延长产品成熟期的策划

通常，延长产品生命周期成熟阶段的对策主要有以下 3 个。

（一）对产品进行改良

1. 要考虑产品重新定位

不论产品原来的定位如何正确，当产品处于成熟期或消费者的偏好已经改变，使得原来的市场变小时，就有必要考虑重新定位问题。

2. 要实行产品的差别化

产品差别化有程度上的不同，有的是在产品实体的属性上进行差别化；有的产品实体的属性无多大差别，只是在消费者心理上产生差别。

一般来讲，可以通过改变产品特征、提高品牌形象、改变产品包装等途径来达到产品差别化的目的，从而延长产品成熟期，使企业连续不断地获得较高利润。

3. 改进产品

要增加产品功能，改进产品款式，以此来吸引更多的消费者购买，从而维持和提高产后的销售额，以达到延长产品生命周期的目的。

（二）进行市场渗透

当产品在某一特定市场上处于成熟阶段时，市场上仍有许多已知这一产品但尚未购买的消费者，同时也存在着一些不知道这一产品的消费者。这时，营销策略的重点要放在市场渗透上，设法让这些潜在的消费者认识并接受产品，加深对产品的印象与偏好，从而达到延长产品生命周期的目的。

一般来说，进行市场渗透，要维持一定水准的广告量，不断地“说服”潜在顾客。另外要不断地扩大销售渠道，使渠道“密集化”。

（三）开辟新的市场

一款产品推出后，不应只满足于某一特定的区域性市场，即不应仅以满足某一特定的消费者群作为唯一目标，而要不断地寻找并发现新的市场。尤其是在该款产品进入成熟期时，更要善于发现新的市场机会，以便维持该款产品的销售额，进而达到延长其成熟期的目的。

这里需要指出的是，开辟新的市场，从策略角度看，在该款产品推出之前，就应该完整地计划这一产品的整个生命周期的各个阶段。在产品设计上，要具有能够开辟新市场的设计“弹性”，使产品在略加改变的条件下，能够顺利地进入一个新的市场。

六、产品生命周期理论的作用

研究分析产品生命周期，正确把握产品在市场上的寿命，对企业经营有着非常重要的意义。

1. 产品生命周期理论揭示了产品生命周期的轨迹

任何产品都和生命有机体一样，都有一个诞生—成长—成熟—衰亡的过程。也就是说世界上没有一个企业的产品在市场上能永远畅销，永久获利，它迟早是要被市场淘汰的。因此，企业要居安思危，不断创新，开发新产品。做到生产一批，储备一批，试制一批，设想一批，使企业更好地生存和发展。

2. 产品生命周期理论为营销策略的制订指明了方向

借助产品生命周期理论，可分析判断产品处于生命周期的什么阶段，推测产品今后发展的趋势，正确把握产品的市场寿命，并根据不同阶段的特点，采取相应的市场营销组合策略，增强企业竞争力，提高企业的经济效益。

3. 产品生命周期是可以延长的

从产品生命周期理论可知，由于科学技术迅猛发展，人们需求变化加快，未来产品生命周期的发展趋势将会越来越短。但是企业通过市场营销的努力，产品生命周期是可以延长的。

子任务五　品牌决策

品牌（brand）与商标（trade mark）都是用以识别不同生产经营者的不同种类、不同品质产品的商业名称及其标志。但由于各国法律体系的不同，在实践中，品牌和商标有着明显的差异在有些国家，品牌不受法律保护，法律保护的只是商标（如我国及世界上大多数国家，采用注册在先原则，谁先注册保护谁，不注册不保护）；而在有些国家，品牌与商标事实上是一回事（如英国、美国采用使用在先原则，谁先使用保护谁）。

一、品牌与商标的含义

（一）品牌的含义

品牌是企业为了与竞争者的同类产品或服务相区别，而给自己的产品或服务所使用的一个名称、术语、符号、设计或以上 4 种的组合。品牌包括品牌名称（简称品名）和品牌标志（简称品标）两部分。品牌名称（brand name）是品牌中可以用语言文字表达的部分。如海尔、长虹、娃哈哈等，通过文字形式表现出来。品牌标志（brand mark）是品牌中不能用语言文字表达，而是借助于图案、符号、记号、印字、明显的色彩表现的部分。例如，海尔中的海尔兄弟两个小男孩、奥迪车的连环、可口可乐的独特字体、麦当劳的两个金黄色的拱形等。

（二）商标的含义

商标是生产者、经营者用以标明自己所生产或者销售的商品和提供的服务同其他人生产或者销售的同种或类似商品和提供的服务相区别的标记。简言之，商标是识别商品和服务的标记。商标是指经过注册登记受法律保护的品牌，它是商品的名称。从这里不难看出，所有的商标都是品牌，但所有的品牌并不一定都是商标。因此，企业不仅要有品牌意识，更要有商标意识，即一定要注册，使品牌成为商标，用法律保护自己。品牌和商标，都是企业的无形资产，驰名的品牌或商标更是企业的巨大财富。我们经常可以看到一些企业之间为了商标而发生纠纷，商标抢先注册、抢占他人无形资产的行为愈演愈烈，许多企业因此损失惨重，然而企业在警惕商标被他人抢先注册的同时，却忽视了另一个问题，这就是“类似商标注册”，如“酷儿”与“COOL”、“猛牛”与“蒙牛”等商标，有时让消费者很难区分。

因此，如何防止别人的商标因你的知名度和你投入的广告宣传而出名、搭你的便车、分享你的无形资产，是企业必须关注的问题。而防止他人搭便车的有效手段就是进行防御性商标注册。

所谓防御性商标注册，即注册与使用相同或相似的一系列商标。具体地说就是注册一系列文字、读音、图案相同或相似的商标，保护正在使用的商标或以后备用。

防御性商标注册的另一种方法就是，同一商标运用于完全不同种类的产品或不同行业，防止他人在不同种类的产品或不同行业使用你的商标。因为同一商标使用的商品类别有一定限制，产品跨行业、跨种类时，就必须分别注册。

三九集团的“999”系列注册商标价逾 7.3 亿元，注册商标应用范围涉及三九集团八大产业。甚至将来准备涉足的领域，均以“999”注册了商标，就连深圳市首批注册颁布的服务商标，也有“999”。同样红豆集团，在国内 34 类商品上全部注册了“红豆”商标。

二、品牌的功能

（一）从消费者的角度

1. 容易识别、辨认产品

通过品牌，可以较快地在复杂多样的产品中发现或寻找自己所要的产品，借助醒目的图案或色彩，既可节约时间，提高效率，又便于消费者重复购买。

2. 传递企业及产品的相关信息

通过品牌来介绍企业或企业生产的产品，是传递生产企业与消费之间信息的桥梁。

3. 创造产品个性

品牌能为产品创造个性，也使消费者对产品产生兴趣，帮助企业评价产品的适应性。

4. 维护消费者的权益

品牌便于消费者在购买使用产品出现问题后，按品牌寻找到生产企业，及时解决问题，维护自己权益，减少购买风险。而对企业来讲，这也是一种重要的信息反馈途径。

5. 便于政府管理

品牌有利于政府进行市场监控，保护消费者权益，有利于维系公平的市场经济运行秩序，打击假冒伪劣产品，保护企业的合法权益，促进市场经济的发展。

（二）从生产者的角度

1. 品牌可帮助消费者提高对产品的忠诚程度

品牌督促企业保证产品质量，提供优质服务，让消费者熟悉、喜爱自己的品牌，乃至形成对自己品牌的忠诚。

2. 抵御竞争

基于建立对品牌的忠诚，让消费者产生重复购买的行为，扩大市场份额，加强竞争能力，不让同类产品挤占市场，减弱竞争程度。因此，品牌是企业的核心竞争力要素之一。

3. 创造差别优势

品牌可以创造差别优势，帮助企业在市场上定位，提高企业的经济效益；企业通过创造名牌，取得消费者的信赖，以便获得理想的经济效益（这里运用的就是名牌效应和作用）。

4. 品牌可以允许维持一定程度的溢价，获取超额利润

消费者愿意出较高的价钱购买知名品牌的产品，这既有出于物质利益方面的考虑，又有情感利益和精神利益方面的需要。

5. 品牌可以为企业树立良好的形象

品牌意味着质量、意味着优质的服务、意味着企业良好的文化和精神、意味着企业良好的社会形象，因而，它是企业的无形资产。

三、品牌命名的原则

名称是品牌的核心要素，是品牌认知和沟通的基础。更重要的是名称提供了品牌联想，而正是这种联想描述了品牌——它是什么，有什么用途。换句话说，名称是形成品牌概念的基础。例如，闻名遐迩的“五粮液”，是用高粱、大米、糯米、小麦、玉米五种粮食酿制而成，因此，其原名叫“杂粮酒”。尽管味道清冽、纯香、甘美，是酒中佳品，当地人爱喝，可在外地市场却打不开销路。改名为“五粮液”后，一下子名声大振，如日中天。由此可见，品牌名称的选择对于一个企业打开产品销路，扩大产品知名度显得何等重要。

一般认为，一个好的品牌名称，必须具备五个条件。

1. 要简洁、易读、易认、易记

读音响亮、音韵好听的名称，叫起来顺口，听起来顺耳，自然就便于流传。例如，世界十大品牌排行榜上位于第一位的可口可乐（CoCa-CoLa），不仅读音响亮，音韵好听，而且简明、易记。加上质量过硬，口味独特，价格合理，成为世界公认的著名品牌。

2. 要能清楚表达商品的含义

如今，商品品种繁多、复杂，如果取名不把商品的性能、效用、质地表达清楚，这种品牌名称就难以被人理解、接受。美国著名化妆品企业家丝黛·劳德，曾以推销化妆品为例，告诫推销人员千万不要把红的唇膏笼统地向顾客介绍为“红色”，而是要仔细地进行区分：这是“珊瑚红”、这是“桃红”，很明快，适合穿白衣服的年轻妇女使用；这是“玫瑰红”、这是“公爵夫人红”、这是“舞会红”……

3. 要趣味盎然，能引起人们丰富的联想

如“红豆”牌衬衣，以红豆作为品牌名称，容易使人联想起唐代著名诗人王维的名句：“红豆生南国，春来发几枝，愿君多采撷，此物最相思。”它勾起人们的相思之情、思乡之情、思恋之情。被游子誉为“思乡”的衣裳；被恋人誉为“爱情”的衣裳；在日本，红豆衬衣就叫“爱情的衬衫”。

4. 要具有独特性和艺术性

独特的品牌便于记忆、识别，随大流、无个性的品牌容易被市场上众多的品牌所淹没或让人误认为是大路货。如“老板”牌油烟机，原名叫“红星”牌，尽管做了很多广告，可仍没有名气，而改为“老板”牌后，很快就声名远扬。

5. 要注意消费对象，避开各种忌讳

品牌名称作为一种语意符号，往往隐藏着许多鲜为人知的秘密，稍有不慎，便可能触犯目标市场所在国家或地区的风俗习惯、道德准则，甚至法律，使企业蒙受不必要的损失，如“芳芳”婴儿爽身粉，在国内十分畅销，而在国外几乎无人问津。原因是“FangFang”在英语中意思是“毒蛇的牙齿”。又如，南京产的“蝙蝠”牌电扇深受消费者的欢迎，但在国外，因其用“Bat”这一除了具有“蝙蝠”的意思外，还含有“妓女”的意思品牌名称，显然难以打开销路。

因此，企业必须谨慎地选择品牌名称，力争通过品牌名称的选择、设计，展示品牌个性，从而给消费者留下深刻的印象。

四、商品命名的思路

（一）商品命名的心理原则

商品命名就是为商品取名，是通过人们能够理解，便于记忆的语言文字来反映商品的性质、特点、用途、性能等。一个易读易记、引人注意、富于联想、符合消费者购买心理的商品名称，能够刺激消费者的购买欲望；而一个名不副实、庸俗难记、缺乏特点的名称则会压制消费者的购买兴趣。

商品命名应能够概括并准确地反映商品的主要特点和性能，易于消费者理解和引起联想，进而激发购买欲望。因此，企业在商品命名时要注意以下几个心理原则。

1. 名实相符

所谓名实相符，是指商品的名称和商品实体的主要性质和特点要相适应。商品名称能够准确而直接地反映商品的某些特性，使消费者只要间接看到或听到商品名称，就能顾名思义地对商品的特性有一定了解，从而加速消费者对商品的认识过程。例如，数码相机、羽绒服、降压灵、八宝粥等。

2. 便于记忆

商品命名应尽量使用简洁明了，发音响亮的文字，做到易认、易记、易读和易于传播，字数最好在5个字以内。此外，商品命名应尽量避免繁琐、怪僻、绕口、费解的字词及使用范围很小的方言土语，也不宜采用过于专业化的名称。例如，洗衣机、随身听、感冒灵、电冰箱、微波炉等。

3. 诱发情感

积极的情感是消费者购买商品的增效剂，如果消费者对商品没有积极的情感，就很难促进购买行为完成。因此，商品的命名应根据不同的购买者和使用者的个性心理特征，使其具有某种情绪色彩和特殊意义，以诱发消费者肯定和积极的情绪，增强购买欲望。例如，开心果、长寿面、健美裤、青春宝等。

4. 启发联想

启发消费者关于商品的美好联想，是商品命名应当具备的一种内在功能。为了达到这一目的，商品命名应力求具有形象性、趣味性、科学性和艺术感染力，以便启发消费者的美好联想。

例如，北京的一种风味小吃，用面团炸制，因表面有一道裂纹故取名“开口笑”，既幽默又形象；福州有一种传统佳肴名“佛跳墙”，佛本不食荤，但闻此菜肴的香味，也按捺不住跳出寺墙而食之的欲望，可以想象其味道是如何之美了。即使从未食过此菜的人，只要闻其名，也能勾起联想和向往，产生非尝尝不可的欲望。

总之，商品命名要避免雷同和一般化，应力求寓意深远、美好，高度概括商品的特性，富于情趣，健康向上，便于记忆。只有这样，才能既满足消费者的心理需要，又促进其购买行为。

（二）商品命名的方法

商品命名的方法很多，每一种方法都有其特色和使用范围，但所有命名方法的核心都是使产品名称更好地适应消费者的心理特点，满足他们的需要。由于商品性质的差异和用途的限制，选择命名方法时要注意在使用时恰当与否和实际效果，而不能千篇一律或信手拈来。常用的，也是比较典型的商品命名方法主要有以下几种。

1. 根据商品的主要效用命名

这种命名方法就是用直接反映商品的主要性能和用途的文字作为商品名称。其心理意义在于，能突出商品的性能和功效，便于消费者望文生义，迅速了解商品，并迎合了消费者对商品求实用、实效的心理要求。如自行车、吸尘器、电视机、手机、电饭煲、衣领净、咳必清、增白粉蜜等。

2. 根据商品的主要成分命名

这种命名方法就是商品所含的重要成分体现在商品名称里。其心理意义在于，直接或间接反映商品的成分，为消费者认识商品的价值、功效等提供资料，使商品在消费者心目中有信任感和名贵感，从而引起购买欲望。如贝液、羊绒衫、田七牙膏、两面针、水晶眼镜片等。

3. 根据商品的产地命名

这种命名方法就是用商品出产地或传统商品生产所在地方作为商品名称。其心理意义在于，可利用消费者对著名产地的仰慕或信赖心理，给消费者以货真质好、独具地方特色、历史悠久、工艺精湛的印象，从而激发信任感、名贵感，产生购买欲望。如茅台酒、龙井茶、高丽参、南京盐水鸭、新疆葡萄干、四川火锅、泸州老窖、洋河大曲等。

4. 根据人名命名

这种命名方法是用历史或现代名人、民间传说人物、产品首创人的名字作为商品名称。

其心理意义在于，借助于消费者对名人的崇拜和对创制者的崇敬心理，以语言文字为媒介，将特定人物与特定商品相联系，诱发消费者的名人遐想和购买欲望。如杜康酒、中山装、张小泉剪刀、章光 101、李宁运动服、方太厨具等。

5. 根据商品的外形命名

这种命名方法是用商品独特的外形和色彩作为商品名称。其心理意义在于：能突出商品的优美造型，引起消费者兴趣和注意，便于消费者辨别或满足消费者审美欲，还因其形象独特，使消费者留下深刻印象和记忆。如蝙蝠衫、金针菇、宝塔糖等。

6. 根据商品的制作方法命名

这种命名方法是以商品独特的加工过程或传统工艺作为商品的名称。其心理意义在于能使消费者了解商品制作方法或不寻常的研制过程，提高商品的威望，容易使消费者产生货真价实、质量可靠的感觉。如九制陈皮、蒸馏水、二锅头、双蒸米酒等。

7. 根据形容词命名

这种命名方法是根据商品的使用效果和感情色彩加以形容比喻作为商品的名称。其心理意义在于：通过形容词褒誉商品，使消费者产生美好的联想，满足各种心理欲求，激发购买欲望。如长命锁、保龄球、百岁酒、万能胶、长寿面、安乐椅等。

8. 吉利命名

以良好的祝愿、吉利的词语命名，既衬托商品的优良品质，又迎合消费者美好的祝愿，激发愉悦的感情。如福寿酒、乐口福、金六福、金利来等。

9. 根据动植物命名

以珍贵的动植物为品牌名称，能使人产生许多美好的联想，并能提高产品的身价。如熊猫、孔雀、凤凰、金丝猴、牡丹、金银花等。

10. 根据外文译音命名

这种命名方法就是将商品的外文名称直译为中文的谐音作为商品的名称。其心理意义在于：能够激发消费者的好奇心理，满足其求新、求变、求异的需要。如维他命、吉普车、咖啡、冰淇淋、可口可乐、奔驰汽车等。

总之，商品命名既要反映商品的特性，又要有强烈的感染力和诱惑力，只有这样才能引起消费者的注意和联想，在一定程度上满足消费者对商品的某种心理要求，激发其购买欲望。

五、品牌设计的原则

1. 合法性原则

设计品牌的内容不得与国家的法令法规规定的内容相抵触，国家禁止使用的图案、标记不得使用。例如，国徽、国旗、军旗、勋章等。

2. 美观、新颖性原则

设计品牌要美观大方、新颖，构思精巧，以此来刺激消费者产生购买欲望。

3. 简明、通俗性原则

设计品牌要简单明快，易于消费者辨认，易于记忆，能在较短的时间范围内给消费者较深的印象。切忌复杂冗长、繁琐，图案模糊不清。

4. 寓意深刻性原则

设计品牌应该能反映企业产品的特色和风格，使消费者很容易将企业与品牌标志联系在一起。例如，人们常常把玫瑰和爱情联系在一起，皇冠与荣誉联系在一起，把圆圈和永久团结联系在一起（像奥运会的五环旗，就象征着团结奋进、勇于拼搏的奥运精神）。

5. 适用性原则

设计品牌应注意目标市场上的消费者所处的社会文化环境。不同的国家、民族、不同宗教信仰的人的喜好和禁忌是不同的，同一字词或图案在不同国家、不同民族、不同人面前所代表的含义也不同。因此，在设计品牌时一定要注意这些方面的差异，尽量避免造成误解，产生误会。

六、品牌策划

（一）品牌类型

1. 生产者品牌

生产企业可以决定使用自己的品牌，这种品牌叫做企业品牌、生产者品牌。企业的产品一旦投入市场，便要决定是否给其产品规定品牌名称。世界各国的大多数产品都规定要有品牌名称。

品牌化虽然会使企业增加成本费用，但也可以获得以下好处：规定品牌名称可以使卖主易于管理订货；注册商标可使企业的产品受到法律保护，防止别人模仿、抄袭；品牌化使卖主有可能吸引更多的品牌忠诚者；品牌化有助于企业细分市场；良好的品牌有助于树立良好的企业形象。

2. 销售者品牌

以销售商品品牌的名义进行销售的决策，称之为销售者品牌决策。其运作方式是，生产企业将其产品大批量地卖给中间商，中间商再用自己的品牌将货物转卖出去。

实质上是生产企业用销售商的品牌进行“定做”。如沃尔玛是个销售商，其销售的“沃尔玛”牌产品，并非沃尔玛自己生产，而是由别的生产企业生产，沃尔玛负责对产品质量进行监控。

3. 混合品牌

混合品牌，即生产企业一部分产品使用生产者品牌进行销售，另一部分产品使用销售商品牌进行销售。需要注意的是，如果在同一市场上使用该策略，可能会引起生产者与销售商之间的“品牌战”。

4. 无品牌

20 世纪 70 年代以来，西方国家的许多企业对某些消费品和某些药品不规定品牌名称和品牌标志，也不向政府注册登记，实行非品牌化。这种产品叫无品牌产品。

所谓无品牌产品是指在超级市场上出售的无品牌、包装简易且价格便宜的普通产品。企业推出无品牌产品的主要目的是节省包装、广告等费用，降低价格，扩大销售。一般来讲，未注册品使用质量较低的原料，而且其包装、广告、标贴的费用都较低。

（二）品牌使用策划

1. 统一品牌策略

统一品牌策略是指企业无论生产多少种产品，均统一使用一个品牌，就像我们平时所说的系列产品。例如，海尔公司生产的冰箱、洗衣机、空调、冰柜、手机等都采用统一的一个海尔品牌。

采用统一品牌策略可以借助原有产品在市场上的声誉推出新产品，节省大量的广告宣传和促销费用，降低新产品成本，加深这一品牌在人们头脑中的印象，为企业大造声势，增强竞争能力。此策略适合于本企业所有同一质量的产品。

2. 多品牌策略

多品牌策略是指企业同时为一种产品使用两种或两种以上的互相竞争的品牌。运用多品牌策略能够避免统一品牌下的株连效应；可以在市场竞争中挤压竞争对手，能吸引更多的顾客，增加销量，提高市场占有率。但广告宣传费用增加，生产资源配置分散，影响企业新产品开发。

3. 个别品牌策略

个别品牌策略是指企业生产不同产品分别使用不同品牌的策略。采用此策略，企业可以大造声势，刺激吸引不同层次的消费者，将单个产品的成败与企业的声誉分开，不因某个产品的成败影响企业整体形象，因此分散风险。但开发新产品、塑造新品牌，会增加各种所需的费用。此策略适合资金实力较强的大中型企业。

4. 新品牌策略

新品牌策略是企业为推出新产品而设计的新品牌。采取新品牌策略的原因是现有品牌没有合适的，旧品牌的影响力已逐渐降低；或者通过企业兼并和收购均能产生新品牌。

采用这一策略需要注意创立品牌给企业带来的风险如何，新品牌的寿命周期怎样，投入与产出的比例如何，是否能提高企业的声誉，为企业增加利润。因此，决策者应该慎重使用此策略。

5. 主副品牌策略

主副品牌策略是指同一产品使用一主一副两个品牌的做法。例如，海尔——小神童洗衣机，海尔——小元帅空调。主副品牌策略兼容了统一品牌策略与个别品牌策略的优点，既可以像统一品牌策略那样实现优势共享，又能达到像个别品牌策略那样比较清晰地界定不同副品牌产品的差异性、个性化特征，还能避免因个别副品牌产品的失败而给企业整个品牌带来的负面影响。

（三）品牌扩展决策

品牌扩展（也称为品牌延伸）决策是指企业利用其成功品牌名称的声誉来推出改良产品或新产品。品牌扩展有利于降低新产品的市场导入费用和风险。可以使新产品借助成功品牌的市场信誉顺利地进入市场。但如果新产品不尽如人意，消费者不仅不认可，反而会影响该品牌的信誉。另外，品牌扩展还需要考虑产品之间的关联性。

（四）品牌重新定位决策

品牌重新定位决策是指全部或部分调整或改变品牌原有市场定位的做法。品牌重新定位的目的是使现有产品具有与竞争者产品不同的特点，与竞争者拉开距离（或分清界限），以诱发消费需求，增强品牌竞争力。品牌重新定位的原因有：

（1）竞争者推出一个品牌，把它定位于本企业的品牌旁边，侵占了本企业品牌的一部分市场，使本企业的品牌的市场占有率下降；

（2）有些消费者的偏好发生了变化。

子任务六　产品包装策划

包装是指对某一品牌商品设计并制作容器或包扎物的一系列活动。其有三个方面的含义：其一，包装是指为产品设计、制作包扎物的活动过程；其二，包装即是指包扎物；其三，包装也指包装方法，即包装的操作过程。

特别是消费品的包装，能体现广告所宣传塑造的产品形象。两种相同的消费品，不同的包装，就会产生两种不同的销售效果。

一、包装的含义和作用

（一）包装的含义

包装是产品整体的又一重要组成部分，通常指产品的容器或包装物及其设计装潢。

一般来说，商品包装应该包括商标或品牌、形状、颜色、图案和材料等要素。

产品包装一般分3个层次。

（1）内包装是产品的直接容器或包装物，如牙膏的软管、酒类的瓶子、香烟的小纸盒等。

（2）中层包装，如每条香烟的包装物。

（3）储运包装，也称外包装，如装运香烟的纸板箱等。

（二）包装的作用

包装设计的好坏直接关系到产品的价值和销路，设计良好的包装能为消费者创造方便价值，为生产者创造促销价值。具体地说，产品的包装有以下3个方面的作用。

1. 保护产品

这是包装的原始功能。在产品从生产者转移到消费者手中，被消费者消耗的过程中，良好的包装可以防止产品的毁损、变质、散落、被窃等。

2. 便于储运

不少产品没有固定的形状或形状特殊，不包装则难以进行储存和运输。有些产品则有一定的危险性，如易燃、易爆、有毒等，必须有严密良好的包装才能储运。此外，整齐的包装可以方便储运时的点检等管理工作。

3. 促进销售

包装已被越来越多的厂家用做产品促销的一种工具。通过包装，可以改进产品的外观形象，提高顾客的视觉兴趣，增加顾客的方便，促进消费者的购买。同时，利用包装上的说明，可以增进顾客对产品知识的了解。包装同时也是一种不花钱的广告媒体。例如，众所周知，人参是名贵的稀有药材，价格昂贵。但是在改革开放以前，我国的有关单位在出口人参时，像捆萝卜干似的将人参捆扎起来，用麻袋或木箱包装。可想而知，这种“稻草包珍珠”的包装方式，不能不让人对其商品的真实性表示怀疑，同时也极大地降低了人参的身价。在这种情况下，尽管价格很低，但是销路仍然不佳。在市场给我们上了一堂生动的“营销学”课程和外商赚取大笔利润后，我们的有关单位终于明智地采用了小包装（1～2支），配上了绸缎锦盒，或使用木盒外套透明的玻璃纸罩。这样的“装束”雅致大方，使人参的稀有、名贵充分表现出来，结果是不仅销路打开，而且商品利润倍增。

二、包装设计的基本要求

1. 新颖感

包装应力求新颖别致，美观大方，使人耳目一新，不应流俗模仿。一味模仿名牌，毫无创意与特色，应予以摒弃。

2. 高贵感

包装应与产品的档次和价值相一致，贵重高档的产品或礼品，包装要华丽高雅，增加产品的价值感。

3. 便利感

包装应便于消费者选购、携带、使用和保存，以适应不同消费者的需要，且应有不同规格和分量的包装。

4. 直观感

挑选性强的产品，如衬衣、丝袜等，应使顾客通过包装的透明部分看到产品花色、款式、质地等特色。

5. 信任感

包装的外形、规格、分量等必须与产品实际相一致，不应使顾客产生误解。包装的促销作用应建立在真实性的基础上，欺骗性的包装同现代营销观念是水火不相容的。此外，还应在包装上注明产品成分、用法、分量、有效期限等。

6. 安全感

包装要注意保护消费者的安全和卫生要求。例如，国外许多药品包装瓶均采用安全型，防止儿童误食；还有杀虫剂、消毒液等喷雾剂也趋向安全型包装。

7. 艺术感

包装设计应力求赏心悦目，增加产品美感和魅力。包装的造型、色彩、图案和文字等要符合当地的风俗习惯和宗教信仰，切勿触犯禁忌。

三、常用的包装方法和包装技术

1. 包装的大小

包装的大小主要受消费者的购买使用习惯及购买力的影响。一般地说，日用消费品小包装使用比较方便。随着小家庭的增加，对小包装产品的需求将会不断增加。

2. 包装的形状

包装的形状主要取决于产品形状和性质。一般地说，产品的包装要有利于产品的存放、搬运、运输，能美化产品，吸引顾客的注意。特别是食品，顾客购买后往往要存放在冰箱里，因此，食品包装的形状应与冰箱内部结构相符合。

3. 包装的构造

包装的构造应能突出产品的特点，体现产品的功能，同时应方便开启。有些产品还需要特殊的保护性包装，如对危险性药品的包装，应使儿童不能轻易打开。

4. 包装的颜色

根据研究发现，颜色能影响人们的情绪，进而影响人们的行为。不同的颜色能给人以不同的感觉，如红色的热烈、蓝色的宁静、黑色的凝重、紫色的高雅等。因此，应针对不同产品，采用不同颜色的包装与之相配。同时，也应考虑到不同的民族对颜色的偏好与禁忌，以免影响产品的国际市场营销。

5. 包装的材料

包装材料的选用除了能有效地保护产品外，还应该考虑材料与环境保护的关系，所使用的材料不能损坏生态环境。此外，还应考虑包装材料与产品价值的比例，既不能“金玉其外，败絮其中”，也不能“稻草包珍珠”，再现过去那种“一等产品，二等包装，三等价格”的局面。

此外，包装设计还要注意以下几个法律和道德方面的问题。①注意节约包装成本，减少消费者不必要的负担，节约社会资源。例如，易拉罐包装应予以控制，液体食品应大力发展纸盒无菌包装。②严格控制废弃包装物对环境的污染。例如，德国自 1991 年起即已禁止使用一切由聚氯乙烯或聚苯乙烯泡沫塑料制成的包装物，德国首创的绿色产品标志已在许多国家获得推广。

包装设计好后，必须进行一些试验。进行工程测试的目的是为了保证包装在正常情况下经得起磨损；进行视觉测试的目的是为了保证字迹清楚和色彩协调；进行经销商测试的目的是为了保证经销商发现包装具有的吸引力，并且能够便于处理；进行消费者测试的目的是为了保证赢得有利的消费者反应。

四、包装策划

常言道：好马配好鞍。企业要根据实际情况，结合产品的特点，从市场营销的角度，考虑采用不同的包装策略。通常可以采用以下几种策略。

1. 统一包装策略

企业对自己生产经营的产品采用统一的包装模式，即在颜色、图案、造型等方面具有类似特征，使人一见即知是某家企业的产品。这也是“CIS系统”内容之一。这样，可加强企业形象，有利于推出新产品和节省促销费用等。

2. 配套包装策略

配套包装策略即把几种消费上相关联的产品放在一个特制的包装物中销售，如化妆品系列套装、礼品套装等。既可便利消费，又可扩大销路，但要防止引起顾客反感的硬性搭配。

3. 分档包装策略

为了适应顾客不同的购买力水平或不同的购买目的，对同一种产品采取不同档次的包装，如对糖果可采用盒装、袋装、散装等多种形式。

4. 再使用包装策略

原包装的商品用完以后，其包装物可以再用，具有多种用途。例如，设计精美的酒瓶可用做花瓶，水果罐头瓶、饮料瓶用做茶杯等。这一包装策略，一方面能够以包装物的精美引起消费者的好感，引起购买欲望，达到销售目的；另一方面包装物有广告宣传的作用，能够引起消费者重复购买。

5. 附赠品包装策略

企业在包装容器中附加一些赠品，以吸引消费者购买。这是目前市场上比较流行的包装策略，如易拉罐饮料盖上印有中奖号码，儿童食品包装里附有动画卡片、小型玩具、人物画等，这对产品促销能起到很大的作用。

6. 错觉包装策略

利用人们对外界事物的观察错觉，进行产品的包装。例如，两个容量相同的饮料包装，扁形的看起来就比圆形的大些、多些；笨重物体的包装采用浅淡的颜色会使人感到轻巧一些。这是利用人们的视觉误差设计包装的心理策略之一。

7. 性别倾向性包装策略

企业根据消费者不同的性别作不同的包装设计。女性使用的商品包装应具有女性喜爱的特点，设计得要清秀、美丽、淡雅；男性使用的商品包装则应表现出粗犷、强劲、庄重、有力。但也有人认为，当前许多男性用品由女性去购买，男性商品在一定程度上也要适合女性的心理。

8. 年龄差别包装策略

企业根据消费者的年龄特征作相应的包装设计。例如，儿童用品活泼生动，色彩鲜艳、浓烈；少儿用品突出知识性、趣味性；青年用品富于变化，多姿多彩；成年用品素洁淡雅，端庄大方；老年用品质朴沉稳等。这种适应性包装设计，容易为不同年龄的消费者所喜爱。

9. 改进包装策略

这种策略不改变产品本身，仅改变产品包装。有的是重新改进包装设计，以适应新市场的需要；有的是更换新型的包装材料，使包装更具有时代气息，更适合消费者需要，促进销售。

10. 不同容器的包装策略

这是根据消费者的使用习惯，按照产品的重量、数量设计不同的包装。例如，味精有50克、100克、500克等不同重量的包装，分别适用于家庭、饭店等不同场合。

五、包装应注意的问题

1. 合规问题

产品包装上的文字、图案、色彩等要适应不同国家和地区消费者的审美情趣和心理要求，避免触犯忌讳，避免与当地的民族习俗、宗教信仰相冲突。

2. 不要过度包装

现在，我国某些企业在包装设计上又走向了另一个极端，即过度包装。在国外也存在过度包装的问题。过度包装有两种形式：一种是过多地使用包装材料，一些体积较小的产品，如滋补品等，大量使用发泡塑料作为填充物，将8粒蛇胆胶囊包装成字典大小，而2瓶燕窝精的包装就像一个手提箱；另一种形式是进行奢华包装，致使包装成本远远超过产品的价值。按国际上通行的标准，包装成本一般不得超过产品成本的15％，最多不得超过20％，否则就是过度包装。而据调查，在国内市场上，部分轻工产品的包装成本占总成本的50％左右，少数竟高达90％～95％。

过度包装不但造成资源的浪费和废弃物的增加，也是对消费者利益的损害。在我国，消费者大多以追求实用为购买动机的情况下，过度包装也会影响企业产品的销售。

3. 遵循与时俱进原则，适时改变包装

包装一旦确定，就要长期稳定，以便于消费者认知，但这并不等于说包装不能改变。随着人们文化观念、社会风尚的变化，企业也必须遵循与时俱进的原则，按照消费者新的文化观念，适时改变产品的包装，它能使顾客产生一种新奇的感觉，从而刺激需求，促进销售。

实训实践

一、收集一份成功企业的产品策划书。

二、设计一款新型透气运动服，把握产品策划要点，编制产品策划书。

分析思考

1. 整体产品的含义是什么？
2. 产品组合优化的策略有哪些？
3. 产品各生命周期的营销策略有哪些？
4. 新产品开发策划的步骤及开发策略是什么？
5. 产品品牌与商标的区别是什么？
6. 设计产品包装的策略有哪些？

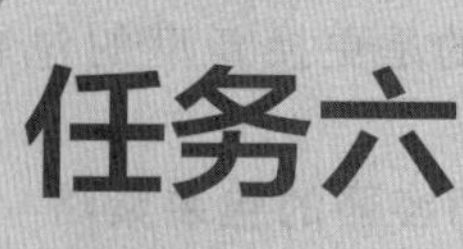

制定价格

技术技能目标

1. 能针对价格的制约因素进行分析
2. 能灵活运用价格策略的方法和技巧

知识经验要点

1. 理解企业制定价格应考虑的因素
2. 掌握企业定价的基本知识和方法
3. 掌握企业定价的主要策略

教学重点

1. 价格制定的主要策略
2. 价格策略的实际运用

导入案例

双雄鏖战——本雅之战

与顾客保持联系多5%，便可以使企业盈利增长50%。

——德勒格【美】

在20世纪70年代，日本的摩托车市场基本上是四分天下，依次为本田、雅马哈、铃木和川崎。其中，本田在日本本土上的占有率高达85%，稳居宝座。60年代末和70年代初，世界摩托车市场需求的增长明显减缓。为此本田决定开拓新的生产线——进军汽车市场，实行多元化经营。而当时的日本汽车行业还很不景气，为了防止新事业的失败，本田不得不将公司里最好的设备、技术力量和优秀人才投入其中，从而使得摩托车部门出现空虚和停滞的状态。

就在本田致力于汽车生产，无暇顾及摩托车业务时，原来居摩托车行业老二的雅马哈公司，认为这是一个竞争世界第一的好机会，为此它不惜一切代价积极拓展摩托车市场。在雅马哈的猛烈攻势下，本田公司节节败退。1981年，本田的国内市场占有率下降到了40%，而雅马哈则由原来的10%左右增加到35%左右，即把本田失去的全部份额据为己有了。后来，两者的差距又进一步缩小为1%，本田为38%，雅马哈为37%。再往前走一步，雅马哈就将超过本田，夺得头把交椅。

在胜利面前，雅马哈的决策者们认为自己的羽翼已丰，向本田发出了挑战。1981年，雅马哈的经理公开露出拿下本田的意图，并说："本田正在拼命推销汽车，有经验的摩托车推销员几乎都集中在汽车部门，我们可以在摩托车上与它一决雌雄。只要有生产能力，我就可以击败本田。"基于这样的思路，同年8月，雅马哈公司总经理日朝智子宣称：很快将建一座年产量100万台机车的新工厂，这个工厂建成后，将可以使雅马哈总产量提高到每年400万台，超过本田20万台，那时本田公司将让出第一把交椅的位置。假如其新厂的摩托车在日本可以全部销出，雅马哈的国内市场占有率就将接近60%。

面对雅马哈的挑战和攻势，本田怎能善罢甘休？他们迅速作出决策：在雅马哈新厂未建成时，以迅雷不及掩耳之势给予反击，打掉他们的嚣张气焰。一场被誉为日本工业领域最残酷的战役打响了。

从商战一开始，本田就采用了大幅度降价策略，增加促销费用和销售点。在竞争最激烈时，一般车型摩托车的零售价降价幅度都超过1/3，以致一部50CC的本田摩托车价格比一辆10变速的自行车还便宜，但由于本田公司除摩托车生产外，还有汽车生产，特别是80年代初汽车销售稳定上升，因此，"东边不亮西边亮"，它完全可以通过汽车的盈利来弥补摩托车价格战的损失，最终达到打击雅马哈、扩大市场份额的目的。雅马哈公司则是一个专业的摩托车生产厂商，它的生存完全依赖摩托车。因为投资建厂造成企业的成本投入较大，如果采用与本田公司相同的降价策略，公司本身是无法负担的，但如果不降价或降价幅度较小，那就只有在价格大战中失败。显然，在价格战上雅马哈公司已处于劣势。

本田采取的另一策略是加快产品的更新换代，迅速使产品多样化。在18个月内，本田凭借它的技术优势，也凭着它有2/3的营业收入来自汽车、资金充裕等条件，推出81种新车型，淘汰了32种旧车型，共变更了产品目录中的品种113个。产品更新换代的加快，使企业在消费者心目中树立起新的形象。而雅马哈公司相比之下则有些相形见绌了。为了超过本田，雅马哈公司在投资建新厂上下了很大赌注，内部运营资金入不敷出，只好向外大量贷款，而新厂尚未建成，无法产生效益，因此雅马哈几乎无力开发新产品。

在价格战之中，雅马哈难以承受巨大的损失，节节败退；在市场形象方面，由于推出新产品品种单调而渐受顾客冷落，造成大量库存积压。走投无路的雅马哈公司终于于1983年6月向本田举出白旗。它不仅没有实现争夺摩托车霸主的梦想，反而丢掉了第二把交椅的位置。这场竞争使雅马哈公司伤痕累累，很久都无法恢复元气。

思考：本田公司在竞争中采用了何种价格策略？

子任务一　了解制约价格的主要因素

一、构成价格的因素

价格是消费者愿意并且能够为商品和服务支付的金额，它由生产成本、流通费用、国家税金和经营者利润四个部分构成，这是产品定价需要考虑的基本因素。

1. 生产成本

指生产某种产品所耗费的物质资料的货币价值和支付给劳动者的报酬。在构成价格的各因素中，生产成本是最主要的因素，是制定价格的基础。

2. 流通费用

指商品从生产领域到消费领域转移过程中所发生的劳动耗费的货币表现，包括企业的经营管理费用、运杂费和运输途中的合理损耗等。在其他因素不变的情况下，流通费用增加，价格提高；流通费用减少，价格就降低。

3. 国家税金

税金是国家按规定的税率征收的货币。企业应交纳的税种，按其与价格的关系分为价外税和价内税。价外税如所得税，是直接由企业利润负担的，企业不能把这些税再加入价格中转嫁给消费者。价内税如增值税，可加入到价格中去，随产品出售而转嫁出去。可见价内税率的高低与产品价格成正比。

4. 经营者利润

经营者利润反映企业一定期限内的经营成果。由营业利润、投资净收益和营业外收支净额三部分构成。它是企业生产经营中追求的最终目标。价格构成的四个因素是互相联系和制约的，其中任何一个因素发生变化都会引起价格的变化。

二、制约价格的主要因素

（一）外部因素

影响价格的外部因素包括：国家政策、产品市场状况和消费者行为。

1. 国家政策

国家通过制定方针政策来影响商品价格，目的是平衡供求，指导消费。产品市场的发展、价值规律和竞争等的自发作用会产生某些弊端，政府制定了有关的政策、法规和措施，对产品市场价格进行管理。这些政策、法规和措施有监督性的，有保护性的，也有限制性的。它们在市场经济活动中影响着价格的形成，企业制定价格时不能违背，并且在定价时首先要考虑国家政策。

如SARS肆虐时，普通的板蓝根在黑市上被卖到了其原价格的十几倍，严重地扰乱了社会秩序，甚至造成了社会恐慌。此时，政府发布行政公文实施限价措施进行干预。

2. 产品市场状况

第一，要考虑市场经济状况。一个国家或地区的市场经济发展水平及发展速度高，人们收入水平增长快，购买力强，价格敏感性弱，有利于企业较自由地为商品定价。反之，一个国家或地区经济发展水平及发展速度低，人们收入水平低，购买力低，价格敏感性就强，就会对商品定价有一定限制。

第二，供求状况。供大于求引起价格下降，供不应求引起价格上升。价格下降，引起供给量减少或需求量增加；价格上升，会引起供给量增加或需求量减少。所以生产企业定价时务必考察该产品的市场供求状况。

第三，需求的价格弹性。指需求量对价格变动的反映程度，是需求量变动的百分比与价格变动的百分比的比值，用公式表示如下。

$$需求的价格弹性=\frac{需求量变动的百分比}{价格变动的百分比}$$

$$E_{\mathrm{d}}=\left|\frac{\Delta Q/Q}{\Delta P/P}\right|$$

①$E_{\mathrm{d}}\geqslant1$，富有弹性；②$E_{\mathrm{d}}\leqslant1$，缺乏弹性。

需求价格弹性大的商品，价格的升降对市场需求的影响大；需求价格弹性小的商品，价格降低并不能刺激需求。如许多时新的商品或是具有威望的名牌产品，购买者对价格并不注重。而对于多次购买的消费品，则要价格合理，宜采用降低价格和薄利多销的策略，以促进销售。值得注意的是同一产品在不同的时间、不同的地区、对不同的顾客，其需求弹性也是变化的。因此在实施价格策略时，应尽力判断弹性的大小，避免决策的失误。

第四，市场竞争。按竞争程度不同分为完全竞争市场、垄断竞争市场、寡头垄断市场和完全垄断市场四种类型。

完全竞争市场中的价格由整个行业的供求关系自发决定，任何卖者只能是既定价格的接受者，没有所谓的定价问题。完全垄断市场中的垄断者可根据其营销目标在法律允许限度内自由定价。垄断竞争市场是一种既有垄断又有竞争的市场，在这种市场中每个企业都有一定的定价自由，都是其产品价格的制定者。介于完全垄断与垄断竞争之间的寡头垄断市场，其价格往往由少数寡头垄断者协商操纵形成“操纵价格”，价格竞争趋于缓和。目前我国的产品市场是垄断竞争市场，即不完全竞争市场，因此，每个企业都要给自己的产品进行合理的定价。

3. 消费者行为

消费者行为尤其是心理行为对价格的影响，主要表现在人们对商品的期望价格上。这是营销者制定价格时最不易考察的一个因素，但又是企业定价必须考虑的重要因素之一。

消费者一般根据某种商品能为自己提供的效用大小来判定该商品的价格，他们对商品一般都有客观的估价。

期望值一般不是一个固定的具体金额，而是一个价格范围。如果企业定价高于消费者心理期望值，就很难被消费者接受；反之，低于期望值，又会使消费者对商品的品质产生误解，甚至拒绝购买。

随着市场经济的发展，收入结构的多层次化，使消费者购买心理行为日趋复杂。如低收入阶层的求实、求廉心理；中等收入阶层的求美、求安全心理；高收入阶层的求新、求名心理；暴发户的炫耀性消费心理等。这些错综复杂的心理因素，对商品定价的影响越来越大。

如一支玫瑰花，在平日的售价是10元/支，消费者可能会觉得价格高，无人问津。而在情人节的售价是20元/支，却反而觉得便宜，常常供不应求。这是因为节日的意义和浪漫气氛影响了消费者的消费心理，进而影响了消费行为。

（二）内部因素

内部因素包括成本、营销目标和其他内部因素。

1. 成本

如果说，某种产品的最高价格取决于市场需求，则最低价格取决于这种产品的成本费用。从长远看，任何产品的销售价格都必须高于成本费用，才能以销售收入来抵偿生产成本和经营费用，否则就无法经营。因此，企业制定价格时必须估算成本。

根据产品定价策略的不同，对产品成本可以从不同的角度进行分类和计算。

(1) 固定成本　固定成本是指为组织一定范围内的生产经营活动所支付的固定数目的费用，即不随生产水平的变化而变化的成本，如固定资产折旧、办公费用、管理人员的工资等。

(2) 变动成本　变动成本是指随着产品生产数量的变化而相应变动的成本费用。如原材料、生产工人的工资、销售费用等。一般来说变动成本与产量是成正比关系变化的，即变动成本随产量的增加而增加。

(3) 总成本　总成本是固定成本与变动成本之和。当产量为零时总成本等于固定成本。

(4) 平均固定成本　即单位产品的固定成本。由于固定成本不随产量的变动而变动，因此平均固定成本随产量的增加而减少，这里就有一个规模效益的潜在因素。

(5) 平均变动成本　即单位产品的变动成本。从理论上讲，不论产量是多少，单位产品的变动成本是不变的。但是，实际中当生产发展到一定规模，工人熟练程度提高，批量采购材料价格的优惠，都会使变动成本减少。

（6）平均总成本　平均总成本即单位产品的总成本，它等于平均固定成本与平均变动成本之和。随着生产率的提高，规模经济效益的形成，平均总成本呈递减趋势。

（7）边际成本　边际成本是指每增加或减少一单位产量所引起的总成本变动量。企业可以根据边际成本等于边际收益（增加单位产量所引起的收益变动量）的原则，寻求最大利润的均衡产量。

（8）机会成本　机会成本是指将一种具有多种用途的资源置于特定用途时所放弃的次佳机会收益。分析机会成本，目的在于使企业在经营中正确选择经营项目，其依据是实际收益必须大于机会成本，从而使有限的资源得到最佳配置。

2. 营销目标

在定价之前，公司必须决定推出产品的目标是什么？假如公司已谨慎地选定目标市场及确定产品的市场定位，则营销组合政策（包括价格在内），可以说已相当明确了。例如，假定通用汽车公司决定针对富有的顾客群推出新的跑车与欧洲制造的跑车一较高下，就必须选择高价位；红屋顶客栈将自己定位成为重视预算的旅客提供经济客房的汽车旅馆，这种定位需收费低廉才行得通。所以在决定市场定位过程中，定价策略已大致决定了。当然，公司也有其他定价目标。目标愈清楚，定价就愈容易。

3. 其他内部因素

具体有：①产品的内在因素，考虑产品的各种特性，如质量、信誉、生命周期等；②分销渠道，考虑中间商的利润来定价；③营销预算。

子任务二　熟悉定价方法

一、产品定价目标

产品定价目标是产品生产经营目的的具体化和数量化。企业为产品定价时，首先必须有明确的目标。不同的企业、不同的产品、不同的市场有不同的营销目标，即使是同一企业在不同时期也可能有不同的营销目标，因而也就需要采取不同的定价策略。与企业定价有关的营销目标主要有：维持生存、争取当期利润最大化、保持或扩大市场占有率、保持产品质量最优、抑制或应付竞争。

1. 以维持生存为目标

在激烈的市场竞争中，当企业由于生产能力过剩或由于市场竞争激烈、顾客需求偏好突然变化等原因，造成产品销路不畅，大量积压时，企业应制定较低的价格，以迅速清出存货，维持企业的生存。

如果企业经营者将维持生存作为自己的主要目标，这时利润对他来说就显得次要得多了。这时经营者会降低产品价格，即价格只要能弥补可变成本和部分固定成本就能生存。当然，这种定价方法只能作为特定时间内的过渡性目标，一旦出现转机，将很快被其他目标取代。

2. 以利润最大化为目标

以追求利润最大化为目标指的是企业期望获得最大的销售利润，这取决于合理价格所推动的销售规模，因而追求利润最大化的定价目标并不意味着企业要制定最高单价。

当企业的产品声誉卓著，在目标市场上占有竞争优势地位时，可以以争取当期利润最大化作为定价目标。企业将几种不同的价格与其相应的需求量进行比较，并结合产品成本进行综合考虑，从中选择一个适当的价格，使当期利润、现金流量（现金流量是现金流入和流出的统称，二者的差为净现金流量）和投资收益最大。需要注意的是，本期最大利润并不一定与最高价格相对应，利润的确定还受价格外的多因素影响。在竞争市场上，任何企业都难以长期维持不合理的高价。从长远看企业不应追求短期内最大利润，而应以未来的长期利润为目标。

此外有许多品种经营的企业，经常使用组合定价策略，而把有些产品的价格定得比较低，有些甚至以低于成本的价格出售给顾客，以带动其他产品的销售，从而从整体上获得更大的利益。

例如：美国吉列公司曾以低价甚至是赔钱的价格销售其刀架，目的是为了吸引更多顾客购买其互补品剃须刀片，从大量销售剃须刀片中获取更多的利润。

3. 以市场占有率为目标

在竞争性市场上，市场占有率可以综合反映企业经营和产品竞争状况。一个企业只有在产品市场逐渐扩大和销售额逐渐增加的情况下，才能生存和发展。因此，企业以保持和增加市场占有率作为定价目标，有利于参与竞争。公式为：

$$市场占有率=\frac{本产品一定时期销售额}{同行业一定时期销售总额}$$

市场占有率并不一定与资金利润率相一致。有时候为了在竞争中扩大市场份额，企业必须在价格上作出一定牺牲，从而导致资金利润率的下降，但在市场扩大的情况下，总的盈利水平可能提高；相反，为了保持一定水平的资金利润率，可能导致市场份额的下降，总的盈利水平会降低。

事实证明，紧随着高市场占有率的往往是高盈利率。提高市场占有率比短期高盈利意义更为深远，正因如此，提高市场占有率通常是企业普遍采用的定价目标。以低价打入市场，开拓销路，逐步占领市场。

4. 以保持稳定的价格为目标

稳定的价格通常是获得一定的目标收益的必要条件。

当企业拥有较丰富的后备资源，打算长期经营时，就需要有一个稳定发展的市场。

当市场供求与价格经常发生波动的行业，需要有一个稳定的价格来稳定市场时，往往由行业中的大企业或具有较大影响力的企业（称之为价格领袖）先制定出一个价格，其他企业（称之为价格追随者）的价格与之保持一定的比例关系。

这样定价，可以使价格稳定在一定水平上，保证大企业在长期的经营中获取稳定的利润。对大企业来说，这是一个稳定的保护政策，对中小企业来说，由于大企业不随意降价，使利润也可以得到保障。这种定价目标，可以避免不必要的价格竞争或价格骤然变化的风险。

5. 抑制或应付竞争为目标

大多数企业对于竞争者的价格都十分敏感，在定价之前广泛收集资料，将产品品质、规格与竞争者类似产品作认真的比较，并主要以对市场有决定影响的竞争者的价格作为定价基础进行产品定价。有些企业为了阻止竞争者进入自己的目标市场，故意将产品价格定得很低。这种定价目标一般适用于实力雄厚的大企业。还有些中小企业在激烈的市场竞争情况下，以市场主导企业的价格为基础，随行就市定价，从而缓和竞争，稳定市场。

二、产品定价程序

价格确定涉及经营者、竞争对手、消费者的利益，因而对产品定价既重要又困难，掌握定价的科学程序，对于合理定价是十分必要的。

第一步：掌握价格下限。商品定价时，首先考虑弥补营销、生产成本，商品价格只有在成本以上，才有盈利的可能。

第二步：制定价格上限。要求经营者了解目标市场的价格敏感性，掌握商品的定价上限，同时掌握竞争对手产品的价格水平。

第三步：明确目标市场情况。要掌握市场需求者的基本特征；了解消费者对所生产产品的需求强度、需求潜量、购买力水平，从而掌握产品的潜在市场需求；了解目标市场的风俗习惯等也是定价前要做的重要工作。

第四步：分析价格影响因素。前述中我们了解到，影响商品价格的因素很多，如产品特征、市场竞争状况、消费者偏好、政府政策等都会对产品定价产生影响。

第五步：确定定价目标。在某个时期，对经营者生产与发展影响最大的因素，往往会被选作为定价目标。对产品定价时，明确目标是最重要的环节。

经营者的定价目标主要有弥补以前投入的成本，以维持生存；获得高额利润；稳定产品价格；获得满意的市场份额；树立良好的企业形象，适应竞争；实现规模经济等。

第六步：选择定价方法。根据不同的定价目标，选择不同的定价方法，这是关系定价目标能否实现的关键。一般常用的定价方法有成本导向定价、需求导向定价、竞争导向定价等。

第七步：选择定价策略。即考虑影响价格的主要因素，运用基本定价方法，最终决定成交价格。常见的定价策略有撇脂定价、渗透定价、满意定价、尾数定价、声望定价等。

第八步：确定价格。经过以上分析、判断，通过计算活动，最终确定价格。

三、定价的方法

企业产品价格的高低要受市场需求、成本费用和竞争情况等因素的影响和制约。企业制定价格时理应全面考虑到这些因素。但是，在实际定价工作中往往只侧重某一个方面的因素。大体上，企业定价有三种导向，即成本导向、需求导向和竞争导向。

（一）成本导向定价法

成本导向定价法是一种按卖方意图定价的方法，它是以产品的全部成本为定价基础，在成本的基础上加上企业的目标利润或规定利润。这里介绍三种具体方法。

1. 成本加成定价法

成本加成定价法方法简单易行，只要产品能达到预期的销售量，就能实现预期的利润。缺点是只考虑产品成本，忽略了市场的供求情况、竞争因素、季节性和产品在不同生命周期阶段的影响不同。

（1）顺加法　指企业按照单位成本加上一定百分比的加成来制定产品销售价格。加成的含义就是一定比率的利润。其计算公式为：

单位产品价格＝单位产品成本×（1＋成本加成率）

【例 6-1】某企业水泥的产量为 5000 吨，固定成本为 15000 元，变动成本为 10000 元，总成本为 25000 元，预期利润率为总成本的 20%，则该产品的单位售价为：

单价＝单位产品成本×(1＋预期利润率)＝25000/5000×(1＋20%)＝6(元)

(2) 倒扣法 有的产品经营者（如零售商）往往以销售额中的预计利润率为加成率来定价。其计算公式为：

单位产品价格＝单位成本÷(1－销售额中的预计利润率)

【例 6-2】 假设某零售商的单位进货成本为 160 元，该企业想要在销售额中有 20％的利润，其单位产品价格：

单位产品价格＝160÷(1-20％)＝200(元)

这种方法有一个缺陷，即经营者是根据测算销售量倒过来推算价格的，而价格又是影响销售量的一个因素。因此经营者必须要有较强的计划能力，必须测算好销售价格与预期销售量之间的关系，避免确定了价格而销售量达不到预期目标的被动情况。

2. 目标利润定价法

目标利润定价法即根据估计的总销售收入和估计的产（销）量制定价格的方法。其计算公式为：

销售价格＝(总成本＋目标总利润)÷预计产(销)量

【例 6-3】 电子厂生产某种电子设备的总成本为 180 万元，预计销售量为 2 万台，企业计划实现的目标利润为 40 万元，则该种设备的售价为：

单位产品价格＝(180 万元＋40 万元)÷2 万台＝110(元)

目标利润定价法的优点是可以保证实现既定的目标利润。但是，由于利用预计销售量来确定价格，而价格恰恰是影响销售量的重要因素，所以采用此种方法计算出来的价格，不一定能保证预计销售量的实现。因此，目标利润定价法一般只适用于产品市场占有率很高或具有垄断性质的企业。

3. 盈亏平衡定价法

盈亏平衡定价法确定的价格是使收支相抵，利润为 0 时的价格。在这个价格水平下，企业既不盈利，也不亏损，仅仅保本。但是，企业从事生产经营活动的目的不仅仅是为了保本，而是为了获利。因此，通过盈亏平衡定价法企业测定的保本价格，可以作为确定实际价格的依据，也可以把保本价格与实际售价相比较，分析企业的抗风险能力。

由利润为 0 入手，可以推导出盈亏平衡时的价格。

收入－成本＝销售量×单价－(固定成本＋单位变动成本×销售量)＝0

单价＝固定成本/销售量＋单位变动成本

(二) 需求导向定价法

需求导向定价以消费者的需求强度及对价格的承受能力作为定价依据，是伴随营销观念更新而产生的新型定价方法。主要包括理解价值定价法、需求差异定价法和反向定价法。

1. 理解价值定价法

理解价值定价法认为，某一商品在市场上的价格和该产品性能、质量、服务水平等，在消费者心目中都有特定的价值。企业销售商品的价格和消费者的认知价值是否一致，是商品能否销售出去的关键。因此，运用这种方法要做到以下两点。

第一，商品的价格尽可能地靠拢消费者的认知价值。这需要运用各种市场调研手段及实销试验手段，尽可能全面地收集消费者对商品的价值评价，从而为制定消费者可以接受的价格提供客观依据。

第二，改变消费者的主观价值评价。这需要运用各种市场宣传手段，改变消费者既定的价值评价，而对企业制定的现行价格认可。

为了加深消费者对商品价值的理解程度，从而提高其愿意支付的价格限度，企业在定价时首先要搞好产品的市场定位，拉开本企业产品与市场上同类产品的差异，突出产品的特征，并综合运用各种营销手段，加深消费者对产品的印象。使消费者感到购买这些产品能获取更多的相对利益，从而提高他们接受价格的限度。企业则据此提出一个可销价格，进而估算在此价格水平下产品的销量、成本及盈利状况，最后确定实际价格。

美国凯特皮勒公司运用理解价值定价法以每台拖拉机高出竞争者同型产品 4000 美元的价格，成功地推销了它的产品。该公司在宣传推销中影响用户价值观念的主要内容是：

本企业产品与竞争者产品一般质量相同，应定价 20000 美元；

耐用性高于竞争者产品，应加价 3000 美元；

可靠性高于竞争者产品，应加价 2000 美元；

维修服务措施周到，应加价 2000 美元；

零部件供应期较长，应加价 1000 美元；

此外，为顾客提供价格折扣，企业减利 4000 美元；

所以，拖拉机实际售价为 24000 美元。

这样一算，加深了客户对该公司产品价格性能比的理解，使众多消费者宁愿多付出 4000 美元也不愿放弃购买，结果是凯特皮勒公司的拖拉机在市场上十分畅销。

2. 需求差异定价法

需求差异定价法指企业根据市场需求的时间差、数量差、地区差、消费水平及心理差异等来制定价格。如在市场需求大的时期高定价，反之则低定价；在消费水平高的地区高定价，反之则低定价。

3. 反向定价法

所谓反向定价法，是指企业依据消费者能够接受的最终销售价格，计算自己从事经营的成本和利润后，逆向推算出产品的批发价和零售价。这种定价方法不以实际成本为主要依据，而是以市场需求为定价出发点，力求使价格为消费者所接受。分销渠道中的批发商和零售商多采取这种定价方法。

（三）竞争导向定价法

是以市场上竞争对手的同类价格为定价依据的一种定价方法。对一些市场竞争十分激烈的产品，其价格的制定，不能依据成本和需求，只能以竞争对手的价格水平为基础定价。采用这种方法制定的价格可以与竞争者的价格完全相同，也可以高于或低于竞争者价格。这种方法的特点是：只要竞争者价格不变，即使自己的成本或需求有所变化，价格也不变；而一旦竞争者价格有了变动，即使自己的成本或需求并未发生变化，也要随之调整价格。竞争导向定价法这里主要讲以下两种。

1. 随行就市定价法

也称流行水准定价法，是指企业按照行业的平均现行价格水平来制定价格的方法。在以下情况下往往采取这种定价方法：成本难以估算；企业有意与同行和平共处；如果另行定价，很难了解购买者和竞争者对本企业价格的反应。

采用随行就市定价法的优点是：价格容易为消费者所接受，因为平均价格水平在人们观念中常被认为是“合理价格”；可以为企业带来合理、适度的盈利；可以避免挑起同行业竞争者之间的价格大战，造成两败俱伤。

2. 投标定价法

即当企业为产品集中采购投标时，对竞争对手的报价进行预测，在此基础上制定自己价格的一种定价法。一般由采购人或发包方发表招标公告，卖主和承包方根据招标公告内容，对招标项目提出报价。这种投标价格是密封的，由招标者从价格中择优选定。

企业参加投标的竞争是为了中标，因此它的报价应低于竞争者的报价，但为了保证企业的利润，企业的报价又要尽可能地高于成本。一般来说，报价高，利润大，但中标机会小；反之，报价低，虽然中标机会大，但利润小。因此企业须同时考虑生产成本、目标利润和中标概率，以确定投标的最佳报价。

子任务三 掌握定价的策略

产品定价策略就是指产品经营者在特定的情况下，依据确定的定价目标，所采取的定价方针和价格竞争方式，是指导经营者正确定价的行为准则，它是直接为实现企业定价目标服务的。在根据适当的定价方法确定基本价格以后，运用灵活的定价技巧对产品的基本价格进行修正，是保证企业价格策略取得成功的重要手段。灵活的定价技巧是在具体场合将定价的科学性与艺术性相结合的体现。

一、折扣定价策略

为了刺激消费者的购买欲望，鼓励及时付款、批量购买、淡季购买等，企业通常都要对基本价格作适当的调整，实行折扣和折让价格。常见的折扣和折让方式有如下。

（一）数量折扣

这是一种典型的弹性营销策略。顾客购买产品达到一定的数量或金额，可以免费获得一定数量的产品或减免一定数量的金额。购买数量越多或金额越大，折扣率越高，以鼓励顾客大量购买或一次性集中购买多种产品，吸引顾客长期购买本企业的产品。数量折扣分为累计数量折扣和一次性数量折扣两种。

1. 累计数量折扣

即在规定时间内按照购货累计达到的数量和金额的大小给予不同的折扣。这种方法有利于鼓励顾客长期购买，使之成为自己的老顾客。购买者为了获得较高的折扣率，常在规定时间的期满之际大批进货。企业掌握的这类顾客越多，越容易掌握自己产品的销售规律，以便进行合理安排。

2. 一次性数量折扣

当每次购买的产品达到一定数量时给予一定的折扣优惠，购买的数量或金额越大，折扣也越多。如服装专卖店规定一次购买两件，打 8.8 折，三件 8 折。也可以规定当购买多种产品的金额达到一定数目时给予折扣优惠。采用这种策略的目的在于鼓励顾客大批量购买，一些企业实行的批量作价、批量优惠即属于这种策略。它可以刺激销售量的迅速增加，经营效果极为显著。

综上所述，累计数量折扣策略能使购买者集中批量购买，而对于企业也会降低储运等环节的费用。但要注意折扣不应超过大批量销售所节约的销售、储运等费用。

（二）现金折扣

为鼓励赊购者能及时或提前交回货款，在规定期限内给予一定的折扣。例如，企业赊销的产品，约定 3 个月内付款，对 1 个月内付清货款者给予 2％的折扣；对 2 个月内付清货款者给予 1％的折扣；对到期才能付款者则按发票上的价格收取货款。这种策略能加速企业的资金周转，降低坏账。

（三）功能折扣

功能折扣也称贸易折扣。这种折扣策略是产品生产者和加工者向中间商提供的折扣。根据中间商的不同类型和不同的分销渠道所提供的不同服务，给予不同的折扣。一般给予批发商的折扣较大，给予零售商的折扣较小，使批发商愿意大批量的购买本企业的产品。采用功能折扣的目的是刺激各类中间商更充分地发挥组织市场营销活动的功能，有效地推销企业的产品。

二、差别定价

所谓差别定价，也叫价格歧视，是指企业按照两种或两种以上不反映成本费用的比例差异的价格销售某种产品或服务。

1. 顾客差别定价

企业按照不同的价格把同一种产品或服务卖给不同的顾客。例如，某汽车经销商按照价目表价格把某种型号的汽车卖给顾客 A，同时按照较低价格把同一种型号汽车卖给顾客 B。这种价格歧视表明，顾客的需求强度和商品知识有所不同。

上海移动“动感地带”的资费促销价是网内用户每分钟 0.15 元，但同一时段网外通话为每分钟 0.30 元。同样，在 5 月 1 日推出的神州行大众卡中，上海移动坚持了“网内概念”。移动网内电话的基本通话费为每分钟 0.15 元，在上海本地接听中国移动网内电话免费，而本地网间包括与联通及固话用户通话单价仍为 0.6 元。

2. 产品形式差别定价

企业对不同型号或形式的产品分别制定不同的价格，但是，不同型号或形式产品的价格之间的差额和成本费用之间的差额并不成比例。

3. 产品部位差别定价

企业对于处在不同位置的产品或服务分别制定不同的价格，即使这些产品或服务的成本费用没有任何差异。

例如楼盘销售，虽然不同楼层的单位成本费用都一样，但是不同朝向、不同楼层的单价却有所不同，这是因为人们对住房的偏好有所不同。

4. 销售时间差别定价

企业对于不同季节、不同时期甚至不同钟点的产品或服务分别制定不同的价格。

日本东京银座美佳西服店为了销售商品采用了一种销售方法，颇获成功。具体方法是这样：先发一公告，介绍某商品品质性能等一般情况，再宣布打折扣的销售天数及具体日期，最后说明打折方法：第一天打九折，第二天打八折，第三、四天打七折，第五、六天打六折，以此类推，到第十五、十六天打一折，这个销售方法的实践结果是，第一、二天顾客不多，来者多半是来探听虚实和看热闹的。第三、四天人渐渐多起来，第五、六天打六折时，顾客像洪水般地拥向柜台争购。以后连日爆满，没到一折售货日期，商品早已售缺。这是一则成功的折扣定价策略。妙在准确地抓住顾客购买心理，有效地运用折扣售货方法销售。人们当然希望买质量好又便宜的货，最好能买到二折、一折价格出售的货，但是有谁能保证到你想买时还有货呢？于是出现了头几天顾客犹豫，中间几天抢购，最后几天买不着者惋惜的情景。

三、心理定价策略

即根据产品消费者的不同心理，采用不同定价技巧的策略。常见的心理定价策略有以下四种。

1. 尾数定价策略

尾数定价策略又称非整数定价策略，即企业给商品定一个接近整数，以零头尾数结尾的价格。如把某种单位价值接近 10 元的产品定价为 9.8 元。尾数定价，一方面给人以便宜感，迎合了消费者的求廉心理；另一方面可使消费者觉得企业定价认真、准确、合理，对企业定价产生信任感。根据经济学家的调查表明：价格尾数的微小差别，往往会给人以不同的效果。顾客通常认为 199 元的商品比 200 元钱的商品便宜很多，而 201 元的商品太贵，实际上只差 1 元钱。

尾数定价策略之所以能取得较好的实践效果，主要因为其具有如下两种心理功能。第一，它能给消费者造成价格偏低的感觉，如果某种商品定价为 98 元，虽然比 100 元只少了 2 元钱，但人们会习惯地认为这是几十元钱的开支，比较便宜。而同一商品若是价格定为 100 元，人们就会认为是上百元的开支，贵了很多。第二，它容易给消费者留下一种数字中意的感觉，在不同的国家、地区或不同的消费群体中，由于民族风俗习惯、文化传统和信仰的影响，往往存在对某些数字的偏爱或忌讳，例如我国人民一般喜欢“8”和“6”，认为“8”代表发财，“6”代表六六大顺，吉祥如意；美国人则讨厌“5”和“13”，认为这些数字不吉利。

一般情况下，需求价格弹性较强的商品宜采用尾数定价策略。

2. 声望定价策略

声望定价策略即根据企业或品牌在消费者心目中所享有的声誉和威望，制定高于其他同类产品的价格。

声望定价往往采用整数定价方式，这更容易显示产品的档次。当然，声望定价策略切不可滥用，一般适用于名优产品。在现代社会，消费高价位的商品是财富、身份和地位的象征。因此，对于非生活必需品及具有民族特色的手工产品，应采取极品价格形象。

设计极品价格形象，主要应强调产品品牌的著名、质量的上乘、包装的精美与豪华，以及给消费者精神上的高度满足。提到化妆品，人们都会想到雅诗兰黛、兰蔻；提到旅游鞋，人们就会想到阿迪达斯、耐克、纽巴伦（NB）；而提到服装，人们又会提到 LV、香奈儿、迪奥。这些名牌产品不仅以优质高档而闻名于世，更以其价格昂贵而引人注目。另外，为了使极品价格形象得以维持，有时还需要适当控制市场拥有量。

3. 习惯定价策略

习惯定价策略即按照消费者习惯的价格制定价格。经常性重复购买的产品，往往易于在消费者心目中形成一种习惯性标准。企业给这类产品定价时，要尽量顺应消费者已经习惯了的价格，不能轻易改变，否则会引起他们的不满。即使生产成本大幅度提高或发生了通货膨胀，也不宜提价。但在这种情况下，企业可以采用改变包装或改变产品内在成分的办法变相提价。

4. 招徕定价策略

这是指为吸引消费者光顾而对少量产品制定的特别低的价格。企业将几种产品的价格标低，有时甚至低于成本，借低价来吸引顾客。消费者在求廉心理支配下必然光顾该店，当顾客吸引到企业购买廉价品时，企业还可继续运用连带推销、增加销售服务等手段，促使顾客购买其他产品。一些企业还根据季节和某些节日，举行“大减价”，即属于招徕定价的具体做法。实施招徕定价的企业必须是规模较大，品种繁多的，而且削价品必须是广大消费者常用的、价值不大的产品。这样，才可使企业取得一定效益。

日本创意药房在将一瓶 200 元的补药以 80 元超低价出售时，每天都有大批人潮涌进店中抢购补药，按说如此下去肯定赔本，但财务账目显示出盈余逐月骤增，其原因就在于没有人来店里只买一种药。人们看到补药便宜，就会联想到其他药也一定便宜，促成了盲目的购买行动。

四、地区定价策略

这就是针对产品销地市场与产地市场存在空间差异而制定的价格策略。产品产销地区的不同，必然导致运费、装卸费的差异，基于不同的目的，企业应考虑是否安排地区差价。这可以有以下选择。

1. 产地交货价格

就是顾客（双方）按照厂价购买某种产品，企业（卖方）只负责将这种产品运到产地某种运输工具（如卡车、火车、船舶、飞机等）上交货。交货后，从产地到目的地的一切风险和费用概由顾客承担。如果按产地某种运输工具上交货定价，那么每一个顾客都各自负担从产地到目的地的运费，这是很合理的。但是，这样定价对企业也有不利之处，即远地的顾客就可能不愿购买这个企业的产品，而购买其附近企业的产品。

2. 津贴运费价格

在产地交货价格基础上，为减轻远处顾客的负担，为其津贴一部分或全部运费的定价称为津贴运费价格。此种定价是对前述定价不足的弥补，在为了急于与远处顾客做生意或加强市场渗透时，企业常用此种定价。

3. 目的地交货价格

这是在产地交货价格基础上加到达卖方指定的目的地的一切风险和费用制定的价格。此种价格中卖方承担的各项费用，实际上买方在价格中支付给了卖方。所以，这种价格在形式上与产地交货价格相反，而实质上区别不大。

4. 统一交货价格

这是卖方对售与不同地区的产品，均负责运送并统一按出厂价加到各地的平均运费制定的价格。这实际上是含运费的全国统一价格。这种定价的最大特点在于，它可以刺激远处的顾客购买，也便于企业广告的统一报价。

五、新产品定价策略

新产品的定价与其能否顺利进入市场、占领市场，给企业带来预期效益有很大关系。一般来讲，新产品定价有以下三种策略。

1. 撇脂定价策略

企业研制出的新产品，开始推出时以尽可能高的价格投入市场，以求得最大收益，尽快收回投资。采用这种定价战略的条件是：产品的质量和形象必须能够支持产品的高价格；要有足够的产品用户能接受这种高价并愿意购买；竞争者在短期内不易打入该产品市场。该定价策略的主要优点：①新产品在试销期和畅销期之初，需求强度小，市场竞争不激烈，适当的高价符合消费者求新的心理；②价格开始定高些，有较大回旋余地，可使企业在价格上掌握主动权，根据市场竞争的需要随时调价；③企业可根据自己的生产供应能力，用价格调节需求量，避免新产品断档脱销，供不应求；④可提高新产品的身价，树立高档产品的形象。

苹果每代新产品一问世前，就已在广大消费者心理激起了无限的好奇与期待，而当新产品一出现在市场，其价格也是相当的高，例如，标准的带 WiFi 功能的 iPad 价格分别是 499/599/699 美元，其所对应的存储容量分别是 16/32/64GB。如果你想要一台内置 3G 功能的 iPad，就需要在标准 iPad 的价格上再加 130 美元。这样的高价让很多消费者望而却步。然而，尽管其价格相对较高，但并没有因此而降低其销量，反而更加坚固了“苹果”在消费者心中的高端形象，迅速在市场上畅销，同时也吸引来了越来越多的“苹果粉丝”、“苹果迷”，给苹果带来了更多的忠实顾客。然而，就在其销路甚好，市场尚处于未饱和状态时，苹果又开始研发出新一代产品，之前的产品随之而迅速降价，让利于消费者，在最新产品尚未上市之前，当前的产品已成了市场的热销产品，市场覆盖已达到了一个相当的高度，为新产品的问世更是开辟了一条更为宽广的销路。而在最新产品出来的时候，其产品的价格比上一代产品还要高，其销售仍然很好。从而，“苹果”在其产品中“撇到了更多的脂”，获得了很好的成效。

2. 渗透定价策略

在新产品开始推出时设定较低价格，以吸引大量顾客，迅速占领市场，取得较大的市场份额。采用市场渗透定价法的条件是：产品需求的价格弹性大，目标市场对价格的变化敏感；产品生产成本和分销成本会随销售量的扩大而不断降低；低价不会引起实际和潜在的竞争。该定价方法的优点是：通过大批量生产，降低单位成本，通过薄利多销占领市场，打开销路，击败竞争对手。但是，因该定价法价低利微，需较长时间才能收回投资，如果需求的价格弹性不大，扩大生产和降低成本的可能性很小，则不宜采取这种策略。

2011 年 8 月 16 日，200 余媒体以及 400 粉丝齐聚北京 798D-PARK 艺术区，共同见证发烧友级重量手机小米手机的发布。雷军先极其详细地介绍了小米手机的各种参数，展示了其优点。在勾起人们兴趣之后，临近结束之时，他用一张极其庞大醒目的页面公布了它的价格：1999 元。

作为首款全球 1.5G 双核处理器，搭配 1G 内存，以及板载 4G 存储空间，最高支持 32G 存储卡的扩展，超强的配置，却仅售 1999 元，让人群为之一震。

1999 元就能够买到相当不错的智能手机，这对消费者来讲是一种很大的诱惑，小米手机第一次网上销售被一抢而空更能说明高性价比对消费者的诱惑，这为小米手机提高市场占有率提供了很大的优势。

3. 温和定价策略

温和定价就是为新上市的产品确定一个适中的价格，使消费者比较满意，经营者也能获得适当的利润。该策略兼顾经营者和顾客的利益，使两者均能满意，故又称满意定价策略。温和定价策略既可避免高价带来的竞争风险，又可防止低价带来的损失。其不足之处是有可能造成高不成、低不就的状况，对经营者缺少吸引力，难以在短期内打开销路。温和定价策略适用于产销形势比较稳定的产品。

实训实践

一、收集不同产品类企业定价策略的案例。

二、根据产品类型，分析产品的定价策略。

分析思考

1. 分析企业制定价格应考虑的因素有哪些？
2. 企业定价的策略有哪些？
3. 新产品定价的策略是什么？

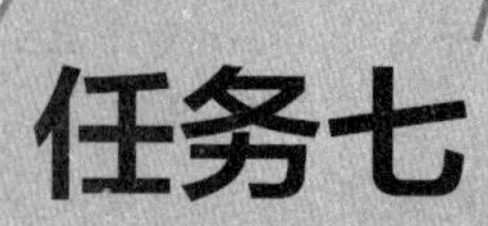

任务七 选择渠道

技术技能目标

1. 能够进行市场分销渠道策划
2. 分析企业分销渠道设计的优缺点
3. 学会运用市场定位方法把握企业发展
4. 处理企业目标市场营销中存在的问题

知识经验要点

1. 了解市场分销渠道的含义及类型
2. 掌握影响分销渠道设计的因素
3. 掌握中间商的概念及类型
4. 熟悉直销的概念及形式

教学重点

1. 分销渠道设计的策略
2. 中间商的类型

导入案例

LG电子公司的渠道策略

在产品到达消费者手中之前，先让中间商赚到钱！

——可口可乐的营销准则之一

LG电子公司从1994年开始进军中国家电业，目前其产品包括彩电、空调、洗衣机、微波炉、显示器等种类。公司通过把握渠道机会、设计和管理营销渠道，建设一个高效率、低成本的销售系统，提高了其产品的知名度和市场占有率。

LG公司市场定位是那些既对产品性能和质量要求较高，又对价格比较敏感的客户。LG公司产品系列、种类较齐全，其产品规格、质量主要集中在中高端。与其他国外品牌相比，最大的优势就在于其产品性价比很高，消费者愿意以略高于国内家电产品的价格购买。

公司选择大型商场和加点连锁超市作为主要营销渠道，充分利用大型商场的客流量大、信誉高的优势，扩大品牌的知名度。在一些市场发育程度不太高的地区，投资监理一定数量的专卖店，为其在当地市场发展打下良好的基础。

在对中间商的选择上LG要求明确，保证渠道商高度的忠诚度，并要求渠道商提供优质的售前、售中、售后服务，还应及时反馈客户的需求反应，把握市场走向，获得客户的品牌认同。企业与经销商签订合同明确权利与义务，给予经销商全方位支持和有效的管理，在利润分配上，公司给予经销商非常大的利润空间，并为经销商提供信息支持、培训支持、服务支持和广告支持等，提高经销商的经济性、可控制性和适应性，防止不同地区间的串货行为，使经销商保持良性发展和互相制衡。

思考：LG电子公司畅销中国市场的原因是什么？

子任务一 分销渠道概述

一、分销渠道的含义及功能

（一）分销渠道的含义

分销渠道是指当产品从生产者向最终消费者或生产用户直接或间接转移所有权时所经过的途径，也称销售渠道。

美国著名市场营销学家菲利普科特勒认为，分销渠道是指使产品或服务能被使用或消费而配合起来的一系列独立组织的集合。

分销渠道通常包括生产者、中间商、消费者及其他辅助机构，这些组织和个人通过分工协作，完成各自的任务，最终在满足用户需要的同时，实现自己的利益目标。

（二）分销渠道的两种基本模式

由于我国个人消费者与生产用户消费的主要商品、其消费目的与购买特点等具有差异性，所以客观上使我国企业的销售渠道形成了两种基本模式：企业对生产用户的销售渠道模式；企业对个人消费者的销售渠道模式。

（三）分销渠道的功能

分销渠道的基本功能是把自然界提供的不同原料根据人类的需要转换成有意义的产品组合。分销渠道对产品从生产者向消费者转移所必须完成的工作加以阻止，目的是消除产品生产与消费之间的分离。其主要功能为以下几种。

1. 沟通反馈，促进销售

各类中介机构收集和传播营销环境中有关潜在和现行的顾客、竞争对手和其他参与者及力量的营销调研信息，并将生产者与消费者联系起来，为消费者提供有关商品的供应信息，为生产者寻找潜在顾客。

2. 协商谈判，风险共担

在产品流通中就有关价格、付款方式、促销费用、订货和交货条件等问题进行协商。在商品流通中，分销渠道成员承担商品供求、价格下跌等风险，减少了生产企业的风险。

3. 资金周转，实体分配

通过中介机构的活动，能加速资金在各个环节之间的周转，减少资金的积压和滞留，使资金产生更大的作用和效益。渠道成员负责商品运输、仓储、商流信息处理等，以便及时满足消费。

二、分销渠道的类型

企业在选择分销渠道时，可根据需要选择不同的类型。每个承担若干任务的中间环节都构成了一个层次，不同层次环节的多少表示渠道的长度，同一层次环节的多少表示渠道的宽度。它们不同形式的组合就形成了不同模式的分销渠道，分销渠道按不同的分类标准可分为多种类型。

（一）传统的渠道划分

传统的渠道划分需要首先区分分销的对象是消费品还是工业用品，因为这两类商品的分销渠道具有明显的差异（图 7-1、图 7-2）。

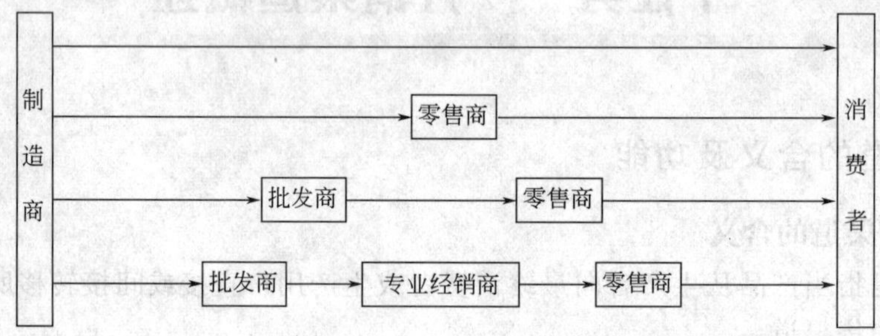

图 7-1 消费品分销渠道

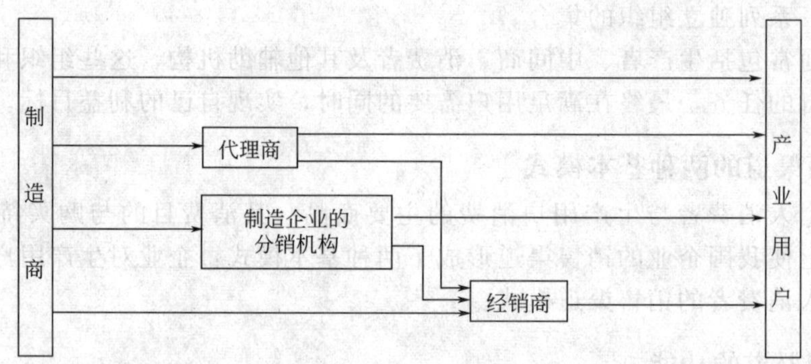

图 7-2 工业品分销渠道

（二）直接渠道和间接渠道

1. 直接渠道

直接渠道是指生产者将产品直接供应给消费者或用户，没有中间商介入。直接渠道是最简单、最直接的渠道，其形式是：生产者—用户。直接渠道是工业品分销的主要类型。

直接渠道的特点是产销直接见面，环节少，有利于降低流通费用，及时了解市场行情，便于生产企业开展维修服务等。但由于生产企业直接为用户服务，所以必须承担销售所需的全部人力、物力和财力，在市场相对分散的情况下，将使企业背上沉重的负担，会给企业的生产经营活动带来不利影响。

2. 间接渠道

间接渠道是指生产者利用中间商将商品供应给消费者或用户，中间商介入商品交换活动。间接渠道的典型形式是：生产者—批发商—零售商—个人消费者，间接分销渠道是消费者分销的主要类型。

大多数生产者缺乏直接市场营销的财力和经验，而采用间接渠道，中间商在产品流转的起点同生产者相连，终点与消费者相连，既弥补生产者缺乏市场营销的财力和经验的不足，又有利于了解并满足消费者的需求。此外，利用中间商能减少交易次数，巩固已有的目标市场，拓展新的产品市场，实现企业经济效益。

（三）长渠道与短渠道

分销渠道的长短一般是按流通环节的多少来划分的，具体包括以下四类。

（1）零层渠道（MC）　即制造商—消费者。

（2）一层渠道（MRC）　即制造商—零售商—消费者。

（3）二层渠道（MWRC）　即制造商—批发商—零售商—消费者；制造商—代理商—零售商—消费者。多见于消费品分销。

（4）三层渠道（MAWRC）　制造商—代理商—批发商—零售商—消费者。

可见，零层渠道最短，三层渠道最长。分销渠道的长度取决于商品在整个流通过程中经过的流通环节或中间层次的多少，经过的中间层次越多，分销渠道越长；反之，分销渠道就越短。

长渠道是指在产品分销过程中经过两个或两个以上的中间环节，短渠道是指产品直接到达消费者或仅采用一个中间环节或直接销售产品。长渠道由于渠道长，分布密，能有效覆盖市场，但是销售环节多，流通费用会相应增加，使商品价格提高，价格策略选择余地小，信息反馈慢，且易失真。短渠道减少流通环节，节约流通费用，缩短流通时间，信息反馈及时准确，有利于开展销售服务，能够密切生产者、中间商及消费者的关系，但是市场覆盖小，生产者风险上升。渠道是长好还是短好没有定论，渠道的长短应由企业、产品和市场的特点决定。

（四）宽渠道与窄渠道

渠道的宽窄取决于渠道中每个环节使用同类型中间商数目的多少。企业使用的同类中间商多，产品在市场上的分销面广，称为宽渠道。如一般的日用消费品，有多家批发商经销，又转卖给更多的零售商，能大量地接触顾客。

企业使用的同类中间商少，分销渠道窄，称为窄渠道。窄渠道一般适用于专业性强的产品，或贵重、耐用的消费品，这时多由一家中间商统包，多家零售商经销。

（五）单渠道与多渠道

当企业全部产品都由自己直接设立的门市部销售，或全部交给批发商经销时，称为单渠道。

多渠道则可能是在本地区采用直接渠道，在外地采用间接渠道；在有些地区采用独家经销，在另一些地区采用多家分销；对消费品市场采用长渠道，对生产资料市场采用短渠道等。

三、分销渠道系统

20 世纪 80 年代以来，分销渠道系统突破了由生产者、批发商、零售商和消费者组成的传统模式和类型，有了新的发展，如垂直渠道系统、水平渠道系统、多渠道营销系统等。

（一）垂直渠道系统

这是由生产企业、批发商和零售商组成的统一系统。垂直渠道的特点是专业化管理、集中计划，销售系统中的各成员为共同的利益目标，都采用不同程度的一体化经营或联合经营。它主要有以下三种形式。

1. 企业式垂直系统

指一家企业拥有和统一管理若干工厂、批发机构和零售机构，控制分销渠道的若干层次，甚至整个分销渠道，综合经营生产、批发、零售业务。这种渠道系统又分为两类：工商一体化经营和商工一体化经营。工商一体化是指大工业企业拥有、统一管理若干生产单位和商业机构，如中国石油化工有限公司拥有油田、炼油厂，还拥有油品销售的批发和零售机构，其销售网点遍布全国。商工一体化是指由大零售公司拥有和管理若干生产单位，如一些大型商业连锁机构同时也提供一些自有品牌的日常用品。

2. 管理式垂直系统

制造商和零售商共同协商销售、管理业务，其业务涉及销售促进、库存管理、定价、商品陈列、购销活动等，如宝洁公司与其零售商共定商品陈列、货架位置、促销、定价。

3. 契约式垂直系统

指不同层次的独立制造商和经销商为了获得单独经营达不到的经济利益，而以契约为基础实行的联合体。它主要分为三种形式：特许经营组织、批发商倡办的连锁店、零售商合作社。

(二) 水平渠道系统

这是由两家或两家以上的企业横向联合，共同开拓新的营销机会的分销渠道系统。这些企业或因资本、生产技术、营销资源不足，无力单独开发市场机会，或因惧怕承担风险，或因与其他企业联合可实现最佳协同效益，因而组成共生联合的渠道系统。这种联合，可以是暂时的，也可以组成一家新企业，使之永久化。

(三) 多渠道营销系统

这种系统指在同一或不同的分市场采用多条渠道营销系统。这种系统一般分为两种形式：一种是生产企业通过多种渠道竞争性地销售同一商标的产品，这种形式易引起不同渠道间激烈的竞争；另一种是生产企业通过多渠道销售不同商标的差异化产品。

子任务二　中间商的选择

中间商是介于生产者和最终顾客之间，专门从事商品流通经营活动的企业和个人，他们的基本职能是作为生产和消费之间的媒介，促成商品交易。

一、中间商的作用

在现代化大生产和市场经济条件下，商品由生产者直接销售给消费者（用户）的情况相对来说比较少。多数情况下，商品从生产者流向消费者（用户）的过程中，必须经过或多或少的中间环节，即要有各种类型中间商的参与。具体作用有如下。

(一) 减少交易次数，降低流通费用

假设有 3 个生产者和 5 个消费者，如果不用中间商，生产者和消费者之间要进行 15 次交易（图 7-3）。

但是，如果有中间商插入其中，只需发生 8 次交易就可以代替原来的 15 次交易（图 7-4）

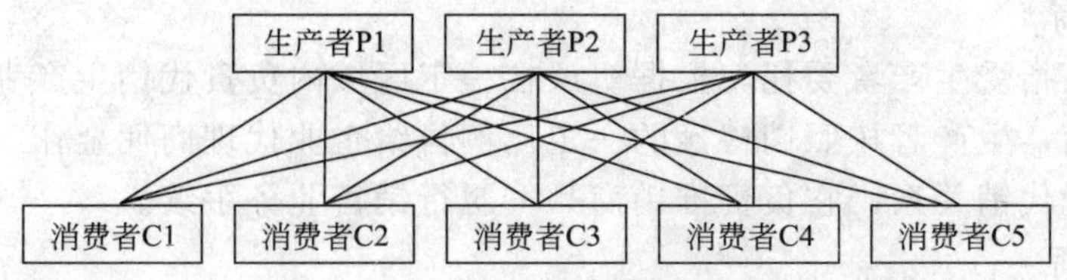

图 7-3　无中间商时生产者和消费者之间的交易

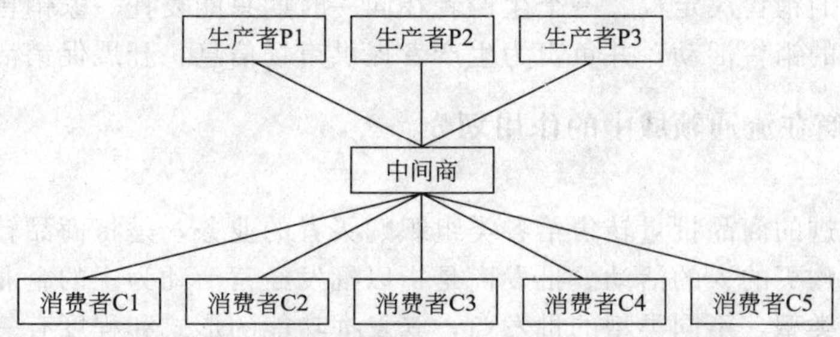

图 7-4　有中间商时生产者和消费者之间的交易

在实际的分销活动中，生产者和消费者以及生产者之间的交换，比这种假定复杂得多。交易次数的减少，节省时间和人力，降低了流通费用。

（二）开拓市场与产品推介职能

如果没有中间商，生产企业就要担负起市场调查、广告宣传、商品储存和运输以及为消费者服务等职能，这样就会分散从事商品生产的精力，不能有效地完成生产和经营任务。而让中间商承担这部分功能，不仅可以降低成本，而且可以扩大商品流通，加快资金周转，增强企业的销售能力。将集中采购的大量商品运销各地，通过采购活动将企业若干产品集中销售，根据不同细分市场加以平衡分配，从而满足不同地区消费者的需要。

（三）仓储服务与货物运输

批发商可将货物储存到出售为止，从而降低供应商和顾客的存货成本和风险，再根据零售商的需要批发出去，从而降低零售商的进货成本，作为制造商与更低一级批发商、零售商的桥梁与纽带。

（四）沟通信息的功能

在现代社会，生产者既要随时掌握消费者对企业和产品的意见和要求，又要让消费者了解企业和产品，生产者和消费者之间需要信息沟通。而中间商连接产销双方，接触面广，最了解市场状况，掌握市场信息，可以随时向生产企业和消费者传达信息，使产品能适销对路，既可以避免生产的盲目性，又能指导消费。

二、中间商的类型

（一）按中间商是否拥有商品所有权划分

按中间商是否拥有商品所有权划分可分为经销商和代理商。经销商是指在商品买卖过程中拥有商品所有权的中间商，其收益来源于批零差价。代理商是指接受生产者委托，从事商品销售业务，但不具有商品所有权的中间商。其收益来源为佣金或手续费。按代理商与生产者业务联系的特点，又可将代理商分为企业代理商和销售代理商。

1. 企业代理商

企业代理商是指受生产者委托，根据协议在一定区域内负责代销生产者生产的商品的中间商。商品销售后，生产者按照销售额的一定比例付给企业代理商佣金作为报酬。企业代理商与生产者是委托代销关系，它负责推销商品，履行销售业务手续。

2. 销售代理商

销售代理商是一种独立的中间商。受生产者委托负责代销生产者的全部商品，不受地区限制，并拥有一定的销售决定权。一个生产者在同一时期只能委托一家销售代理商，且本身也不能再进行直接的销售活动，并负责为生产者提供市场信息，开展促销活动。

（二）按中间商在流通领域中的作用划分

1. 批发商

批发是指将购进的商品批量转售给各类组织购买者的业务，是将商品转售给为了转卖或者商业用途而进行购买的人的活动。批发商是指以批发经营活动为主的企业和个人。

批发商有许多类型，不同类型的批发商，其发挥功能的形式和程度有一定差别。按其经销的商品分类，可分为一般批发商和专业批发商；按其服务的地域分类，可分为地方性批发商、区域性批发商和全国性批发商。这里，仅按所有权关系和基本经营方式，把批发商分为四类。

（1）商人批发商　是指自己进货取得产品所有权后再批发出售的商业企业，也就是通常所说的独立经营者，又称独立批发商，对其经营的产品拥有所有权，是批发商中最主要的部分。它又可以分为完全服务批发商（执行全部批发职能）和有限服务批发商（执行部分批发职能）。

（2）居间经纪商　居间经纪商与商人批发商主要区别在于，对所经营的商品没有所有权，只为买卖双方提供交易服务，收取一定佣金。主要类型有代理商、经纪人、委托商、拍卖企业等。经纪人多见于房地产业、证券交易以及保险业务和广告业务等；代理商主要有销售代理商、制造业代理商和采购代理商等。

（3）自营批发机构　这是由制造商和零售商自设机构经营批发业务的批发商。主要类型有制造商与零售商的分销部和办事处。分销部有一定的商品储存，其形式如同商人批发商，只不过隶属关系不同；办事处没有存货，是企业驻外的业务代办机构，主要办理本企业的采购业务，也兼做批发业务，其功能与经纪人和代理商相似。

（4）其他批发商　主要指存在于其他特殊经济部门、行业的专业批发商。如为农产品集散服务的农产品收购调运商，为石油集散服务的中转油库，为某些特殊购销方式服务的拍卖公司等。

2. 零售商

零售包括将商品或服务直接出售给最终顾客，供其非商业性使用的过程中所涉及的一切活动。零售商是指主要从事零售业务的企业。

零售商直接面对消费者，在产品的营销过程中起着关键的作用。其主要职能有：批量购进，零散销售，解决供求矛盾；了解市场，反馈信息，承担市场调查与信息反馈多项职能；咨询服务、担保信用，解决购销双方信息不对称的矛盾；采购配货、保障供应，解决生产和销售中的矛盾；预测市场，储备货物，送货上门，解决供求时间和地域空间矛盾等。

根据我国的相关部门规定，零售商店分为以下几大类：百货店、超市、综合超市、便利店、专业店、专卖店、购物中心、大卖场和家居中心。其主要是三种类型。

（1）商店零售商　是设有固定场所，对顾客开放营业的零售商，主要有以下几种形式。

① 专业商店　专业商店经营一条窄而深的产品线，通常专门经营一大类花色、品种、规格齐全的商品，如服饰商店、运动用品商店、家具店、花店、书店等。

② 百货商店　一家百货商店都要经营几条产品线，通常有服装、家庭用具和家常用品，每一条线都作为一个独立的部门，由一名进货专家或者商品专家管理。百货商店一般坐落在闹市商业中心，如北京王府井百货大楼。

③ 超级市场　超级市场是一种相对规模大，低成本，低毛利，高销售量，自助服务式，为满足消费者对食品、洗衣和家庭日常用品的种种需求服务的零售组织。

④ 便利商店　便利商店规模相对较小，位于住宅区附近，营业时间长，一周每天开门，并且经营周转较快的方便商品或易耗品，主要满足顾客的不时之需，而商品的价格相对高些。

⑤ 折扣商店　折扣商店出售标准商品，价格低于一般商店，毛利较少，薄利多销，销售量较大。偶然的价格折扣和临时的价格折扣以及低价出售廉价品或劣质品都不属于折扣商店的范畴。沃尔玛是这种类型的成功代表。

⑥ 工厂门市部　工厂门市部由制造商自己拥有和经营，它们销售多余的、不正常和不规范的商品。这些门市部有时联合起来在工厂门市部大厅联销。

⑦ 仓库俱乐部（或批发商俱乐部）　销售有限的有品牌名的杂货、器具、衣服和其他东西，参加者每年必须缴纳一定额度的会费，之后便可得到高折扣。这种形式的仓库俱乐部主要为小企业服务，并为政府机构、非营利性组织和某些大公司服务。仓库俱乐部以大批量、低管理费、类似仓储设施的方式来经营，虽销售种类较少，但其成本却很低，因为它们低价买进并且很少使用仓储劳动力。它们不送货上门和赊账买卖。但它们提供最低价——通常比超级市场和折扣商店低20%～40%，如沃尔玛拥有的山姆俱乐部。

⑧ 超级商店　有比超级市场大得多的场地，主要满足消费者在日常购买的食品和非食品类商品方面的全部需要，它们通常提供诸如洗衣、干洗、修鞋、支票兑换和付账等服务。这种形式的种类有综合商店和巨型超级市场。

⑨ 样品目录陈列室　应用于大量可供选择的毛利高、周转快的有品牌商品的销售。它们包括珠宝、电动工具、照相机、皮包、小型设备、玩具和运动器皿等。顾客在陈列室里开出商品订单，在该商店的发货点对顾客送货上门。样品目录陈列室利用减少成本和毛利以吸引大量销售。

（2）非商店零售商　这类零售商没有固定的营业场所，具体形式主要包括以下几种。

① 直接推销　直接推销有三种形式：一对一推销、一对多（聚会）推销和多层次（网络）营销。

② 直复营销。直复营销起源于邮购和目录营销，这种方式通过各种媒体与顾客进行沟通，以引起顾客的购买欲望和购买行为。如电信营销、电视直销、邮购营销以及网上直销等。

③ 自动售货　它是利用售货机向顾客出售货物的一种形式，已经用于多种商品，包括带有很大方便价值的冲动型商品（香烟、软饮料、糖果、报纸、热饮料等）和其他产品（袜子、化妆品、食品快餐、热汤和食品、唱片集、T恤衫、保险单、鞋油，甚至还有鱼饵等）。

（3）零售商集团　这是为竞争的需要，以多店铺联盟的组织形式来开展零售活动的团体。它的形式主要有以下两种。

① 连锁店　两个或两个以上的商店同属一个所有者所有和管理，实行统一化、标准化的经营模式，它适合所有类型的零售业务，具有较强的竞争力。

② 特许经营组织　特许者和被特许者以合同的方式规定双方的权利和义务，被特许者在一定的条件下可以使用特许者的名字、商标、特定产品和经营风格等，特许者因此获得相

应的报酬，如KFC的经营模式。特许经营与连锁经营是有所区别的，具体见表7-1。

表7-1 连锁经营与特许经营的比较

比较项目	经营方式	
	连锁经营	特许经营
资本结构	自有资本	受许方资本
经营风险	自己承担风险	风险转移至受许方
发展速度	扩张速度慢	扩张速度快
管理模式	移植管理模式，全程管控	接受特许方管理输出及政策监管

三、中间商的选择

中间商是企业产品分销渠道的重要组成部分。在市场营销活动中，中间商既能为制造商和消费者带来方便，也可以解决或缓解产需之间在时间、空间、产品结构、数量之间的矛盾，为制造商生产的产品顺利地进入消费领域创造条件。选择中间商时，应主要考虑以下因素。

1. 服务对象

不同的中间商服务的对象不同，例如专门生产高档服装的企业，应选择有名的服装商店，或选择大型的综合商厦设立专柜销售。企业所选择的中间商的经营范围，应该与生产者的产品销路相一致。

2. 地理位置

中间商的地理位置直接影响到产品能否顺利到达目标顾客手中，选择中间商必须考虑其地理分布情况，要求既要接近消费者，又要便于运输、储存及调度。如选择零售商的地理位置时，最好是企业产品的顾客经常到达之处；而选择批发商的地理位置时，则要看其是否能较好地发挥其储存、分销、运输的功能和有利于降低销售成本。

3. 销售能力及经营范围

选择中间商，还要考虑中间商是否有稳定的、高水平的销售队伍和健全的销售机构，完善的营销网络和丰富的营销经验，能够向顾客提供比较充分的技术服务与咨询指导，具有专业技能的营销队伍，这样的中间商适宜选择。当然，如果其经营主要竞争对手的产品，就需要格外谨慎，不宜轻易选择。

4. 财务状况

中间商财务状况的好坏直接关系到其是否可以按期付款，甚至预付货款等问题。企业在选择中间商时，必须对此严加考察。资金力量雄厚，财务状况良好，信誉度高的中间商，不仅能及时付款，而且能够对有困难的制造商给予适当的帮助，有利于形成制造商与中间商的联合或密切结合。

子任务三 分销渠道的设计与管理

在激烈的市场竞争中，分销渠道决策是企业最重要的决策之一，它将直接影响所有其他的营销决策。同时，随着市场情况的变化，渠道也不是一成不变的，因此，企业在选择分销渠道时，需要考虑企业当前及未来的发展环境。

一、分销渠道选择的影响因素

影响企业分销渠道选择的因素主要有产品因素、市场因素、企业本身因素以及环境因素等。企业在进行分销渠道选择时，需要仔细分析，认真考虑，综合评价，选择适合企业营销的渠道模式。

（一）产品因素

1. 产品的价值

一般而言，产品的单价越低，分销渠道可以越长；反之，产品单价越高，分销渠道就越短。因此，日用品和工业品中标准件的销售，一般都要经过批发商、零售商等环节，转至消费者手中，分销渠道较长。而价格较高的商品或工业品中的专用设备，则适宜采用直销或者短渠道进行销售。

2. 产品的体积与重量

体积大、分量重的产品，为节省运输和保管等人力和物力，应尽可能缩短分销途径，甚至取消中间环节，由生产者直接供应用户。相反，体积小、分量轻的产品，分销渠道可以长些。

3. 定制品和标准品

对于定制品，一般由生产者和消费者或用户直接面议规格、质量、样式和价格，不需要经过中间商或代理商。标准品，因具有一定品质、规格和式样，分销渠道可长可短。标准品销售面广、通用化程度高的产品，分销渠道可以长些；有的可按照样本和目录直接出售的产品，分销渠道就短些。

4. 产品的技术性和销售服务要求

企业为加强销售服务，对技术性强的产品，应尽量采用直销方式；相反，对于技术性和销售服务要求不太高的商品，企业应对中间商进行必要的培训和指导，可选择的分销渠道为长渠道。

5. 产品所处的市场寿命周期阶段

对于新产品，企业为了尽快打开销路，需要组成直接分销团队直接向消费者销售产品；当产品在市场上已经形成较高知名度和美誉度时，处于拓展市场的需要，可以考虑采用间接渠道分销产品。

（二）市场因素

1. 目标市场范围

市场范围宽广，宜用较宽、较长渠道；相反，可用较短、较窄渠道。

2. 顾客的集中程度

顾客较为集中，可用较短、较窄渠道；顾客分散，多用较宽、较长渠道。

3. 顾客的购买量、购买频率

购买量小，购买频率高，宜采用较长、较宽的渠道，一般消费品多用此类渠道。反之，顾客一次购买量较大，购买频率低，如生产者、社会集团购买，则采用较短、较窄渠道。

4. 消费的季节性

消费有明显季节性的产品，一般应充分发挥中间商的调节作用，以便均衡生产，较多采用长渠道。

5. 竞争状况

通常，同类产品应与竞争者采取相同或相似的销售渠道；在竞争特别激烈时，则应寻求有独到之处的销售渠道。

（三）企业因素

1. 企业实力

财力雄厚、信誉良好的企业，有能力选择较固定的中间商经销产品，甚至建立自己控制的分销系统，或采取短渠道；财力薄弱的企业，就更为依赖中间商。

2. 渠道的管理能力

有较强的市场营销能力和经验的企业，可以自行销售产品，采用短渠道或垂直渠道营销系统。反之，管理能力较弱的企业，多采用较长渠道。

3. 企业控制渠道的愿望

如果企业希望对分销渠道进行高强度控制，同时自身又有控制能力，一般采取短、窄渠道的做法。如果采用中间商分销，会使制造商的渠道控制力削弱，并且诸如市场调查、储运、广告、零售的功能又大多是由中间商完成，极有可能导致制造商受制于中间商，甚至使制造商分销受限制。

（四）市场营销环境因素

1. 地区或国内外经济形势

企业所在地区和国际国内形势，都会对企业产品销售构成很大影响。经济景气，形势看好，企业选择销售渠道的余地较大；当出现经济萧条、衰退时，市场需求下降，企业就必须减少一些中间环节，使用较短渠道。

2. 相关政策法规

国家的政策、法律，如反垄断法、进出口规定、税法等，都会影响销售渠道的选择。

（五）中间商因素

1. 合作的可能性

中间商普遍愿意合作，企业可以根据需要选择；如果中间商不愿合作，只能选择较短、较窄渠道。

2. 市场开拓能力

如果中间商能够帮助制造商把产品及时、准确、高效地送达消费者手中，可以选择较长与较宽的分销渠道；否则，将选择较短、较窄的渠道。

3. 服务

如果中间商能提供较多的高质量服务，企业可采用较长、较宽渠道；反之，若中间机构无法提供所需服务，企业只有选择较短、较窄渠道。

二、选择分销渠道的策略

企业在选择分销渠道时，一般要确定以下几个方面：识别中间机构的类型、确定中间机构的数目、分销渠道成员的条件与责任。

（一）识别中间机构的类型

识别中间机构类型则要公司识别有哪些类型的中间商组织可供选择，也就是决定分销渠道的长短，确定是否需要中间商，需要几个层次中间商的问题，此步骤决定了渠道的长度。例如，一家专门生产汽车用调频收音机的消费电子产品公司，可供选择的中间机构有汽车经销商市场、汽车部件零售商、汽车电话专业经销商和邮购市场等。

（二）确定中间机构的数目

主要取决于产品的特性、市场容量的大小和需求面的宽窄。它决定渠道的宽度，也就是每个渠道层次使用多少中间商。一般有三种策略可供选择：密集性分销、独家分销和选择性分销。

1. 密集性分销

密集性分销即生产者选择尽可能多的分销商销售其产品，使渠道尽可能加宽，以达到快速进入目标市场或扩大市场占有率的目的。它是最宽的渠道，采用这种策略，消费者能随时随地方便地购买产品，特别适用于消费品中的便利品（如香烟、日用品、食品等）、工业品中的标准件及辅助用品（办公用品等）。但这种策略也存在不足：由于中间商的经营能力、水平高低不同，生产者要花费较多精力和费用。

2. 独家分销

独家分销是最窄的渠道，是指生产者在一定的市场区域内，只选择一家中间商为自己销售商品，并要求中间商不得经营其他竞争品品牌的产品。它适用于新商品、名牌商品以及某种特殊性能和用途的商品。其优点是：易于控制市场的营销价格；在促销、为顾客服务、商品运送、结算手续等方面能获得经销商的合作与协助；有利于带动新产品上市；有利于中间商花费一定的投资和精力开拓新市场。其不足之处是：在该地区过于依赖该经销商，容易受其支配；在一个地区选择一个理想的中间商十分困难，如果选择不当或客观条件发生变化，可能会完全失去许多潜在顾客。

3. 选择性分销

选择性分销是介于密集性分销和独家分销之间，指生产者在某一地区通过少数几个经过精心挑选的、最合适的中间商来经销商品。这类渠道多为消费品中的选购品和特殊品（如家电、小电器、家具）、工业品中的零配件等。一方面选择性分销能有效地维护制造商品牌信誉，建立稳定的市场和竞争优势，可以获得中间商的有效合作，有利于提高中间商的积极性。另一方面，选择性分销也有利于与经销商之间的相互了解和联系，帮助经销商提高销售水平。

广东TCL在短短四年时间里，从默默无闻一跃成为国内彩电行业三巨头之一，这里就有较好地采用了“选择性分销”的功劳。TCL目前在全国已建立28个省级分公司、125个经营部、200多个专营连锁店和800多个特约维修专营店，直属用户服务网更遍及全国，直属自营专卖店200余家。TCL渠道已成为中国家电行业最为庞大、最为细腻的营销服务渠道。由此，使TCL的产品销售基本能做到稳定可靠，长期发展。

（三）分销渠道成员的条件与责任

生产者在决定了渠道的长度和宽度之后，还必须规定各渠道成员参与交易的条件和应负的责任，与中间商达成共识。

1. 价格政策

价格政策关系到生产者和中间商双方经济利益，生产者必须制订出价格目录和折扣计划，该价格和折扣应是公平合理的，也是得到中间商认可的。适当的价格政策可以避免或减少渠道冲突，提高中间商的积极性。因此，生产者制定价格政策时要谨慎仔细，确保公平。

2. 销售条件

主要包含付款条件和生产者对产品的保证。如对提前付款的分销商给予现金折扣、对产品质量和价格提供担保、保证市场价格下降时的降价或不降价的承诺等，以消除中间商的后顾之忧，促使其大量购买。

3. 经销区域权

这是渠道关系的一个重要组成部分，是指生产企业给予中间商在某一区域的专门销售权。一般来说，中间商都希望了解生产者将在何地利用其他何种中间商，还希望在其区域内所发生的销售实绩能获得生产者的完全信任，而不论这些销售实绩是否是他们努力的结果。生产者对此应一一加以明确。

4. 各方应承担的责任

通常应通过指定相互服务与责任条款来明确各方责任。服务项目不明，责任不清，必然会影响到双方的经济利益及合作关系，不利于双方的共同发展，尤其是在选择特许经营和独家代理中间商时，更要规定得尽量具体、明确。如麦当劳向其特许经销商提供店面、促销支持、文件保管系统、培训、通用管理和技术支持等。与此对应，特许经销商必须达到有关物资设备标准，适应新的促销方案，提供所需信息及购买指定的食品原料等。

三、分销渠道的管理

企业在进行分销渠道设计后，还需要做好分销渠道管理工作。企业对渠道管理的目的在于对渠道进行适当的控制，提高分销渠道的有效性，实现分销的目标和企业的整体目标。

（一）对渠道成员的管理

1. 选择渠道成员

渠道成员的选择影响到企业的分销效率与成本，以及企业在消费者和用户心目中的品牌形象和产品定位。所以，生产企业在选择渠道成员时要注意评价中间商的特性，例如中间商经营时间的长短及其成长记录、偿付能力、合作态度、未来发展的潜力、经常光顾的顾客等。当中间商是销售代理商时，生产者还必须评估其经销的其他产品大类的数量与性质、推销人员的素质与数量。

2. 激励渠道成员

生产者为了促使渠道成员发挥良好的效用，应建立完善的激励机制使生产者和中间商的整体利益最大化。主要有以下几种措施：向中间商提供适销对路、物美价廉的产品；运用定价的策略和技巧，考察各中间商的进货数量、信誉、财力、管理能力等诸多因素，分别给予不同的折扣和让利；对中间商进行促销支持，生产企业可承担全部或部分宣传推广费用，协助中间商进行营业推广、安排商品陈列，帮助中间商培训销售人员等；采取售后付款或先付部分货款等产品售出再结算的方式，给予中间商融资服务；企业与中间商进行市场信息及时传递，及时改进产品或调整市场策略等。

3. 评估渠道成员

企业对中间商进行有效管理，还必须制定一定的考核标准，来检查衡量中间商的表现，以肯定先进、鞭策落后的中间商。这些评估标准有：销售指标完成情况、平均存货水平、向顾客交货的快慢程度、对损坏和损伤商品的处理、对顾客的服务表现、对厂商促销的合作程度等。企业通过评估各渠道成员，对表现好的给予奖励，对表现不好的给予批评和改进，甚至是更换渠道成员，以保证营销活动顺利而有效地进行。在考核指标中，比较重要的是销售指标。

（二）渠道冲突的管理

渠道冲突指的是渠道成员发现其他渠道成员从事的活动互动阻碍或者不利于本组织实现自身的目标。渠道冲突如果没有得到控制，很可能会破坏同渠道成员的合作，损害渠道利益与形象，导致分销系统瓦解。渠道冲突的类型可以分为三种。

1. 垂直渠道冲突

指同一渠道中不同层次之间的利害冲突，如企业在服务、价格、广告等方面的政策可能会导致经销商的矛盾。

2. 水平渠道冲突

指在同一层次渠道成员之间的冲突，例如一些经销商在价格或广告方面的政策可能会导致其他经销商的不满等。

3. 多渠道冲突

指多个渠道成员之间的冲突，例如一个渠道成员降低价格或毛利时，可能会引起多个渠道成员的抱怨等。

四、分销渠道的改革

为了适应瞬息万变的市场需求、确保分销渠道的畅通和高效率，生产企业要根据环境的编号对其分销渠道进行调整。以中国家电行业为例，分销渠道模式将从传统的间接渠道发展为直接渠道。对于新的家电企业可以借鉴现有的分销渠道模式，通过对现有分销渠道模式优缺点的认识，选择适合自身特点的分销渠道。一般来说，家电企业应在以下几个方面进行渠道改革。

1. 分销渠道扁平化

分销渠道向扁平化结构发展，可使分销渠道缩短，销售网点增多，减少供应链中不增值或者增值很少的环节，以利于厂家加强对渠道的控制力、增加销售量和提高知名度。扁平化分销渠道的基本模式为：厂家—批发零售商—消费者。

2. 将零售终端作为渠道的重心

家电企业必须走直接面对零售终端的发展道路，通过对经销商、零售商的服务和监控，提高服务质量和增加销售量。

3. 选择渠道商，与渠道商建立互利互惠式的战略伙伴关系

厂家在选择渠道商时要认真筛选信誉好和有一定实力的渠道商。在分销渠道中，厂家应与渠道商建立战略联盟，按照商定的分销策略和游戏规则，共同开发市场，共同承担风险，共同管理并共同分享销售利润，以达到双赢的目的。

4. 建立以客户为中心的渠道策略，完善渠道管理

首先，应以全心全意为客户服务为宗旨，将渠道中心从分销商转移到顾客；其次，重新审查、制定渠道策略和战略，从市场背后发现打开市场的最优方式；再次，保持渠道策略与企业目标及内外环境的一致；最后，有步骤、分阶段地推进电子商务进程。

金融局势对葡萄酒行业造成重创，尤其是高端葡萄酒，销售额下滑了40%～50%。但是，一个有趣的现象是，性价比高的葡萄酒仍然受到消费者的追捧。从2009年广州国际名酒展上的热烈气氛中不难看出，来自世界20多个国家的葡萄酒商看中了中国巨大的消费市场，同时试图通过人民币较为坚挺、出口风险更低的中国市场来减弱金融危机的冲击。而在现场，不乏比国产酒价格更低的原产国进口酒，不难看出外国酒商对中国市场的促销力度正在加大。

实际上，尽管中国不是全球最大的葡萄酒消费市场，但绝对是最牢固的市场。进口酒和国产酒实际上已经形成互补。中国作为全球葡萄酒增长率最高的市场，已连续3年（2007～2009年）增长率达到15%以上，成为全球葡萄酒大国的战略市场。加上金融危机的影响，中国市场自然吸引了世界各地的酒商。

一直到2010年，中国葡萄酒产量每年都将保持15%左右的增长速度。同时，行业的发展将不断增加葡萄酒的销量和普及率，预计市场份额也将保持15%的同步增长。国产红酒通过不断提高产品品质档次和提升品牌形象，逐步向国际品牌看齐。不过，从整体酒类市场来看，由于进入时间短、价格高等原因，红酒的市场份额目前还远远不如白酒和啤酒。

实训内容

一、选择一种品牌红酒，分析该品牌产品的目标顾客及销售特点。

二、运用分销渠道知识，分析红酒分销渠道的长度与宽度，设计合理的分销渠道。

三、对所设计的分销渠道进行分析和评估。

四、查找案例，分析施乐公司的分销渠道调整经历了哪些阶段，并描绘出施乐公司分销渠道的结构图。

分析思考

1. 市场分销渠道的类型有哪些?
2. 分析影响分销渠道设计的因素有哪些?
3. 分析中间商的含义，如何按照产品的类型挑选合适的中间商?
4. 进行分销渠道设计的策略有哪些?

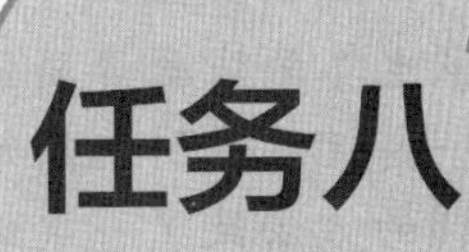

促销方略

技术技能目标

1. 能够运用促销基本方式进行促销实践
2. 能够掌握人员推销技巧并灵活运用
3. 能够针对不同情况设计促销组合

知识经验要点

1. 了解促销的概念及基本方法
2. 了解影响促销效果的影响因素
3. 了解人员推销步骤及技巧
4. 掌握营业推广策划的方式、过程及方法

教学重点

1. 影响促销的因素
2. 推销步骤及技巧

导入案例

康师傅茶开盖有奖促销活动的得与失

微笑是最好的促销品。

——松下幸之助

2008年，著名的茶饮料公司康师傅做了一个促销活动，叫“开盖有奖再来一瓶”。3月份的中奖率为5%，4月份为10%，5月份为20%，6月份为40%。从饮料的消费旺季来看，正常的销售曲线应该是在3月、4月、5月、6月往上走。但康师傅茶饮料已经进入了成熟期，在成熟期应尽量少用渠道的促销政策或者消费者的促销政策，康师傅开展“开盖有奖”的促销活动有欠考虑。作为成熟期的第一品牌的茶饮料，曲线应在淡季往上拉。2008年6月、7月份，全国进入高温状态，由于茶饮料开盖有奖，其他饮料的消费者被吸引到茶饮料上来，消费者都选择了茶饮料。结果在高温季节，康师傅的产能跟不上，导致在7月份断货一个月，市场上所有的茶饮料都卖空，甚至包括刚铺市的今麦郎茶饮料也全部销空。可见，如果促销政策设计不当，就会造成可怕的资源浪费，而做销售最不应该断货，一断货，市场就全部成为别人的，这是2008年康师傅吸取的教训。

2009年，康师傅将机器开到最足，让产品供应充足。为了让曲线走得更平稳，康师傅规定所有给经销商的盖子都放到淡季兑换，以拉动产能。由于销量极大，而兑换需等到淡季，很多经销商堆积了价值几十万元的盖子。由于压力太大，很多经销商不给零售点兑换，结果很多零售点也不给消费者兑换。

然而，这一情况没有引起康师傅很大注意。2010 年，康师傅重复了这一套路。2011 年，康师傅又以同样的方法做了一次促销，这次做得很惨。经销商不给零售点兑换，零售点抗议不愿再卖，导致到 2012 年 3 月份渠道还在卖去年 6 月份的茶。康师傅为了恢复市场，不得不在 3 月份以后回收很多过期的茶或临期的茶。这是一个促销不成功的案例。

思考：总结分析康师傅在促销方法的正确做法和错误做法。

子任务一 了解促销学会运用促销组合

一、促销概述

促销是营销组合四大要素之一，是企业营销策略的重要组成部分，也是企业参与竞争、贯彻各项战略意图的利器之一。

（一）促销的涵义

促销（Promotion）即指促进产品销售。促销是企业通过人员和非人员的方法，沟通企业与消费者之间的信息，在产品和消费者需要之间建立联系，刺激消费者的消费欲望和兴趣，引发使其产生购买行为的活动。促销实质上是一种沟通活动，即营销者（信息提供者或发送者）发出作为刺激消费的各种信息，把信息传递到一个或更多的目标对象（即信息接受者，如听众、观众、读者、消费者或用户等），以影响其态度和行为。

（二）促销的作用

1. 提供商业信息

通过促销宣传，可以使顾客了解企业生产经营什么产品、有哪些特点、到什么地方购买、购买的条件是什么等，从而引起顾客注意，激发其购买欲望，为实现和扩大销售做好舆论准备。

2. 突出产品特点，提高竞争能力

在激烈的市场竞争中，企业通过促销活动，宣传本企业产品的特点，努力提高产品和企业的知名度，促使顾客加深对本企业产品的了解和喜爱，增强信任感，从而也就提高了企业和产品的竞争力。

3. 强化企业形象，巩固市场地位

通过促销活动，可以树立良好的企业形象和商品形象，尤其是通过对名、优、特产品的宣传，更能促使顾客对企业产品及企业本身产生好感，从而培养和提高“品牌忠诚度”，巩固和扩大市场占有率。

4. 刺激需求，开拓市场

新产品上市之初，顾客对它的性能、用途、作用、特点并不了解，通过促销沟通，引起顾客兴趣，诱导需求，并创造新的需求，从而为新产品打开市场，建立声誉。

二、促销组合

所谓促销组合，是一种组织促销活动的策略思路，主张企业运用人员推销、广告、营业推广、公共关系四种基本促销方式组合成一个策略系统，使企业的全部促销活动互相配合、协调一致，最大限度地发挥整体效果，有利于实现企业目标。

（一）促销的基本方式

1. 人员推销

人员推销又称人员销售，是企业通过派出推销人员或委托推销人员亲自向顾客介绍、推广、宣传，以促进产品的销售。可以是面对面交谈，也可以通过电话、信函交流。推销人员的任务除了完成一定的销售量以外，还必须及时发现顾客的需求，并开拓新的市场，创造新需求。

2. 广告

广告是企业以付费的形式，通过一定的媒介，向广大目标顾客传递信息的有效方法。现代广告不应只是一味地单向沟通，而是双向沟通，即应把企业与顾客共同的关心点结合起来考虑广告的制作和传播。

3. 营业推广

营业推广是由一系列短期诱导性、强刺激的战术促销方式所组成的。它一般只作为人员推销和广告的补充方式，其刺激性很强，吸引力大。与人员推销和广告相比，营业推广不是连续进行的，只是一些短期性、临时性的能够使顾客迅速产生购买行为的措施。

4. 公共关系

公共关系是企业通过有计划的长期努力，影响团体与公众对企业和产品的态度，从而使企业与其他团体及公众取得良好的协调，使企业能适应它的环境。良好的公共关系是可以达到维护和提高企业声望、获得社会信任的目的，从而间接促进产品的销售和沟通活动。

（二）促销组合的因素

由于促销方式各具特点，因而企业营销人员应该根据不同的需要和情况来选择、搭配促销方式，制订相应的促销策略。企业在选择最佳促销组合时必须考虑如下因素。

1. 促销目标

企业促销目标或目标顾客所处的准备阶段不同时，需采取不同的促销组合。如促销目标为树立企业形象、提高产品知名度，那么促销重点应以广告为主，同时辅之以公共关系；如促销目标是让顾客充分了解某种产品的性能和使用方法，那么印刷广告、人员推广或现场展示是好办法；如促销目标是要在短期内迅速增加销售，宜采用销售促进策略，并辅以人员促销和适量的广告。从整体上看，广告和公共关系在顾客购买决策过程的初级阶段成本效益最优，因为其最大优点为宣传面广；而人员促销和销售促进在购买决策的较后阶段更具成效。

2. 促销策略

促销组合从策略角度上看包括推式策略与拉式策略两个方面。所谓推式策略，是指企业通过以人员促销为主导的促销组合来影响中间商，使中间商接受企业的产品并加强销售活动，最终达到促成消费者购买的策略。这种推销策略要求推销人员针对不同顾客、不同产品采用相应的推销方法。常用的推式策略有示范推销法、走访销售法、网点销售法、服务推销法等。所谓拉式策略，是指企业利用销售促进、广告和公众关系直接影响、吸引消费者，激发其购买动机，通过消费者需求来刺激中间商的需求，使中间商增加对生产企业的订货。常用的拉式策略有会议促销法、广告促销法、代销、试销法和信誉销售法等。这两种促销策略如图 8-1 所示。

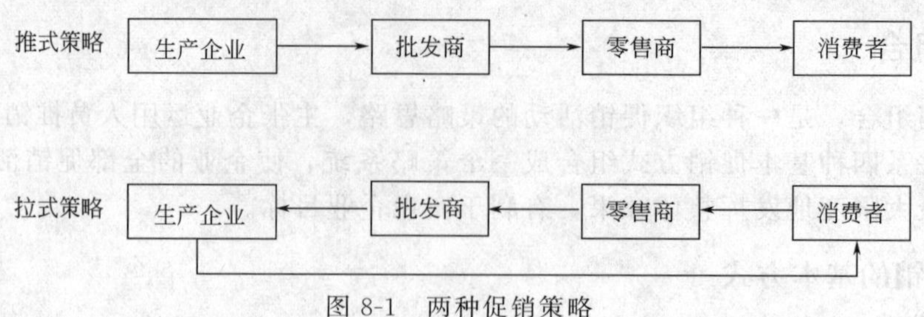

图 8-1 两种促销策略

3. 市场性质

对不同的市场需求采取不同的促销组合和不同的促销策略，因此应根据市场地理范围的大小、市场的类型，以及不同类型市场潜在顾客的数量，分别采用不同的促销组合策略。

首先，促销组合应随着市场区域范围的不同而变化，如目标市场范围小且相对集中，应以人员促销为主；对于范围广且较分散的市场，则应以广告宣传和公共关系为主。

其次，促销组合应随着市场类型的不同而不同。消费品市场的买主多而分散，不可能由推销人员广泛地个别接触，主要靠广告宣传介绍、产品包装说明以及产品陈列吸引顾客；生产资料市场，产品性能、质量要求高，技术标准严，应以人员促销为主。

最后，促销组合应视市场上的潜在顾客的数量、类型而定。顾客数量少而使用业务数量大，如电信业务的大客户、重要客户应该用人员促销策略；顾客数量多而分散，宜采用广告推销等形式。

4. 产品特点

顾客对于不同性质的产品具有不同的购买动机和购买行为，因此必须采用不同的促销组合策略。在通常情况下，消费品顾客多，分布面广，购买频率高，因此广告的效果更为明显；而工业品市场顾客数量少，分布集中，购买批量大，适宜人员促销。至于销售促进和公共关系等，则起辅助作用。

从产品特点看，技术复杂、价格昂贵的商品适于用人员促销；反之，技术简单、标准化程度较高、价格低廉的产品适合广告促销。例如，电信基本业务和普通业务客户多，使用范围广，使用方法简单，宜以广告为主；电信新业务中技术含量高、使用相对复杂的增值业务，客户数量少，宜以人员推广为主。

5. 产品生命周期

产品所处的生命周期阶段会对促销组合决策产生影响，下面对不同生命周期阶段的不同促销成本效应做了比较，如图 8-2 所示。

而且对处于生命周期不同阶段的产品，促销目标通常不同，结合图 8-2 中的不同促销方式的成本效应，企业采取的促销组合方式自然也不同，大致情况见表 8-1。

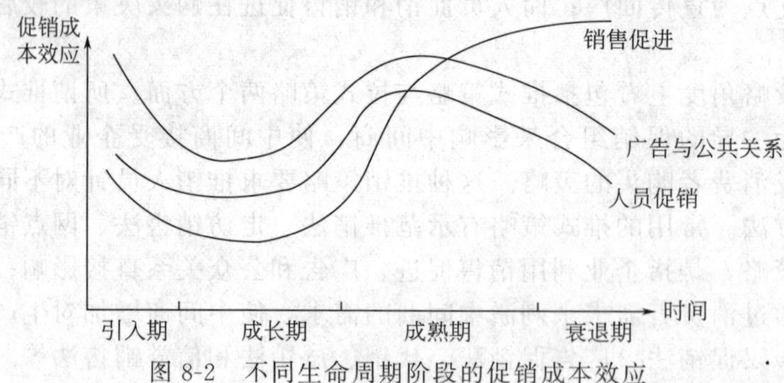

图 8-2 不同生命周期阶段的促销成本效应

表 8-1　不同生命周期阶段的促销组合方式

产品生命周期	促销目标	促销的主要方式
投入期	认识了解产品	各种广告
成长期	增进兴趣与偏好	改变广告形式
成熟期	增进兴趣与偏好	改变广告形式为主，辅之销售促进
衰退期	促成信任购买	销售促进，辅之提示性广告
产品生命周期各阶段	消除不满意感	改变广告内容，利用公共关系

以电信企业为例，处于投入期的各类新增值业务，例如中国电信的“号码百事通”、中国移动的手机钱包等，应利用多种媒体多渠道广告宣传，使广大潜在客户迅速了解其功能。

对于处于成长期的宽带业务，着重介绍网络的特点、产品特点等，刺激客户的偏好，使用户树立起对产品的信任感。此时，广告仍是主要的促销方式，但要变换广告内容和形式，同时辅以人员促销。

处于成熟期的移动电话，在促销方式上仍然以广告宣传为主，但应积极使用销售促进，如折扣、提高用户使用量、发展潜在用户，较为有效。同时，应注意改善公共关系，加强和客户业务联系，提高企业的公众形象，以稳定和提高市场占有率。

对于衰退期的固定电话服务，促销费用不宜过多，以一些销售促进方式挽留客户，促进其使用，同时配合少量提示性广告，以保证业务的稳定性。

在整个产品生命周期的不同阶段，企业还要注意顾客购买产品之后可能产生的意见和怀疑，应采取相应的售后服务措施，尽力消除这些不满意感。如青岛海尔公司市场部，在商品售出后，建立电话询问制度，向顾客了解对空调机等家电的安装、使用是否满意，并推出“24 小时服务”承诺等措施，正是消除客户疑问、加强服务工作以保持企业和产品在市场上的良好声誉的最佳体现。

6. 促销费用

企业不论采用哪种促销策略和方式，都必须考虑费用的大小。促销方式的组合，受到企业本身人力、财力、物力状况的制约。一般来说，人员促销费用最高，广告费用次之，销售促进和公共关系最低。企业应依据自身的人力、财力和物力来选择和运用促销组合，以尽可能低的促销费用取得尽可能高的促销效益。

2013 年 3 月，四川省德阳市某美容院与德阳市总工会联合举办了一场题目为“保护妇女，做个理智的消费者”的化妆品专题消费讲座，主办人从北京聘请专家主讲。在整个讲课过程中，没有涉及任何产品销售和优惠问题，只是向所有与会女性工会干部传播了如何选择、使用、鉴别化妆品的方法和技巧。期间，德阳电视台和当地数家媒体前往报道。会议结束后，主办方组织与会者参观了美容院。专题讲座结束的一周内，美容院接待了众多前来咨询和消费的消费者，仅价格为 1200 元/次的减肥单项，就新增客人 81 名，实现销售近 10 万元。一时间，该美容院名声大噪。

子任务二　掌握人员推销技巧

一、人员推销的特点

1. 销售的针对性

与顾客的直接沟通是人员推销的主要特征。由于是双方直接接触，相互间在态度、气氛、情感等方面都能捕捉和把握，有利于销售人员有针对性地做好沟通工作，解除各种疑虑，引导购买欲望。

2. 销售的有效性

人员推销的又一特点是提供产品实证，销售人员通过展示产品，解答质疑，指导产品使用方法，使目标顾客能当面接触产品，从而确信产品的性能和特点，引发消费者的购买行为。

3. 密切买卖双方关系

销售人员与顾客直接打交道，交往中会逐渐产生信任和理解，加深双方感情，建立起良好的关系，容易培育出忠诚顾客，稳定企业销售业务。

4. 信息传递的双向性

在推销过程中，销售人员一方面把企业信息及时、准确地传递给目标顾客；另一方面把市场信息和顾客（客户）的要求、意见、建议反馈给企业，为企业调整营销方针和政策提供依据。

二、人员推销步骤及技巧

推销过程（Selling Process）包括如下一系列活动，如图 8-3 所示。

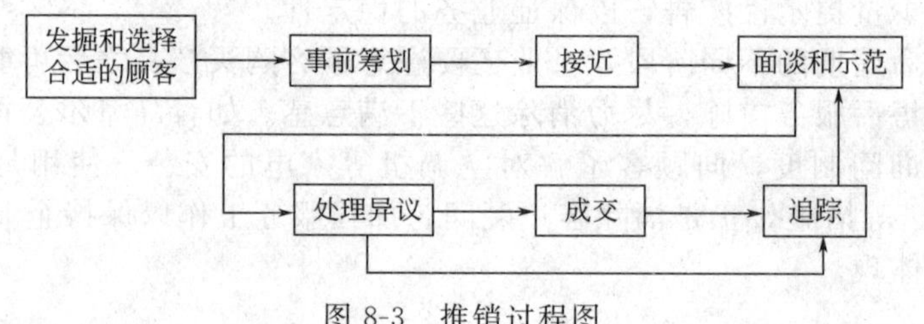

图 8-3 推销过程图

1. 发掘和选择合适的顾客

推销过程的第一步是发掘和选择合适的潜在顾客。一位专家说："如果销售人员不加挑选地追逐每一个顾客，很可能就会积累出这样一批客户：服务成本高，难以取悦，并且无论你提供什么好处，他都不会有反应。"

2. 事前筹划（准备工作）

销售人员访问潜在顾客前尽可能了解顾客（公司需要什么、谁参与购买决定）以及他的采购人员（他们的个性和购买方式），这个步骤称为事前筹划。

3. 接近

在接近阶段，销售人员应该知道如何会见和招呼买主，并使彼此的关系有个好的开始。其范围包括销售人员的仪表、开场白以及接下去的话题。

4. 面谈

面谈是指推销人员运用各种方式、方法和手段说服顾客购买产品的过程，是向顾客传递信息的过程。

5. 处理异议

在销售过程中，客户对你的任何一个举动或在展示过程中的说法提出的不赞同、反对、质疑等都是拒绝，这些统称为客户异议。从接近客户、调查、产品介绍、示范操作、提出购买建议到签订合同的每一个环节，客户都有可能提出异议。所以，处理异议是销售人员必备的一项技巧。

客户产生异议的原因有三个方面：①销售人员的原因，如无法赢得客户好感、做夸大不实的陈述、使用过多的专门术语、引用不正确的调查资料、说得太多听得太少等；②客户的原因，如拒绝改变、情绪处于低潮、没有意愿、预算不足等；③与产品有关的原因，如价格因素、产品本身因素、服务因素、货源因素、时间因素。处理异议的常见方法主要有忽视法、比较法、太极法、反问法、间接反驳法和委婉处理法等。

6. 成交

在解决了潜在顾客的反对意见后，销售人员就要试着达成交易。销售人员应该知道如何识别购买者发出的特定成交信号，包括身体的动作、言词或者意见，例如顾客往前坐、不断点头赞许、询问价钱或付款条件。届时销售人员就可以使用各种达成交易的技巧，他们可向潜在顾客要求订单，重申双方协议的重点，提议帮助顾客填写订单，询问顾客想要这一类型产品还是另外一种类型的产品，或者告诉购买者如果现在不买就可能买不到了。销售人员也可以提供给购买者成交的特殊理由，如特价优惠或额外赠送。常用的销售成交方法主要有请求成交法、假定成交法、选择成交法、小点成交法、优惠成交法、保证成交法、从众成交法和机会成交法等。

7. 追踪

追踪是推销重要的手段和过程，很多推销业务并不是一经面谈就能达成交易的。尤其是工业品和原料型商品。客户购买行为具有较强的理性，客户总是在对多家产品的对比分析之后才做出决定。一次成功的推销，可能需要推销人员多次追踪。有人说：“如果要完成一件推销需要与客户接触 5～10 次，那你不惜一切也要熬到那第 10 次。”因此，坚毅和执著精神是推销人员不可缺少的品质。在追踪的过程中加深了客户对公司和产品信息的了解，加深了对客户需求或异议的了解，加深了对竞争产品的了解，增进了买卖双方的信任，最终促成交易的达成。

如果销售人员希望确保顾客满意，并与顾客继续保持业务上的往来，事后追踪这个最后的步骤是必不可少的。生意一旦成交，销售人员就要立刻将交货时间、付款条件等一切必要的细节处理妥当。在收到第一张订单之后，销售人员就要安排追踪访问，以确保所有的安装、指导与服务都准确无误。这项访问的目的在于发现各种问题，向买主表明销售人员的关注，消除购买者在售后可能产生的任何担心。销售人员还应该制订一个维护客户关系的长期计划。

一个小伙子应聘营销员。老板看他机灵，决定让他先干一天再说。下班时老板问：“做了几单买卖?”“一单。”年轻人回答。“只有一单?”老板比较恼火，“有没有搞错，别的销售员每天可有五六单!”又问：“多少销售额?”年轻人回答：“300000 美元。”“你卖什么卖出那么多钱?”老板目瞪口呆，半晌才回过神来。

“是这样的”年轻人说，“一个男士来买东西，我先卖给他一个小号的鱼钩，然后是中号的鱼钩，最后是大号的鱼钩；接着，我卖给他小号的鱼线，然后是中号的鱼线，最后是大号的鱼线；接着我卖给他鱼竿、鱼篓、折叠椅、罩阳帽。我问他上哪儿钓鱼，他说去海边。我建议他买条船，所以我带他到卖船的专柜，卖给他长 20 英尺有两个发动机的纵帆船。他说他的大众牌汽车可能拖不动这么大的船。于是我便带他到汽车销售区，卖给他一辆丰田新款豪华型巡洋舰。”

老板难以置信地问道：“一个顾客仅仅买个鱼钩，你竟能卖给他这么多东西?”“不是的”年轻的销售员回答道：“他问明天天气怎么样。我就告诉他明天天气很好，又是周末，干吗不去钓鱼呢?”

子任务三 掌握营业推广策略

营业推广是一种适宜于短期推销的促销方法，是企业为鼓励购买、销售商品和劳务而采取的除广告、公关宣传和人员推销之外的所有企业营销活动的总称。营业推广是极为有效的促销手段，包括对消费者的营业推广、对中间商的营业推广及对推销人员的营业推广。

一、营业推广的特点

1. 营业推广促销效果显著

在开展营业推广活动中，可选用的方式多种多样，一般说来，只要能选择合理的营业推广方式，就会很快地收到明显的增销效果，而不像广告和公共关系那样需要一个较长的时期才能见效。因此，营业推广适合于在一定时期、一定任务的短期性促销活动中使用。

2. 营业推广是一种辅助性促销方式

人员推销、广告和公关宣传都是常规性的促销方式，而多数营业推广方式则是非正规性和非经常性的，只能是它们的补充方式。也就是说，使用营业推广方式开展促销活动，虽能在短期内取得明显的效果，但它一般不能单独使用，常常配合其他促销方式使用。营业推广方式的运用能使与其配合的促销方式更好地发挥作用。

3. 营业推广有贬低产品之意

采用营业推广方式促销，似乎迫使顾客产生“机会难得、时不再来”之感，进而能打破消费者需求动机的衰变和购买行为的惰性。不过，营业推广的一些做法也常使顾客认为卖者有急于抛售的意图。若频繁使用或使用不当，往往会引起顾客对产品质量、价格的怀疑。因此，企业在开展营业推广活动时，要注意选择恰当的方式和时机。

一角钱的让利可能大家都觉得根本就无法打动消费者甚至不值得一提，但笔者偶遇的“一角钱促销”方法，不但让店主生意兴隆，而且还让顾客对该店主称赞有加，宁可排队也要照顾他的生意，这其中有着什么样的奥妙呢？

在一个菜场有几家卖豆制品的摊点，可总是只有A店主的生意火爆，大家宁可排队等也不到旁边的店子里买同样的东西。是A店的价格比起旁边店铺便宜许多吗？不是，你要问他卖的价格和别人都是一样的；是他所卖产品的质量比别人好很多吗？也不是，质量差不多，很多东西估计和别人在同一个地方进货；是有买赠促销手段吗？更不是，小本生意不可能有这么大的利润。原来只有一个非常简单的原因：这个店主无论顾客买什么东西都主动地少收一角钱。例如，顾客问好豆腐是1元一斤，挑了块豆腐，他把豆腐放到电子秤上一称显示1.7元，他就会说：“就收1.6元吧。”就这小小的一角钱让他获得了顾客的信赖，使他的生意越来越红火。

二、营业推广的方式

营业推广的方式多种多样，每一个企业不可能全部使用。这就需要企业根据各种方式的特点、促销目标、目标市场的类型及市场环境等因素选择适合本企业的营业推广方式。

（一）向消费者推广的方式

向消费者推广是为了鼓励老顾客继续购买、使用本企业产品，激发新顾客试用本企业产品。其方法主要有以下几种。

1. 赠送样品

向消费者免费赠送样品，可以鼓励消费者认购，也可以获取消费者对产品的反应。样品赠送可以有选择地赠送，也可以在商店或闹市区或附在其他商品中无选择地赠送。这是介绍、推销新产品的一种促销方式，但费用较高，对高值商品不宜采用。

2. 赠送代价券

代价券作为对某种商品免付一部分价款的证明，持有者在购买本企业产品时可免付一部分货款。代价券可以邮寄，也可附在商品或广告之中赠送，还可以向购买商品达到一定的数量或数额的顾客赠送。这种形式，有利于刺激消费者使用老产品，也可以鼓励消费者认购新产品。

3. 包装兑现

即采用商品包装来兑换现金。如收集到若干个某种饮料瓶盖，可兑换一定数量的现金或实物，借以鼓励消费者购买该种饮料。这种方式的有效运用，也体现了企业的绿色营销观念，有利于树立良好的企业形象。

4. 抽奖促销

顾客购买一定的产品之后可获得抽奖券，凭券进行抽奖获得奖品或奖金。抽奖可以有各种形式。

5. 提供赠品

对购买价格较高的商品的顾客赠送相关商品（价格相对较低、符合质量标准的商品），有利于刺激高价商品的销售。由此，提供赠品是有效的营业推广方式。

6. 商品展销

展销可以集中消费者的注意力和购买力。在展销期间，质量精良、价格优惠、提供周到服务的商品备受青睐。可以说，参展是难得的营业推广机会和有效的促销方式。

7. 参与促销

通过消费者参与各种促销活动，如技能竞赛、知识比赛等活动，能获取企业的奖励。

此外，还有联合推广、降价销售等方式。

（二）向中间商推广的方式

向中间商推广，其目的是为了促使中间商积极经销本企业产品。其方式主要有以下几种。

1. 购买折扣

为刺激、鼓励中间商购买并大批量地购买本企业产品，对中间商第一次购买和购买数量较多的中间商给予一定的折扣优待，购买数量越大，折扣越多。折扣可以直接支付，也可以从付款金额中扣出，还可以赠送商品作为折扣。

2. 资助

是指生产者为中间商提供陈列商品、支付部分广告费用和部分运费等补贴或津贴。在这种方式下，中间商陈列本企业产品，企业可免费或低价提供陈列商品；中间商为本企业产品做广告，生产者可资助一定比例的广告费用；为刺激距离较远的中间商经销本企业产品，可给予一定比例的运费补贴。

3. 经销奖励

对经销本企业产品有突出成绩的中间商给予奖励。这种方式能刺激经销业绩突出者加倍努力，更加积极主动地经销本企业产品，同时，也有利于诱使其他中间商为多经销本企业产品而努力，从而促进产品销售。

（三）向销售人员推广的方式

鼓励他们热情推销产品或处理某些老产品，或促使他们积极开拓新市场。其方式可以采用：

（1）销售竞赛，如有奖销售，比例分成；

（2）免费提供人员培训、技术指导。

在相当一段时期内，万事发（Mild Seven）香烟的销路打不开，公司面临关闭的威胁。为了杀出一条生路，公司经过一番思考和策划，选定以“免费赠送”进行促销。

于是，公司老板在各主要城市物色代理商，给予代理商一些费用和一批香烟，然后通过这批代理商向当地一些著名的医生、律师、作家、影星、艺人等按月寄赠两条该牌子的香烟，并声明，如对方认为不够，还可以再免费提供。而每隔若干时日，代理商就会寄来表格，征求对这种香烟的意见。

万事发香烟公司经过半年左右的“免费赠送”以后，赢得了一批较有身份和影响的顾客，接着利用这些名人的评价大做广告，宣传该牌子的香烟都是有身份的高贵人士所用的。这样，那些有点身价的人们当然会买来试吸，而那些并没有多少财富或名气的人，由于心理或面子的驱使，也买这种香烟吸，以显示自己的身份。这样，万事发香烟很快获得众多的顾客，几年时间，Mild Seven 成为仅次于“万宝路”香烟的世界销量第二的香烟品牌。

三、营业推广策划的步骤

企业在采用营业推广策略进行促销时，一般要做出下述三项主要决策：确定营业推广的目标；选择营业推广的形式；制订与实施营业推广方案。营业推广策划的过程如图 8-4 所示。

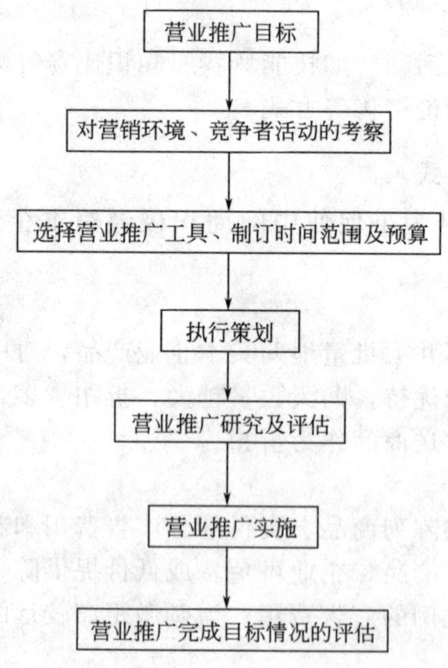

图 8-4　营业推广策划的过程

1. 营业推广的目标

营业推广的目标取决于企业的整体营销战略和目标市场类型。概括而言，企业营业推广的目标有三种：针对消费者、中间商、推销人员。

① 针对消费者的营业推广目标有：鼓励老顾客重复购买；吸引新顾客使用本企业产品；争取竞争对手的顾客。

② 针对中间商的营业推广目标有：鼓励中间商大量销售；争取新的中间商；鼓励中间商与企业建立长期稳定的合作关系。

③ 针对推销人员的营业推广目标有：鼓励本企业及中间商的推销人员增加产品销量，大力推销新产品，开拓新市场，发掘更多的潜在顾客。

2. 选择营业推广工具

营业推广的形式很多，企业应根据市场类型、营业推广目标、市场竞争状况及各种营业推广形式的成本与效益等影响因素，可以在上述的各种方式中，灵活有效地选择使用。

3. 制订营业推广方案

营业推广方案应该包括下面几个因素。

（1）费用　营销人员必须决定准备拿出多少费用进行刺激。

（2）参加者的条件　刺激可以提供给任何人，或选择出来的一部分人。

（3）营业推广措施的分配途径　营销人员必须确定怎样去促销和分发促销方案。

（4）营业推广时间　调查表示，最佳的频率是每季有 3 周的促销活动，最佳持续时间是产品平均购买周期的长度。

（5）营业推广的总预算。

4. 方案试验

面向消费者市场的营业推广能轻易地进行预试，可邀请消费者对几种不同的可能的优惠办法作出评价和分等，也可以在有限的地区进行试用性测试。

5. 实施和控制营业推广方案

实施的期限包括前置时间和销售延续时间。前置时间是从开始实施这种方案前所必需的准备时间。它包括最初的计划工作、设计工作以及包装修改的批准或者材料的邮寄或者分送到家；配合广告和销售点材料的准备工作；通知现场推销人员，为个别的分店建立地区的配额，购买或印刷特别赠品或包装材料，生产预期存货，存放到分配中心准备在特定的日期发放。销售延续时间是指从开始实施到大约 95%的采取此促销办法的商品已经在消费者手里所经历的时间。

6. 评价营业推广结果

对营业推广方案的评价很少受到注意，以盈利率加以评价不多见。最普通的一种方法是把推广前、推广中和推广后的销售进行比较。例如，一种产品在营业推销之前，市场份额为 7.3%，营业推销期间为 12%，营业推销结束马上降为 6%，过了一段时间又回升到 8%。这些数据表明，企业实施的营业推销方案在实施期间吸引了一批新消费者，并促使原有的消费者增加了购买量；营业推销结束后马上降为 6%，说明消费者在营业推销时购买的商品尚未用完；最后回升到 8%，说明这项营业推销方案终于使一批新顾客成为了老顾客。

四、营业推广的控制

营业推广是一种促销效果比较显著的促销方式，但倘若使用不当，不仅达不到促销的目的，反而会影响产品销售，甚至损害企业的形象。因此，企业在运用营业推广方式促销时，必须予以控制。

1. 选择适当的方式

我们知道，营业推广的方式很多，且各种方式都有其各自的适应性。选择好营业推广方式是促销获得成功的关键。一般说来，应结合产品的性质、不同方式的特点以及消费者的接受习惯等因素选择合适的营业推广方式。

2. 确定合理的期限

控制好营业推广的时间长短也是取得预期促销效果的重要一环。推广的期限，既不能过长，也不宜过短。这是因为，时间过长会使消费者感到习以为常，甚至会产生疑问或不信任感；时间过短会使部分顾客来不及接受营业推广的好处，收不到最佳的促销效果。一般应以消费者的平均购买周期或淡旺季间隔为依据来确定合理的推广方式。

3. 切忌弄虚作假

营业推广的主要对象是企业的潜在顾客，因此，企业在营业推广全过程中，一定要坚决杜绝徇私舞弊的短视行为发生。在市场竞争日益激烈的条件下，企业商业信誉是十分重要的竞争优势，企业没有理由自毁商誉。本来营业推广这种促销方式就有贬低商品之意，如果再不严格约束企业行为，那将会产生失去企业长期利益的巨大风险。因此，弄虚作假是营业推广中的最大禁忌。

4. 注重中后期宣传

开展营业推广活动的企业比较注重推广前期的宣传，这非常必要。在此还需提及的是，不应忽视中后期宣传。在营业推广活动的中后期，面临的十分重要的宣传内容是营业推广中的企业兑现行为。这是消费者验证企业推广行为是否具有可信性的重要信息源。所以，令消费者感到可信的企业兑现行为，一方面有利于唤起消费者的购买欲望，另一个更重要的方面是可以换来社会公众对企业良好的口碑，进一步树立企业良好形象。

此外，还应注意确定合理的推广预算，科学测算营业推广活动的投入产出比。

实训实践

一、设计餐厅促销广告，利用 Word 的基本排版和图文混排功能，为某餐厅设计一款醒目、具有吸引力的促销广告。

二、市区某超市开业，恰逢重阳节，请根据所学促销方式为超市设计综合的促销方案。

分析思考

1. 在产品生命周期的不同阶段如何选择促销组合？
2. 什么是人员推销？有什么特点？
3. 营业推广的方式有哪些？

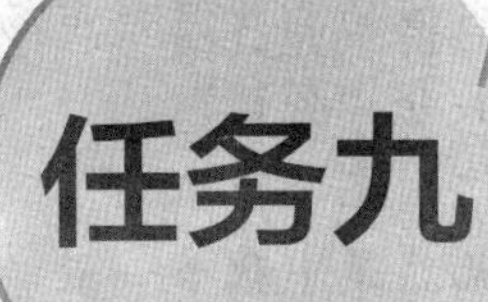

营销策划

技术技能目标

1. 具备营销策划个案分析能力
2. 能够进行简单的市场营销策划
3. 初步具备撰写营销策划书的能力

知识经验要点

1. 了解市场营销策划的内容
2. 掌握市场营销策划的步骤
3. 掌握市场营销策划书的结构

教学重点

1. 市场营销策划的内容
2. 市场营销策划的一般流程
3. 市场营销策划书的撰写

导入案例

彩云之南见双赢

我们未来的富有不在于财富的积累，而在于观念的更新。

——彼得·德鲁克

“每逢佳节倍思亲。”中国人最为隆重的中秋佳节也成了各路商家竞争的舞台，由于有了邮政和移动两大品牌企业的联手，云南省文山壮族苗族自治州今年的中秋月饼市场，邮政风采独秀，有的地方就流传着：“要吃好月饼，就要找邮政。”这是怎么回事呢？答案只有一个：“思乡月”火了“三七之乡”文山州。

9月23日，在文山壮族苗族自治州的一个小城广南，就能充分感受了邮政给当地中秋月饼市场带来的火热，在三个月饼配送点，领取月饼的群众排成了长龙，从营业厅门口排到了大街上，县城郊区的瑶族张大妈背着背篓来了，她边往背篓里装月饼，边高兴地说，邮政的月饼质量好，他们听说是移动充话费、邮政发月饼，就跑来邮政，在前门充了200元话费后，就立即去后门排队领月饼。邮政员工从早上8点坚持工作到晚上10点，营业员小张告诉记者，全局职工已经近一个月没有休息了。

其实，这样火热的场景还在文山州各个县重复地上演着。今年文山州的“思乡月”为什么这样火爆，当地的品牌月饼市场在邮政的推动下为什么这样火热呢？

邮政移动共分“蛋糕”

面对中秋这个充满商机的节日，移动当然不会放弃，准备推出种种优惠措施。而邮政也动起了脑筋，既然是中秋节，最能代表节日气氛的就是月饼了，移动想充话费赠月饼，但是需要有实力而且有品牌的企业来支撑，这个企业关键要在全州形成网络。邮政有自己完善的网络，过硬的品牌，通过去年的思乡月营销活动也打造了良好的月饼销售品牌，在双方的合作中，领导高度重视，月饼成了“关键词”。通过双方的共同策划，经过协商，达成了共识，其核心围绕着“移动动起来，让真情更温暖，稳住更多的客户”，而邮政发挥企业品牌渠道资源优势，做好中秋“思乡月”等营销工作，双方共同确定了一个活动口号：“让真情更温暖。”

敲定营销活动的核心内容后，文山局马上开始拟定行动方案。此次活动的主题为：“动起来，让真情更温暖，积分回馈中秋月饼。”凡是有2006年或2007年积分的客户，客户预存话费且扣减2006年或2007年相应积分，可获中秋月饼一份。比如交预存话费60元，获100元价格的中秋月饼，若再加扣2006年积分625分，获价值120元的中秋月饼等，回馈种类很多。

文山邮政为把配发工作做好，成立了领导小组，各县局也成立了机构，并抽调人员摆摊设点，做到了邮政移动齐宣传，在移动交话费，在邮政配月饼，各县邮政移动配合得很融洽。

掀起“思乡月”销售热潮

活动一开始就受到了文山各地群众的追捧，各局的销售更是火爆异常，经常出现供不应求的情况。在“思乡月”货源不足的情况下，各局为了维护信誉，积极从州局进“红塔牌”月饼配发用户。如广南局在临近几天的时间，由于前来领取月饼的客户突然猛增，造成一时的供货紧张。原计划向州局要“思乡月”40万元的货只到了17.5万元，要“红塔牌”月饼10万元的货只到了6万元，满足不了客户的需求。该局领导采取措施，与当地知名糕点厂联系并安排职工到超市、月饼销售点联系供货，把当地有品质、适合本地口味的月饼全部买断，保证了货源。

虽然县城的货源保住了，但支局所的货源又缺了。特别是八宝所，上午已组织货源配送了，但到中午12时又没有货了，因为往返路程近3个小时，该局领导急忙又组织货源，驾驶员顾不上休息，又把货配发到了支局所，满足了客户需求。

群众、移动、邮政皆满意

通过一个月的努力，邮政、移动双方的努力取得了丰硕的成果，移动发展了用户，增加了收入，邮政完成了“思乡月”营销任务，在基层树立了邮政“思乡月”的品牌，获得了较好的经济和社会效益，群众在得到移动话费优惠的同时还享受到了邮政配送的名牌月饼，真正获得了“大实惠”。文山邮政和移动充话费送月饼真是做到了“群众、移动、邮政三满意”，就如广南移动公司马经理所说的，移动、邮政合作愉快，双方送出了真情，希望明年再次合作。通过文山邮政与移动开展的这项活动，“移动动起来，邮政的服务动起来，双方的真情更温暖”，做到了“联手双赢”。截至9月26日，据不完全统计，全州邮政就完成“思乡月”配送12000盒，取得了丰硕成果。

思考：“思乡月”营销策划的内容及策划成功的原因。

子任务一 了解市场营销策划的含义

一、策划与营销策划

(一) 策划的内涵

策划是一种非常复杂的活动，它不同于一般的“建议”，也不是单纯的“点子”，它其实是一种包含创造性的策划。是为了解决现存的问题，为实现特定的目标，提出新颖的思路对策，并制订出具体可行的方案，达到预期效果的一种综合性创新活动。

策划包括三个要素：明确的主题目标、崭新的创意、分辨策划与计划的区别。

(二) 策划与计划的区别

(1) 策划是研究“去做什么”——What to do，是一种围绕已定目标而开展的具有崭新创意的设计。

(2) 计划是研究“怎么去做”——How to do，是一种围绕已定设计而组织实施的具体安排。

策划与计划的区别见表 9-1。

表 9-1 策划与计划的区别

策划	必须有创意	自由，无限制	掌握原则与方向	What to do（去做什么）	灵活，变化多端	开放性	挑战性大
计划	不一定有创意	范围一定，按部就班	处理程序与细节	How to do（怎么去做）	灵活性小	保守性	挑战性小

(三) 市场营销策划的内涵

1. 市场营销策划的定义和要素

市场营销策划是企业对将要发生的营销行为进行超前规划和设计，以提供一套系统的有关企业营销的未来方案，这套方案是围绕企业实现某一营销目标或解决营销活动的具体行动措施。这种策划以对市场环境的分析和充分占有市场竞争的信息为基础，综合考虑外界的机会与威胁、自身的资源条件及优势劣势、竞争对手的谋略和市场变化趋势等因素，编制出规范化、程序化的行动方案，包括从构思、分析、归纳、判断，直到拟订策略、方案实施、跟踪、调整与评估等。

市场营销策划三要素包括创意、目标和可操作性。新颖的创意是营销策划的核心，策划的“点子”创意新、内容新、表现手法也要新，这样能给消费者以全新的感受；没有明确的目标市场和营销目标，策划也落不到实处；不能操作的方案，即使创意再好、目标再具体，也无任何价值，而且，不易于操作也必然要耗费大量人、财、物，管理复杂，显效低。

2. 营销策划与营销计划的区别

营销计划是按经验和常规对企业营销活动涉及的人、财、物率先所做的安排和平衡。营销策划强调创造性、主动性、针对性和可操作性，它不拘泥以往的经验。先策划后计划，计划是营销策划之后具体性的工作，也就是如何把策划的结果一步步地落实到行动中去。策划把握方向性，是把创意汇总、整理，形成书面策划并予以实施的过程。

二、市场营销策划的原则

1. 战略性原则

营销策划一般是从战略的高度对企业营销目标、营销手段进行事先的规划和设计，市场策划方案一旦完成，将成为企业在较长时间内的营销指南。也就是说，企业整个营销工作必须依此方案进行。因此，在进行企业营销策划时，必须站在企业营销战略的高度去审视它，务求细致、周密完善。

2. 信息性原则

企业营销策划是在掌握大量而有效的营销信息基础上进行的，占有准确的市场信息是市场营销策划及成功实施的保证。

3. 系统性原则

其系统性具体表现为两点。一是营销策划工作是企业全部经营活动的一部分，营销策划工作的完成有赖于企业其他部门的支持和合作。二是进行营销策划时要系统地分析诸多因素的影响，如宏观环境因素、竞争情况、消费需求、本企业产品及市场情况等，将这些因素中的有利一面最大限度地综合利用起来，为企业营销策划服务。

4. 时机性原则

企业营销策划既要做到“适时”，也要做到“重机”。换句话说，要重视“时间”与“空间”在营销策划中的重要作用。

5. 权变性原则

实践表明，在策划的设计和实施过程中，有可能遇上一些对策划产生巨大影响的突变事件和风险因素，如政府政策的变动、经济因素的变动、社会舆论的影响、法律的制约、竞争对手的反击等，这就增添了策划的风险性。突发事件与风险一旦发生而无应对措施，很有可能导致策划的流产。因此，在进行营销策划时，应尽量对各种可能的意外情况和风险因素进行预测分析，制订相应的对策，以增添营销策划的灵活性和应变性。

6. 可操作性原则

企业营销策划要用于指导营销活动，其指导性涉及营销活动中的每个人的工作及各环节的处理，因此其可操作性非常重要。不能操作的方案创意再好也没有任何价值。不易于操作也必然要耗费大量人力、财力、物力，管理复杂，效果差。

7. 创新性原则

营销策划的创新，是指营销策划必须运用创新思维，提出解决市场问题、实现营销目标的新创意、新方法，甚至创造新的生活方式和消费观念，唤起消费者的购买愿望，把潜在消费者转化为现实消费者。

8. 效益性原则

企业营销策划无论是以无形而间接的品牌形象还是以有形而直接的经济利益为目标，最终都是要增加企业效益。因此，效益的高低，就成为在风云变幻的市场中检验营销策划方案优劣的最直观的标准。

子任务二　市场营销策划的内容

营销策划是企业营销活动的系统运作、策略运用以及不断创新的过程。依据20世纪80年代以来出现的一系列营销概念和21世纪营销活动呈现出的新的发展趋势和特点，把营销策划的内容分成三个部分，即市场营销战略策划、市场营销战术策划和市场营销创新策划。

一、市场营销战略策划

市场营销战略（简称营销战略）是企业战略的一个职能战略。它依据企业战略的要求与规范制订市场营销目标、途径与手段，并通过市场营销目标的实现支持和服务于企业战略。因此，市场营销战略策划的任务就是站在战略经营单位的角度分析形势，制订目标和计划。市场营销战略策划的主要内容是策划人员通过了解现状、预测未来、寻求和评价市场机会，对机会所显现的市场进行细分，并对各个细分市场进行优选以决定目标市场，同时制订市场定位战略、市场竞争战略和企业形象战略、顾客满意战略等。

1. 市场定位策划

市场定位策划是企业在寻求市场营销机会、选定目标市场后，在目标消费者心目中树立某一特定位置及形象的行为方案、措施。

杭州娃哈哈集团公司由一个仅三人组成的小企业成长为今天中国食品业的“大哥大”，不能不说是一个奇迹。娃哈哈的成功固然有多方面的因素，但其有效进行市场定位的策划尤其令人瞩目。

首先，寻求和评价市场机会。娃哈哈的创始人宗庆后认为，孩子的健康和饮食结构是父母最关心的问题。中国有约3亿儿童，这是个有巨大潜力的市场。

其次，以儿童市场为目标。娃哈哈集团与浙江医科大学的专家学者一起，运用中国传统的食疗理论，结合现代营养学合理营养的原则，共同研制开发了一种不含激素、营养成分齐全、味道可口的儿童营养液，并为它取了一个后来广为孩子们熟悉的名字娃哈哈。

第三，市场定位——特别的爱。娃哈哈在激烈的市场竞争中独辟蹊径，以儿童市场为突破口，将特别的爱奉献给孩子们，取得了巨大的成功，为日后进一步发展奠定了坚实的基础。

从娃哈哈集团的成功可以看到市场定位策划始于市场机会研究。所谓市场机会，一般是指给企业及其市场营销带来赢利的可能性的市场条件。现代市场营销观念要求，企业的一切活动应以满足顾客需求为中心。这也道出了市场机会的实质——市场上存在的尚待满足或没有完全满足的需要和欲望。了解它们、发现它们、评价它们，是市场机会研究策划的中心任务。

企业根据消费者对产品的不同需求、不同的购买习惯与购买行为，进行市场细分。之后，应将各个细分市场的发展潜力、吸引力、风险度结合自己的资源、目标进行评估分析，找出理想的细分市场作为自己企业的目标市场。在选定目标市场后，企业依据自身的状况和竞争者的优劣、消费者特征等确定自己的产品、品牌和形象在市场上应处于何种位置，这就是市场定位策划。

市场定位策划的核心在于创新。其重要性主要表现在，定位能创造差异，是制订营销策略的前提与依据，有利于增强企业的竞争能力，有助于树立企业形象及品牌形象。

2. 市场竞争战略策划

市场竞争是商品经济的基本特征，只要存在商品生产和商品交换，就必然存在竞争。市场竞争战略策划主要包括，企业竞争力分析、竞争对手分析与竞争策略确定。

1997年史玉柱创办的巨人公司陷入困境，欠下巨额债务，名存实亡。2000年，史玉柱东山再起，把脑白金推向全国。脑白金的成功不仅让史玉柱还清了债务，还重新展示了其策划的天生才能。自1998年以来，巨人公司用极短的时间启动了市场，在短短的两三年内创造了十几亿元的销售奇迹。脑白金可以说是一个成功的市场策划案例，弱化保健产品的功能概念，强化关联性不大的礼品诉求并高频率灌输，从而让脑白金跳出保健品营销的固有框架，避免了同质化的产品功能诉求。

3. 企业形象策划

从某种意义上讲，现代市场营销中竞争的主要表现是企业的形象竞争。企业形象策划又称企业识别，现在通行的说法是企业形象设计或塑造。进一步表述，则是指企业用于市场竞争的一切设计采取一贯性和统一的视觉形象，并通过广告以及其他媒体加以扩散，有意识地造成个性化的视觉效果，以便更好地唤起公众的注意，使企业知名度不断提高。

例如，一提起 Nike，人们便能想到轻便、舒适的运动服、运动鞋以及对各种大型体育活动的赞助，当然也更忘不了它在商品包装上的对钩标识。又如，看到“M”型的图标，就会想到麦当劳等。

那么，为什么这些企业形象如此鲜明呢？答案在于这些企业的企业形象策划做得好。首先，这些商品都有着稳定和可靠的质量、良好的信誉和优质的服务，在全世界拥有众多的消费者；其次，这些大企业能经常参与各种社会公益活动，不仅能给人们以一种信赖和好感，而且还给人一种实力雄厚的感觉；此外，这些商品还有鲜明显眼的标志和统一的、在全世界都通用的包等。换句话说，它们在消费者心中都有着良好的企业形象。

4. 顾客满意策划

顾客满意策划与企业形象策划的区别在于，企业形象策划是从企业本身出发，通过塑造良好的企业形象来吸引顾客，这是一种由内向外的思维方式，追求的是企业的外在美；而顾客满意策划是直接从顾客的需要出发，以提高顾客满意度为目的，这是一种由外向内的思维方式，是追求企业的心灵美（内在美）。

顾客满意策划的基本指导思想是，企业的整个经营活动要以顾客满意度为指针，要从顾客的角度、用顾客的观点而非企业自身的利益和观点来分析考虑消费者的需求。顾客满意包括五个部分：理念满意、行为满意、视听满意、产品满意和服务满意。例如，为加强与顾客的沟通，美国诺顿百货公司的每位店员都有个人笔记本，记录每个顾客的基本情况：姓名、地址、尺寸、喜爱颜色、偏好以及家人的生日。

二、市场营销战术策划

市场营销战术策划的主要内容是 20 世纪 60 年代麦卡锡提出的 4Ps 市场营销组合，包括产品（product）、价格（price）、渠道（place）、促销（promotion）。市场营销手段有两个重点，一是对各种市场营销手段能够根据市场定位战略的要求，形成浑然一体的市场营销组合；二是依据市场营销组合的要求，对各种市场营销手段进行分别策划，使它们能够适应目标市场及其需求的特点。

1. 产品策划

企业要靠产品去满足消费者和用户的需要和欲望，占领市场。产品策划是指企业从产品开发、上市、销售至报废的全过程的活动及方案。其过程和内容应包括产品创意、可行性评价、产品开发设计、产品营销设计、产品目标等方面的策划。

2. 价格策划

价格是市场营销组合中最重要的因素之一，是企业完成其市场营销目标的有效工具。价格策划就是企业产品在进入市场过程中如何利用价格因素来争取进入目标市场，进而渗透甚至占领目标市场，以及为达到营销目标而制订相应的价格策略的一系列活动及方案、措施。

3. 分销策划

产品要经过一定的方式、方法和路线才能进入消费者和用户手中，分销便是企业使其产品由生产地点向销售地点运动的过程。在这个过程中，企业要进行一系列活动策划。企业分销策划要根据自身的实力以及所处环境来决定。

4. 促销策划

促销策划是市场营销战术策划中不可或缺的重要一环，目的是通过一定的促销手段促进产品销售。

三、市场营销创新策划

创新一词的意思是更新、改变或制造新的东西。营销创新策划是指企业用新观念、新技术、新方法对企业营销活动（目标市场、定位、产品、价格、分销、促销等某一方面）的战略与策略组合进行重新设计、选择、实施与评价，以促进企业市场竞争能力不断提高的方案与措施。

1. 知识营销策划

知识营销策划是以创新产品为对象，以知识、技术为媒体的营销理念和方式，以产品的科技创新和创新产品的知识促销、知识服务为突破口，从而培育和创造出一个崭新的市场体系。企业若想在“知识营销”中抢占制高点，其策划必须做到以下四个方面。

（1）营销产品知识化　人们日益崇尚知识，一切以知识为中心。因此，企业在知识营销策划中首要的应该是一个知识型产业的设计、创造。

（2）营销个性化　企业针对消费者或用户的个性特点和特殊偏好，策划出特殊的“产品”及服务以满足其需要。这是顺应消费潮流的趋势，在消费者日益注重显示个性魅力、实现自我价值的发展中产生的。

（3）营销网络化　企业充分利用现代网络所提供的高效便捷手段，建立企业内部管理网络和外部营销网络。企业直接面对消费者，策划“零库存流通”、“外订内制”等现代营销活动。

（4）营销行为持续化　企业用可持续发展眼光，在营销的每个环节输入环保意识，使企业营销活动策划建立在满足需求、社会进步和环境保护有机统一的基础上，实现企业的可持续发展。

2. 关系营销策划

关系营销策划的核心在于发展消费者与产品及服务间的连续性的关系，正确处理企业与消费者、竞争者、供应商、经销商、政府机构、社区及其他公众之间的相互关系。策划者的任务就是将产品的个性和价值转化为一种概念，这是关系营销策划中最本质的东西。例如，橙汁在品质上与椰子汁差不多，但在消费者看来，椰子汁比橙汁好喝。因为消费者认为椰子是天然的，而橙汁是用果料加工的。为此，在策划中只要对橙汁产品概念改变一下，消费者的观念就会发生变化。

3. 网络营销策划

互联网的发展在短期内迅速膨胀，几乎无所不在，已经成为继报纸、杂志、电台、电视之后的第五大媒体，几乎渗入了人们的全部生活。而网络营销也成了全球经济不可回避的一个商业主题，它所带来的不仅仅是一项技术，更多的还是对企业经营的深远影响。

网络营销是借助国际互联网威力来实现营销目标。网络营销的实质是以计算机互联网技术为基础，通过与顾客在网上直接接触的方式，向顾客提供产品及服务的营销活动。

4. 整合营销策划

整合营销策划的中心思想是，通过企业与消费者的沟通以满足消费者需要的价值为取向，确定企业统一的促销策略，协调使用各种不同的传播手段，发挥不同传播工具的优势，从而使企业的促销宣传实现低成本化与高强冲击力的要求，形成促销高潮。

整合营销策划围绕基本促销目标，将一切促销与活动一体化，打一场总体战，将广告、有冲击力的社会公关活动、现场促销与直销、产品与包装等一切消费者能够感受到的手段整合为一体，使企业的价值形象与信息以最快的时间传达给消费者。

子任务三 市场营销策划的一般流程

市场营销策划的一般流程是指企业营销策划工作一般必须经过的基本步骤。营销策划应是科学、规范、系统的策划，其科学性、规范性、系统性主要通过完整的、有序的程序来实现。

市场营销策划的流程包括以下六个步骤，如图 9-1 所示。

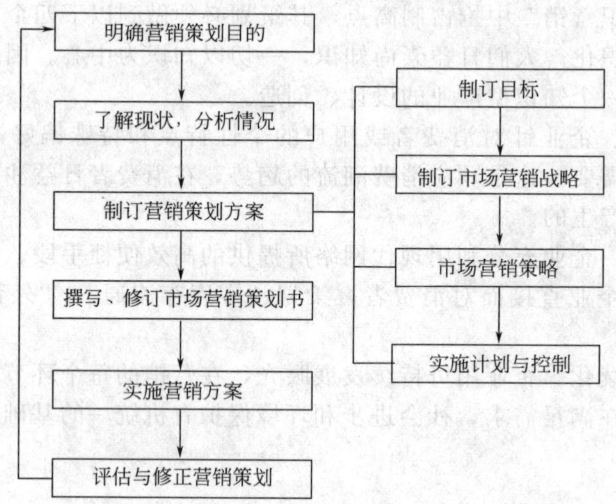

图 9-1 市场营销策划的流程

一、明确营销策划目的

市场营销策划是一个目的性很强的活动，任何一个营销策划方案的产生，都是针对企业的某个经营问题或是针对某个特定的目标。策划者在进行策划时首先要明确解决什么问题，即明确策划的目的，以便使策划做到有的放矢。因此，明确策划目的是市场营销策划的起点。

在实际策划中，有些情况下问题是很明确的，但有时问题却并不明确，这时就需要策划者自己按照科学的方法去界定问题。界定问题的程序是：

① 在对内部条件、营销目标、市场需要、外部环境分析的基础上，框定问题区域；

② 分析客观现状；

③ 确定合理期望；

④ 解析存在的偏差；

⑤ 描述求解的问题。

二、了解现状，分析情况

1. 了解现状是营销策划的基础。

只有充分掌握了企业、产品的情况，才能为后面的策划打下基础。不仅包括对市场情况、消费者需求进行深入调查，还包括对竞争产品以及经销商情况的了解。一般包括以下几点。

（1）市场形势了解　指对不同地区的销售状况、购买动态以及可能达到的市场空间进行了解。

（2）产品情况了解　指对原来产品资料进行了解。找出其不足和有待加强、改进的地方。

（3）竞争形势了解　对竞争者的情况要有一个全方位的了解，包括其产品的市场占有率、采取的营销战略等方面。

（4）分销情况了解　对各地经销商的情况及变化趋势要进行适时调查，了解他们的需求。

（5）宏观环境了解　要对整个社会大环境有所了解和把握，从中找出对自己有利的切入点。

了解现状的主要手段是市场调研、查阅文件和进行访谈。

2. 分析情况是营销策划的前奏

一个好的营销策划必须对市场、竞争对手、行业动态有一个较为客观的分析，分析情况是一次去粗取精、去伪存真的过程，使用SWOT分析法帮助企业认清形势。

（1）机会与风险的分析　分析市场上该产品可能受到的冲击，寻找市场上的机会和“空档”。

（2）优势与弱点分析　认清该企业的弱项和强项，同时尽可能充分发挥其优势，改正或弱化其不足。

（3）结果总结　通过对整个市场综合情况的全盘考虑和各种分析，为制订应当采用的营销目标、营销战略和措施等打好基础。

三、制订营销策划方案

营销活动的开展从目标上到协调上需要制订一个统筹兼顾的方案，要求目标明确，同时要有各种营销策略的协调和照应，最后将策略进一步转化为具体、明确的实施计划以及控制措施。

1. 制订目标

能否制订一个切合实际的目标是营销策划的关键。企业要将自己的产品或品牌打出去，必须有自己得力的措施，制订切实可行的计划和目标，这个目标包括两个方面：企业整体目标和营销目标。

（1）企业整体目标　企业整体目标是指企业作为一个利益共同体的目标，它往往具体化为若干具体目标组成的目标体系。

（2）营销目标　营销目标是指通过营销策划的实施，希望达到的销售收入及预期的利润率和产品在市场上的占有率等。例如，提高第三季度营业额50万，减少40%库存量等。目标不明确，策划对象就会很模糊，就不易制订策划方案。

2. 制订市场营销战略

必须围绕已制订的目标进行统筹安排，结合自身特点，对企业的市场进行细分，确定企业的目标市场和为企业或产品进行市场定位。营销战略具有长期性、系统性和稳定性的特点。

3. 市场营销策略

在市场营销战略方针的指导下，把市场营销战略进行分解和细化，即成为营销策略。市场营销策略就是对企业产品进行准确的定位，找出其卖点，并确定其产品策略、价格策略、分销策略和促销策略。

4. 实施计划与控制

实施计划是实现市场营销策略的重要保证。在制订了市场营销策略后，还要把策略转化成具体、明确的实施计划，实施计划包括营销组织机构建立、营销活动程序安排、营销预算等。

设计、实施计划和控制措施的目的是便于操作时对计划的执行过程、进度进行管理，并事先充分考虑到可能出现的各种困难，防患于未然。可以扼要地列举出最有可能发生的某些不利情况，指出有关部门、人员应当采取的对策。

四、撰写市场营销策划书

营销策划书是营销策划方案的书面反映，其主体部分包括现状或背景介绍、分析、目标、战略、战术或行动方案、效益预测、控制和应急措施。各部分的内容可因具体要求不同而详细程度不一。

营销策划书的作用有：一方面它能较好地将策划人的创意与主张完整、系统、有条理地表达出来；另一方面，企业决策者或决策团队只有对书面化、系统化、条理化、方案化、具体化的策划书进行深入研究与分析，才能正确评估营销方案的价值与预期效果，决定是否采纳与接受。

五、实施营销方案

实施营销方案是指将营销策划方案转化为行动和任务的部署过程，并保证这种过程顺利完成，以实现营销策划所制订的目标。为此，企业营销管理部门必须根据策划的要求，分配企业的人、财、物等各种资源，处理好企业内外的各种关系，加强领导、激励与控制，提高执行力，把营销策略落实到实处，达到营销目标。

六、评估与修正营销策划

企业在评价营销策划效果时必须考虑到三个层面：一是企业计划期的直接营销利润；二是未来一定时期企业形象的增值，即通过优质服务、让利和承担社会义务来提高企业的形象；三是探索和积累营销经验，造就一支高素质的营销人才队伍，建立完善有效的营销网络体系。

这些营销目标都是营销者必须考虑的，也是企业在营销策划执行过程中必须重视的。企业在追求经济利益的同时往往忽略了社会效益，原有的整体目标因为执行过程中受利益的驱动而有所偏颇，这就需要企业在评估执行效果时注重对整体效益的评价。在营销策划效果评估时，既要突出以较少的营销投入获得较大的营销利润，又要兼顾企业无形资产的增值和营销队伍素质的提高。

除此之外，对于营销策划人员来说，营销策划实施得到结果后并不表明策划的结束。结果出来时，营销策划者还必须对营销策划结果和经过，做充分的分析、检讨，从中找出经验、问题和教训来，并将其有效地反映在下一次营销策划中。

子任务四　市场营销策划书的设计与撰写

一、营销策划书的结构与内容

策划书没有一成不变的格式，它依据产品或营销活动的不同要求，在策划的内容与编制格式上也有变化。但是，从营销策划活动一般规律来看，其中有些要素是共同的。营销策划书的基本结构一般可分为以下十项，如表 9-2 所示。

表 9-2　营销策划书的结构与内容

封面		策划书的名称、被策划客户、策划机构或策划人的名称、策划完成日期及本策划适用时间段、策划书的密级及编号
前言		接受委托的情况、本次策划的重要性与必要性、策划的概况，即策划的过程及达到的目的
目录		策划内容标题及页码
概要提示		策划内容的要点
正文	营销策划的目的	围绕营销目标分解出若干个特定的子目标
	环境分析	宏观环境分析：政治、经济、文化、法律、科技等
		产品分析：分析本产品的优势、劣势，在同类产品中的竞争力，在消费者心目中的地位，在市场上的销售力等
		竞争者分析：竞争产品的优势、劣势，竞争产品营销状况，竞争企业整体情况等
		消费者分析
	SWOT 分析：市场机会与问题分析	营销现状分析
		市场机会分析
	确定具体方案	市场定位
		4Ps 组合
预算		包括总费用、阶段费用、项目费用等，其原则是以较少投入获得最优效果
进度表		把策划活动起止全部过程拟成时间表，具体到何日何时要做什么都标注清楚，作为策划进行过程中控制与检查的依据
人员分配及场地		应说明具体营销策划活动中各个人员负责的具体事项及所需物品和场地的落实情况
结束语		主要起到与前言的呼应作用，使策划书有一个圆满的结束，不致使人感到太突然
附录		作用在于提供策划客观性的证明。要标明顺序，以便阅读者查找

（一）封面

封面一般由策划书的名称、策划单位、日期、编号等内容组成。封面是一份策划书的“脸面”，决不能小视，尤其是策划名称（也叫标题、题目），必须注意简单明确、立意新颖、画龙点睛、富有魅力。

“起名”是国外策划公司的一项重要业务，要尽量避免一般化，同时名副其实。如深圳华为公司做的企业文化策划起名为“华为基本法”，山东绿源集团做的提升企业核心竞争力的全面策划命名为“跨越巅峰工程”。当然，策划名称要名副其实，不能金玉其外，败絮其中。策划名称一定要与策划书的主题相吻合，用词要言简意赅、一目了然，也要具有鲜明的倾向性，代表策划的主要意图。一般策划名称有一个新颖响亮的主标题，还有一个起解释说明作用的副标题。

（二）前言

前言又可称为导言，是策划案的开头部分，主要描述策划项目的来龙去脉、背景资料、策划团队的介绍、策划书内容的概括等，一般要简明扼要，让人一目了然。其内容包括：

（1）策划专题　介绍专题的由来、背景及其意义；

（2）指导思想　明确策划的理论依据、行为动力、基本要求和最终目标；

（3）重点、难点与关键　重点是指策划操作中需解决的主要问题；难点是指策划过程中可能出现的困难与障碍；关键是指对策划最为紧要并起决定作用的因素。总的要求是：突出重点，明确难点，抓准关键。

（三）目录

目录的作用是使营销策划书的结构一目了然，同时也使阅读者能方便地查寻营销策划书的内容。因此，策划书中的目录不宜省略。

如果营销策划书的内容篇幅不是很多的话，目录可以和前言同列一页。列目录时要注意的是：目录中所标的页码不能和正文的页码有出入，否则会增加阅读者的麻烦。

因此，尽管目录位于策划书中的前列，但实际的操作往往是等策划书全部完成后，再根据策划书的内容与页码来编写目录的。

（四）概要提示

为了使阅读者对营销策划内容有一个非常清晰的概念，使阅读者立刻对策划者的意图与观点予以理解，作为总结性的概要提示是必不可少的。换句话说，阅读者通过概要提示，可以大致理解策划内容的要点。

概要提示的撰写同样要求简明扼要，篇幅不能过长，可以控制在一页以内。另外，概要提示不是简单地把策划内容予以列举，而是要单独成一个系统，因此，遣词造句等都要仔细斟酌，要起到一滴水见大海的效果。

概要提示的撰写一般有两种方法，即在制作营销策划书正文前事先确定和在营销策划书正文结束后事后确定。这两种方法各有利弊，一般来说，前者可以使策划内容的正文撰写有条不紊地进行，从而能有效地防止正文撰写的离题或无中心化；后者简单易行，只要把策划书内容归纳提炼就行。采用哪一种方法可由撰写者根据自己的情况来定。

（五）正文

正文是营销策划书中最重要的部分，具体包括以下几方面内容。

1. 营销策划的目的

营销策划目的部分主要是对本次营销策划所要实现的目标进行全面描述，它是本次营销策划活动的原因和动力。这一部分使整个方案的目标方向非常明确、突出。

2. 环境分析

这是营销策划的依据与基础，所有营销策划都是以环境分析为出发点。环境分析一般应在外部环境与内部环境中抓重点，描绘出环境变化的轨迹，形成令人信服的依据资料。其主要包括以下内容。

（1）宏观环境分析 着重对与本次营销活动相关的宏观环境进行分析，包括政治、经济、文化、法律、科技等。

（2）产品分析 主要分析本产品的优势、劣势，在同类产品中的竞争力，在消费者心目中的地位，在市场上的销售力等。

（3）竞争者分析 分析本企业主要竞争者的有关情况，包括竞争产品的优势、劣势，竞争产品营销状况、竞争企业整体情况等。

（4）消费者分析 对产品消费对象的年龄、性别、职业、消费习惯、文化层次等进行分析。

环境分析的整理要点是明了性和准确性。所谓明了性是指列举的数据和事实要有条理，使人能抓住重点。在具体做环境分析时，往往要收集大量的资料，但所收集的资料并不一定都要放到策划书的环境分析中去，因为过于庞大复杂的资料往往会减弱阅读者的阅读兴趣。如果确需列入大量资料，可以用“参考资料”的名义列在最后的附录里。因此，做到分析的明了性是策划者必须牢记的一个原则。

所谓准确性是指分析要符合客观实际，不能有太多的主观臆断。任何一个带有结论性的说明或观点都必须建立在客观事实基础上，这也是衡量策划者水平高低的标准之一。

3. SWOT 分析

SWOT 分析即对企业的优势、劣势、外部环境的机会、威胁的全面分析评估，然后找出企业存在的真正问题与潜力，为后面的方案制订打下基础。企业的机会与威胁一般通过外部环境的分析来把握；企业的优势与劣势一般通过内部环境的分析来把握。在确定了机会与威胁、优势与劣势之后，再根据对市场运动轨迹的预测，就可以大致找到企业问题所在了。

4. 确定具体方案

这是策划书中的最主要部分。在撰写这部分内容时，必须能熟练运用市场定位和 4Ps 组合，并清楚地提出营销目标、营销战略与具体行动方案。这里可以用医生为病人诊断的例子来说明。医生在询问病情、查看脸色、把脉以及各种常规检查后（这可以看作是进行环境分析和机会分析），必须对病人提出治疗的方案。医生要根据病人的具体情况为其设定理想的健康目标（如同营销目标）、依据健康目标制订具体的治疗方案（如同营销战略与行动方案）。因此，“对症下药”及“因人制宜”是治疗的基本原则。所谓“因人制宜”是指要根据病人的健康状况即承受能力下药，药下得太猛，病人承受不了，则适得其反。

在制订营销战略及行动方案时，同样要遵循上述两个基本原则。常言道：“欲速则不达。”在这里特别要注意的是避免人为提高营销目标以及制订脱离实际难以施行的行动方案。可操作性是衡量此部分内容的主要标准。

在制订营销方案的同时，还必须制订出一个时间表作为补充，以使行动方案更具可操作性。此举还可提高策划的可信度。

（六）预算

这一部分记载的是整个营销方案推进过程中的费用投入，包括营销过程中的总费用、阶段费用、项目费用等，其原则是以较少投入获得最优效果。用列表的方法标出营销费用也是经常被运用的，其优点是醒目易读。

（七）进度表

把策划活动起止全部过程拟成时间表，具体到何日何时要做什么都标注清楚。进度表应尽量简化。

(八) 人员分配及场地

此项内容应说明具体营销策划活动中每个人员负责的具体事项、所需物品和场地的落实情况。

(九) 结束语

结束语在整个策划书中不是必备项，它主要起到与前言的呼应作用，使策划书有一个圆满的结束，而不致使人感到太突然。结束语中再重复一下主要观点并突出要点也是比较常见的。

(十) 附录

附录的作用在于提供策划客观性的证明。因此，凡是有助于阅读者对策划内容的理解、信任的资料都可以考虑列入附录。但是，为了突出重点，可列可不列的资料还是不列为宜。作为附录的另一种形式是提供原始资料，如消费者问卷的样本、座谈会原始照片等图像资料等。作为附录也要标明顺序，以便寻找。

二、营销策划书的写作技巧

营销策划书对可信性和可操作性以及说服力的要求特别高。因此，适当运用写作技巧提高上述两个“性”一个“力”就成为撰写策划书追求的目标。

1. 寻找一定的理论依据

要提高策划内容的可信性并使阅读者接受，就必须为策划者的观点寻找理论依据。但是，理论依据要有对应关系，纯粹的理论堆砌不仅不能提高可信性，反而会给人脱离实际的感觉。

2. 适当举例

指通过正反两方面的例子来证明自己的观点。在策划报告书中加入适当的成功与失败的例子，既能起调整结构的作用，又能增强说服力，可谓一举两得。

3. 利用数字说明问题

策划报告书是一份指导企业实践的文件，其可靠程度如何是决策者首先要考虑的。报告书的内容不能留下查无凭据的漏洞，任何一个论点最好都有依据，而数字就是最好的依据。要注意的是，各种数字最好都有出处以证明其可靠性。

4. 运用图表帮助理解

运用图表能有助于阅读者理解策划的内容，同时图表还能提高页面的美观性。图表的主要优点在于有强烈的直观效果。因此，用图表进行比较分析、概括归纳、辅助说明等非常有效。图表的另一优点是能调节阅读者的情绪，有利于阅读者对策划书的深刻理解。

5. 合理利用版面安排

策划书视觉效果的优劣在一定程度上影响着策划效果的发挥。有效利用版面安排也是撰写策划书的技巧之一。

版面安排包括打印的字体、字号大小、字与字的空隙、行与行的间隔、黑体字的采用以及插图和颜色等。如果整篇策划书的字体、字号完全一样，没有层次之分，那么这份策划书就会显得呆板，缺少生气。总之，通过版面安排可以使重点突出、层次分明、严谨而不失活泼。

6. 注意细节，消灭差错

这一点对于策划报告书来说十分重要，对打印好的策划书要反复仔细检查，不允许有任何差错出现，对企业的名称、专业术语等更应仔细检查。

实训实践

一、收集某一企业营销策划书，分析其结构特点。

二、假定学校附近一家超市准备开业了，以小组为单位，帮超市设计一个开业营销活动，并制作一份营销策划书。

分析思考

1. 什么是市场营销策划?
2. 市场营销策划的一般程序是什么?
3. 市场营销策划书由哪些方面构成? 有哪些撰写技巧?

【范例】

万科金域蓝湾房地产营销策划书

前言

万科金域蓝湾，位于北翼新城核心区北大街与永怡路交汇处，是中国房地产第一品牌——万科，进驻南通的首个标杆项目，项目占地约10万米^2，总建筑面积约22万米^2，其中住宅建筑面积约15万米^2，是集住宅、公寓、商业为一体新一代城市综合体。项目采用Artdeco经典外立面，东南亚风情园林，引入万科低碳节能技术和全面家居解决方案，以万科金色系列的最高标准，倾力打造22万米^{2}高端生活住区，给通城人民带来全新的人居体验。

正文

1 市场环境分析

1.1 整体概括

北翼新城之核心，南通未来之浦东：北翼新城作为南通政府“十二五”规划的重点区域，是南通城市外扩的第一站，随着北大街等商业及医疗、教育、交通等相关配套不断完善，万科等品牌房企的先后入驻，未来前景不可估量。

1.2 区域房地产市场分析

港闸区位于我国首批对外开放的十四个沿海港口城市之一——南通市城区西北翼，南枕长江，与上海、苏州隔江相望，北临广袤的苏北平原，是南通市区以工业为主、现代服务业为辅、城市居住相配套的重要组团，经过近年来的大力发展，港闸区在时空上实现与上海及国际全方位接轨、融合，与外界的沟通联系更加便捷，成为世界第六大经济中心上海都市圈内独具吸引力的现代工业区。

2 策划对象特性分析

2.1 项目概况

(1) 项目名称：万科金域蓝湾。

(2) 项目规模：9～26层的小高层和高层，目前有A区、B区。

(3) 项目宅户户型：95米^{2}创新三房，105米^{2}标准三房，135米^{2}豪华三房。

2.2 技术资料

建筑面积：<218650 米^2　　项目总占地面积：99910.14 米^2

容积率：≤2.19　　绿化率：≥37.8%

车位：0.7/户（机动车位 700 个，其中地上停车 69 辆，地下停车 631 辆）

物业公司：万科物业　　土地年限：70 年　　装修：精装修

2.3 周边配套设施

教育：北城小学（规划）、十里坊小学、北城中学、闸东幼儿园

医疗：国际私立医院（规划）、第六人民医院

商业：北大街商圈、五星级酒店、鸿鸣摩尔购物中心、美食城、华强电子数码广场等

娱乐：方特游乐场等

交通：32 路公交，44 路公交，火车站，汽车站

物业：万科物业

3 竞争状况分析

竞争楼盘基本情况

楼盘一：国基·桂花小镇

物业类别：住宅项目，特色宜居生态地产，公园地产

建筑类别：高层，小高层　　项目状态：在售

占地面积：55411 米^2　　建筑面积：110000 米^2

所属区域：港闸区　　容积率：1.96　　绿化率：40%

开发商：南通国基沃华置业有限公司

项目地址：港闸区工农北路 51 号（二号桥北 500 米）

楼盘二：绿洲国际

占地面积：35215 米^2　　建筑面积：97462 米^2

容积率：2.77　　绿化率：40%

停车位：405 个机动车位　　所属商圈：城北

交通状况：32 路、44 路在长华路口北下车；驾车沿钟秀路到北城大桥往北直走即到

楼盘三：苏建阳光新城（略）

楼盘四：金海岸（略）

楼盘五：华强城（略）

4 项目 SWOT 分析

4.1 优势（S）

（1）地段升值潜力大：北翼新城之核心，南通未来之浦东：北翼新城作为南通政府“十二五”规划的重点区域，是南通城市外扩的第一站，随着北大街等商业及医疗、教育、交通等相关配套不断完善，万科等品牌房企的先后入驻，未来前景不可估量。

（2）户型设计合理：房型布局紧凑灵活，实得面积大，户型周正，采光、通风条件好，厅室、厨卫、阳台等配套功能布局合理，动静分明，私密性良好。

（3）逐渐形成了一个成熟的社区生活圈，公共设施齐全，基础设施建设日趋完善。

周边配套设施齐全。

教育：北城小学（规划）、十里坊小学、北城中学、闸东幼儿园

医疗：国际私立医院（规划）、第六人民医院

商业：北大街商圈、五星级酒店、鸿鸣摩尔购物中心、美食城等

娱乐：方特游乐场等

交通：32 路公交，44 路公交，火车站，汽车站

(4) 投资回报率高；随着商业气息日渐浓厚，北翼新城升值潜力看好，投资回报率一路高扬。

4.2 劣势 (W)

(1) 地块小，难以形成规模，内部景观建设受到一定的影响。

(2) 容积率的限制，影响住户的居住档次。

(3) 受国家金融政策的调整，利率调高，将一定程度上影响住房销售。

4.3 机会 (O)

(1) 北大街与永怡路交汇处，北大街商圈、五星级酒店、鸿鸣摩尔购物中心、美食城、华强电子数码广场等，在未来的一两年后将会是南通市的又一大商业圈，升值潜力大。

(2) 房地产产业仍处于上升阶段，尤其是小户型的发展存在较大的市场空间，市场需求量大。

4.4 威胁 (T)

(1) 周边小区较多，房价差价不大。

(2) 国家宏观调控形势不明朗，导致整个市场前景模糊。

5 项目综合定位

5.1 市场定位

万科金域蓝湾附近的楼盘唯一与之媲美的就是国基桂花小镇，无论是在价格或者绿化。所以我们结合市场情况和自身品牌特点，以及我们的金色主题——“花开蓝湾，成熟绽放”和有保证的楼盘质量，充分迎合市场，占领市场，成为地产界最大的焦点。

5.2 项目形象定位

在项目形象定位上应扬长避短，抓住市民向往环境好的绿化小区的心态，带给客户一种“既享有成熟小区环境，又坐拥未来新城中心”的双重“抵买”价值。使项目从低沉的环境气氛中摆脱出来，从而体现项目内外环境的优越。

5.3 目标客户

根据社会、人口等发展趋势和特点，万科将所服务的客户分为五大类。

分 类	数 据	分 类	数 据
富贵之家	9%	望子成龙	31%
健康养老	6%	务实之家	25%
社会新锐	29%		

5.4 目标市场细分

5.4.1 购买阶层

5.4.2 年龄层次

5.4.3 家庭结构

6 项目营销策略

6.1 现场包装策略

6.1.1 工地现场包装

6.1.2 样板房包装

6.1.3　售楼处包装

6.2　广告推广策略

6.2.1　广告推广整体思路

◆形象建立期：采用户外、工地围墙、报纸、短信、网络等集中轰炸的方式，快速建立项目时尚、高雅形象，引发购买冲动。

◆市场预热期：由虚转实，对万科金域蓝湾的配套及项目卖点进行市场宣泄，加强目标客户群对项目的认知与购买信心。

◆强销期：深入地进行项目与产品的卖点挖掘，对卖点进行局部描写和细部放大展示，进一步刺激客户购买欲望和信心。

◆持销期：进行企业品牌和项目品牌推广，结合物业管理以及项目所倡导的生活方式展示，促进客户之间的口碑传播，多重刺激引发客户的强烈购买冲动。

◆尾盘期：宣传上强调项目处于城市中心，该地段小户型产品的稀缺性以及项目的投资增值潜力，结合一定的促销手段加以清盘。

6.2.2 不同销售阶段的媒体组合策略

(1) 各媒体优缺点分析

媒体种类	优　点	缺　点
报纸	灵活及时，时效性强，市场覆盖面大，传播范围广，受众面广，广告停留时间较长，信息清楚，可信性高	过于昂贵，保存性差
户外	较为醒目，竞争少，驻留时间长，效用持久，费用中等	受众可选性差，有区域性限制，具广告创造性限制，主要是起提示作用
网络	相对费用低，信息载量大，灵活性强，交互性强	受众面狭窄(以白领族为主)
电台	费用较低，传播面广，信息频率高	信息保存性差，信息驻留时间短
手机短信	费用低，受众面广，受众可选择性强	信息保存性差
车体	覆盖面广，信息驻留时间长	受众可选性差，承载信息量小
杂志	费用低，信息清楚，驻留时间长	市场覆盖面窄、受众有限

(2) 不同销售阶段，媒体的具体组合

销售阶段	主要传播媒体	销售阶段	主要传播媒体
形象期	户外、报纸、杂志、网络	持销期	网络、电台、报纸
预热期	户外、报纸、网络、电台、短信	尾盘期	网络、短信
强销期	报纸、网络、电台、短信、户外		

6.2.3　不同销售阶段的媒体策略

户外策略：在各阶段都是主要担负建立本项目时尚、高雅形象宣传目的；在开盘节点或其他重大节点前进行更换，传递开盘等重大信息，开盘一周后重新回到形象广告上。

报纸策略：在形象建立期以建立项目时尚、高雅形象为主要目的，同时配合项目活动信息传递；在预热期，主要以传播项目卖点为主；同时配合项目开盘等重大信息传递；强销期主要进行深挖的项目卖点传播，同时配合活动需求，传递信息；持销期对项目品牌、物业管理等进行传播。

网络：在各阶段，网络平面广告以传播项目形象和活动信息为主；网络文章以项目整体介绍、卖点展示及活动内容具体播报为主。

短信：项目开盘时以“样板房开放暨时尚 T 台秀”、“不同的角度青春摄影展”等系列活动和促销活动信息传播为主。

电台：不同阶段以项目形象信息、项目卖点信息和活动信息传递为主。

7　费用预算（略）

任务十

营销展望

技术技能目标

1. 学会运用 4Rs 理念规划营销活动
2. 会用关系营销的模式分析问题
3. 运用绿色营销理念重新思考产品生产流程
4. 学会使用最新营销模式策划产品销售活动

知识经验要点

1. 理解新营销理念的含义
2. 掌握关系营销的实施方法
3. 熟悉精准营销的常用方法
4. 掌握电话营销的技巧
5. 明确服务营销的原则
6. 分析直复营销的社会道德问题
7. 掌握数据库营销的规划与实施

教学重点：

1. 营销理念转变趋势
2. 各营销理念实施的方法

导入案例

交通银行信用卡推出“亲友推荐活动”

具体的问题成千上万，不过绝大多数可以归结为如下一句话：怎样才能赢？

——杰克·韦尔奇

目前，信用卡作为个人金融产品已在全国大中小城市普及。多数持卡人手中持有两张及以上的信用卡，人手一卡、人手多卡的现象早已成为都市人的习惯，同时，受国际金融危机的影响，各发卡行逐步收紧风险政策，卡片的批核率较往年都有不同程度的下降。在双重压力下，信用卡直销举步维艰，办卡送礼品已越来越无法满足消费者的胃口。

如何找到营销的突破口，由单纯当街吆喝转向客户自主自愿办卡，并提升持卡人的忠诚度？交通银行的“亲友推荐活动”经典阐释了信用卡口碑营销的新模式。

交通银行“亲友推荐活动”时间周期为 8 个月，交行携手上海大众推出了“推朋荐友你最牛，斯柯达晶锐赢回家”亲友推荐活动。参与对象为交通银行精选的优质持卡人，交通银行通过直邮、短信等渠道邀请这些持卡人参与活动，寄望这些优质持卡人能将其良好的用卡体验与其周围亲友分享，并推荐同城亲友办卡，活动周期内推荐亲友最多的那一位持卡人，将获赠价值 8 万多元的全新斯柯达晶锐轿车一辆，被推荐者同样可以获得礼品。这是精准营销和关系营销相结合的一种营销模式，在发达国家信用卡市场中已有相当成熟的运用，但像推荐赢车如此大手笔的推出，在国内银行中尚属首次。由于其活动参与范围广、持续时间长、奖励丰厚，此次活动成为交通银行信用卡持卡人传递良好用卡体验、享受丰厚礼遇的盛宴，对带动信用卡消费，从而进一步拉动内需起到积极作用。

思考：交通银行信用卡推出的“亲友推荐活动”采用了什么营销手段？这种营销手段与传统营销方式的不同之处在哪儿？

子任务一　市场营销观念的演变

当今世界经济正以势不可挡的趋势朝着全球市场一体化、企业生存数字化、商业竞争国际化的方向发展，以互联网、知识经济、高新技术为代表，以满足消费者的需求为核心的营销手段迅速发展。

一、4Cs 理论取代 4Ps

如今，随着市场竞争日趋激烈，媒介传播速度越来越快，以 4Ps 理论来指导企业营销实践已经“到了极限”，4Ps 理论越来越受到挑战。到 20 世纪 80 年代，美国学者劳特朋针对 4Ps 存在的问题，提了 4Cs 营销理论。

(1) 瞄准消费者需求（consumer wants and needs，图 10-1） 要了解、研究、分析消费者的需求与欲望，而不是先考虑企业能生产什么产品。

(2) 消费者所愿意付出的成本（cost） 要了解消费者满足需求与欲望愿意付出多少钱（成本），而不是先给产品定价，即向消费者要多少钱。

(3) 消费者的便利性（convenience） 考虑顾客购物等交易过程如何给顾客方便，而不

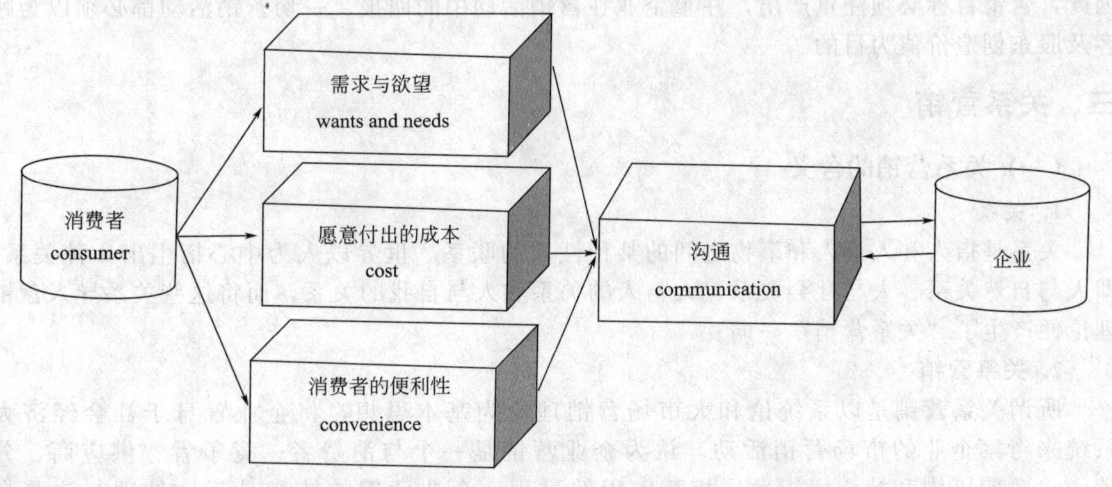

图 10-1　4Cs 营销理论的框架

是先考虑销售渠道的选择和策略。

(4) 与消费者沟通 (communication) 以消费者为中心实施营销沟通是十分重要的，通过互动、沟通等方式，将企业内外营销不断进行整合，把顾客和企业双方的利益有机地整合在一起。

二、市场营销理念的最新发展 4Rs

4Cs 营销理论注重以消费者需求为导向，与以市场导向的 4Ps 相比，4Cs 有了很大的进步和发展，但从企业的市场营销实践和市场发展趋势看，4Cs 依然存在不足。针对这一问题，近来，又一美国学者道尼·修鲁兹提出了 4Rs（关联、反应、关系、回报）营销新理念，阐述了一个全新的市场营销四要素。

(1) 与顾客建立关联 (relevancy)

在竞争性市场中，顾客具有动态性。顾客忠诚度是变化的，他们会转移到其他企业。要提高顾客的忠诚度，赢得长期而稳定的市场，重要的营销策略是通过某些有效的方式在业务、需求等方面与顾客建立关联，形成一种互助、互求、互需的关系，把顾客与企业联系在一起，这样就大大减少了顾客流失的可能性。特别是企业对企业的营销与消费市场营销完全不同，更需要靠关联、关系来维系。

(2) 提高市场反应 (response) 速度

在当前相互影响的市场中，对经营者来说最现实的问题不在于如何控制、制订和实施计划，而在于如何站在顾客的角度及时地倾听顾客的希望、渴望和需求，并及时答复和迅速作出反应，满足顾客的需求。这是一种企业、顾客双赢的做法。目前，多数企业大多倾向于说给顾客，而不是听顾客说，反应迟钝，这是不利于市场发展的。

(3) 关系 (relation) 营销越来越重要了

在企业与顾客的关系发生了本质性变化的市场环境中，抢占市场的关键已转变为与顾客建立长期稳固的关系，即从交易变成责任，从一般顾客变成忠诚顾客，从管理营销组合变成管理和顾客的互动关系。

(4) 回报 (return) 是营销的源泉

对企业来说，市场营销的真正价值在于为企业带来短期或长期的收入和利润的能力。回报是维持市场关系的必要条件。企业满足客户需求，为客户提供价值，但不能做“仆人”。因此，营销目标必须注重产出，注重企业在营销活动中的回报。一切营销活动都必须以为顾客及股东创造价值为目的。

三、关系营销

(一) 关系营销的含义

1. 关系

关系是指人和人或人和事物之间的某种性质的联系。世界以人为中心衍生出 4 种关系，即人与自然关系、人与社会关系、人与人的关系和人与自我的关系，而将这些关系导入营销理论便产生了“关系营销”一词。

2. 关系营销

所谓关系营销是以系统论和大市场营销理论为基本思想，将企业置身于社会经济大系统来考察企业的市场营销活动，认为企业营销是一个与消费者、竞争者、供应商、分销商、政府机构和社会组织发生相互作用的过程。企业营销的核心是正确处理与这些个人和组织的关系，将建立和发展同相关个人和组织的良好关系作为企业市场营销成功与否的关键因素。

关系营销是一种引申和创新，它具有双向沟通，协同合作、互惠互利和控制反馈的本质特征，其着眼点就是赢得客户和拥有客户，并与服务、质量和营销相呼应，这样关系营销就以市场营销为导向，把服务与质量有机地结合起来，成为买卖双方创造更为亲密的互相依赖、互惠互利关系的艺术，并相信关系营销必将在实践中得到应用和发展。

（二）关系营销的特征

1. 信息的双向性沟通

社会学认为关系是信息沟通和情感交流的有机渠道，良好的关系是渠道畅通，恶化的关系即是渠道阻滞，中断的关系则是渠道堵塞。交流应该是双向的，既可以由企业开始，也可以由中间商或者营销对象开始，广泛的信息交流和信息共享可以使企业赢得支持与合作。图 10-2所展示的就是信息沟通双向性的图解。

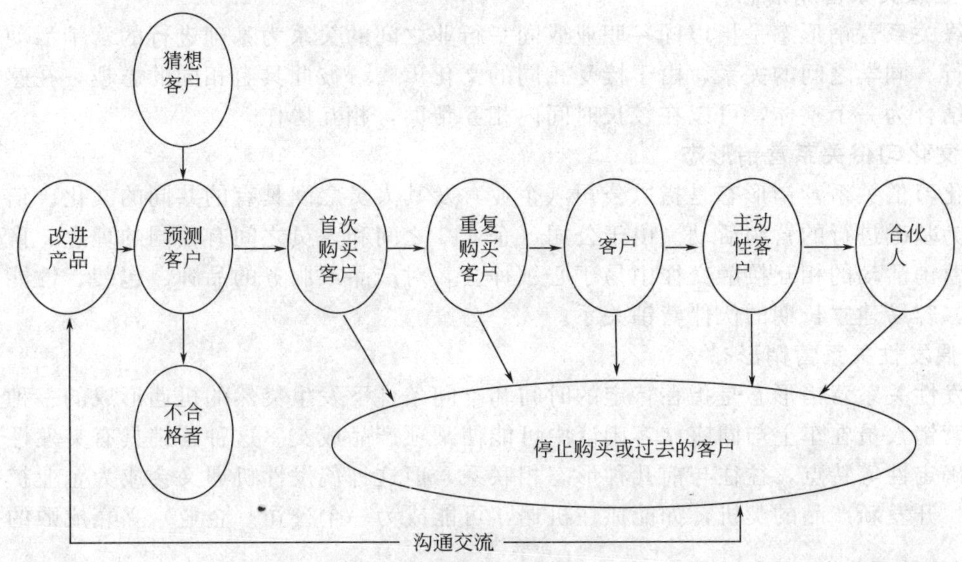

图 10-2　关系营销的信息沟通图

2. 战略的协同过程

在竞争性的市场上，明智的营销管理者应强调与利益相关者建立长期、彼此信任、互利的关系。这可以是关系一方自愿或主动地调整自己的行为，即按照对方的要求调整自己的行为；也可以是关系双方都调整自己的行为，以实现互相适应。各具优势的关系双方，取长补短，联合行动，协同动作，实现对各方都有益的目标，这是协调关系的最高形态。

3. 营销的互利活动

关系营销的基础在于交易双方相互之间具有利益上的相互性，如果没有各自利益的实现和满足，双方就不会建立良好的关系。建立在互利基础上的关系，要求互相了解对方的利益要求，寻求双方利益的共同点，并努力使双方的共同利益得到实现。真正的关系营销是达到关系双方互利互惠的结果。

4. 信息的及时反馈

关系营销要求建立专门的部门，用以追踪各利益相关者的态度。关系营销应具备一个反馈循环系统，连接关系双方，企业因此可了解到环境的动态变化，以便根据合作方提供的信息改进产品和技术。信息的及时反馈，使关系营销具有动态的应变性，有利于挖掘新的市场机会。

（三）关系营销的形态

关系营销是在人与人之间的交往过程中实现的，而人与人之间的关系绚丽多彩，关系复杂。归纳起来大体有以下几种形态。

1. 亲缘关系营销形态

亲缘关系营销形态是指依靠家庭血缘关系维系的市场营销，如父子、兄弟姐妹等亲缘为基础进行的营销活动。这种关系营销的各关系方盘根错节，根基深厚，关系稳定，时间长久，利益关系容易协调，但应用范围有一定的局限性。

2. 地缘关系营销形态

地缘关系营销形态是指以公司（企业）营销人员所处地域空间为界维系的营销活动，如利用同省同县的老乡关系或同一地区企业关系进行的营销活动。这种关系营销在经济不发达，交通、邮电落后，物流、商流、信息流不畅的地区作用较大。

3. 业缘关系营销形态

业缘关系营销形态是指以同一职业或同一行业之间的关系为基础进行的营销活动，如同事、同行、同学之间的关系，由于接受相同的文化熏陶，彼此具有相同的志趣，在感情上容易紧密结合为一个整体，可以在较长时间内相互帮助，相互协作。

4. 文化习俗关系营销形态

文化习俗关系营销形态是指以公司（企业）及其人员之间具有的共同的文化、信仰、风俗习俗为基础进行的营销活动。由于公司（企业）之间和人员之间有共同的理念、信仰和习惯，在营销活动的相互接触交往中易于心领神会，对产品或服务的品牌、包装、性能等有相似需求，容易建立长期的伙伴营销关系。

5. 偶发性关系营销形态

偶发性关系营销形态是指在特定的时间和空间条件下发生突然的机遇形成的一种关系营销。如营销人员在车上与同座旅客闲谈中可能使某项产品成交。这种营销具有突发性、短暂性、不确定性等特点，往往与前几种形态相联系，但这种偶发性机遇又会成为企业扩大市场占有率、开发新产品的契机，如能抓住机遇，可能成为一个公司（企业）兴衰成败的关键。

（四）关系营销的价值测定

1. 附加利益——让渡价值

在对顾客价值的认知上，整体顾客价值不仅包含满足需求带来的效用，还包括顾客让渡价值。因此消费者在购买选择时是围绕两种利益展开的：一是产品本身的核心利益；二是购买时间、地点、数量及品牌所带来的附加利益。关系营销使消费者不仅满足了自身的需要，也增加了顾客让渡价值。大多数企业在一定程度上受到互补产品的影响。

2. 成本测定——顾客分析

关系营销涉及吸引、发展并保持同顾客的关系，其中心原则是创造“真正的顾客”。这些顾客不但自己愿意与企业建立持续、长期的关系，而且对企业进行义务宣传。企业的顾客群体可能在产品的使用方式、购买数量、作用重要性等方面有很大不同，企业通过对顾客素质的分析，向最可能盈利的顾客推销产品。在维系顾客过程中，也会有成本产生，只要维系顾客的成本小于损失的利润，企业就应当支付降低顾客损失率的费用。

3. 评价标准——顾客份额

唐·佩珀和玛沙·罗杰斯针对市场份额提出了顾客份额的概念，认为顾客作为企业营销活动的中心，是关系营销或“一对一”营销这一新营销范式的本质。市场份额与顾客份额的比较如下。

(1) 时点与事段 以往对销售效果的测量是以“特定时期内某一选定市场上发生交易的多少”作为标准，而今天则以“在一定时期内和一定区域内所获得的顾客份额的多少”来衡量。

(2) 静态与动态 销售收入＝使用人的数量×每个人的使用量＝(新顾客＋原有顾客×顾客维系率)×每个人的使用量。顾客维系率是一个动态概念，说明企业在一段时间内的顾客变化。关系营销的绩效体现在维持原有的顾客，而不是靠吸引新顾客来增加顾客数量。

(3) 现状与预期 希望提高顾客份额的企业首先应了解顾客有可能产生的潜在需求。关系营销是以顾客份额所带来的长期利益来衡量企业的成败的，这一变化始于信息技术在企业营销计划与活动中的广泛运用。

(五) 关系营销的运用

关系营销的运用，必须建立关系管理机构，使企业的内外部关系更加融洽，企业的各种资源得到更加有效的配置。

1. 组织设计

企业在组织设计时，主要须做到内部组织结构的整合和企业之间建立各种联盟，有效地实现企业的经营目的，探索应该如何设计组织结构。企业各职能部门之间的联系是企业组织结构整合的基础，整合企业内部职工，分工合作，提高效率。组建企业间联盟，共享企业资源，相互协调，形成互惠互利的利益共同体。

2. 资源配置

关系营销要求企业进行资源配置时，要充分利用企业的人力资源和信息资源，尽可能达到资源的最佳利用。人力资源配置的主要措施是部门之间的人员轮换，调动职工的积极性、主动性和创造性。利用互联网的互动式交流，更准确地掌握客户的需求动态，及时地获取客户对产品的信息反馈，加深企业与客户之间的关系，促进企业在研究开发、生产销售等方面的稳定性。

3. 关系营销的效率提升

与外部企业建立合作关系，必然会与之分享某些利益，增强对手的实力，另一方面，企业各部门之间也存在着不同利益，这两方面形成了关系协调的障碍。具体的原因包括：利益不对称、担心失去自主权和控制权、片面的激励体系、担心损害分权。

关系各方环境的差异会影响关系的建立以及双方的交流。跨文化间的人们在交流时，必须克服文化所带来的障碍。对于具有不同企业文化的企业来说，文化的整合，对于双方能否真正协调运作有重要的影响。关系营销是在传统营销的基础上，融合多个社会学科的思想而发展起来的，吸收了系统论、协同学、传播学等思想。关系营销学认为，对于一个现代企业来说，除了要处理好企业内部关系，还有可能与其他企业结成联盟，企业营销过程的核心是建立并发展与消费者、供应商、分销商、竞争者、政府机构及其他公众的良好关系。无论在哪一个市场上，关系具有很重要的作用，甚至成为企业市场营销活动成败的关键。所以，关系营销日益受到企业的关注和重视。

子任务二 服务营销

同传统的营销方式相比，服务营销是一种营销理念，企业营销的是服务，而传统的营销方式只是一种销售手段，企业营销的是具体的产品。到了 20 世纪 90 年代，关系营销成为营销企业关注的重点，把服务营销推向一个新的境界。

一、服务营销的含义

服务营销是企业在充分认识满足消费者需求的前提下，为充分满足消费者需要在营销过程中所采取的一系列活动。“服务营销”是一种通过关注顾客，进而提供服务，最终实现有利的交换的营销手段。

实施服务营销首先必须明确服务对象，即“谁是顾客”。像饮料行业的顾客分为两个层次：分销商和消费者。对于企业来说，应该把所有分销商和消费者看作上帝，提供优质的服务，通过服务提高顾客满意度和建立顾客忠诚。企业所做的一切，都要以消费者的需求为最终的出发点和落脚点，通过分销商将工作渗透到消费者层次上，从源头抓起，培育消费者满意度和忠诚度，坚持为他们提供一流的产品、一流的服务。

二、服务营销的分类

多年来，西方不少学者就服务进行了不同的分类，但比较常见的有3种。

1. 根据提供服务的基础分类

根据提供服务的基础将服务分为以人为基础的服务和以机器设备为基础的服务。以人为基础的服务主要通过人的技能向消费者提供服务，例如，修理工提供的修理服务，律师提供的法律服务，教授提供的教育服务等。另外，以人为基础的服务又可分为非技术性服务、技术性服务和专业性服务等。以机器设备为基础的服务通过机器设备的操控来向消费者提供服务，可分为自动化设备服务和可由技术人员和非技术人员监控的设备服务三种类型。

2. 根据服务活动的本质分类

也就是服务是有形的还是无形的以及服务对象是人还是物，可以将服务分为以人为对象的服务和以物为对象的服务。

一般来说，以人为对象的服务往往需要顾客亲临现场，如医生给患者看病，律师给人办案，理发师给顾客理发。以物为对象的服务往往比较灵活，不一定要求顾客在场，如保险、邮政储蓄、汽车修理等。相比而言，前一种服务对提供者的要求更多，它不仅要考虑顾客对服务质量的要求，如体检是否全面、准确、迅速，发型是否美观等，而且还要考虑顾客在享受服务过程中的其他需要，如对现场环境的要求等，这就使得经营者必须在店堂的装饰和创造优雅轻松的店堂气氛上下功夫。

3. 根据服务目的不同分类

根据服务目的不同将服务分为以营利为目的的服务和以非营利为目的的服务。一般来说，提供服务的企业都是以营利为目的的，这些企业在市场竞争中非常注重市场营销策略的设计和执行，因为只有这样企业才能在激烈的市场竞争中站稳脚跟，获得利润的最大化。当然，也有一些提供服务的单位是非营利性组织，如各国的中小学教育、公立大学教育、许多国家的医疗卫生组织、教会等。

三、服务营销实施的主要内容

日本企业成功的秘诀就是树立了顾客导向观念，实施服务营销战略，永远留住顾客。其经验告诉我们：企业要永远立于不败之地，不仅要经营产品，而且更重要的是经营顾客，使顾客满意。服务营销实施的主要内容在于以下几点。

1. 从顾客的需求出发，开发令顾客满意的产品

企业要加强市场调查研究，确定顾客的需要，让顾客参与产品的设计和革新。据哈佛大学商学院最新调查表明：在上市的新产品中57%是直接由消费者创造的。最近麻省理工学院的研究表明：服务的新主意和80％的产品技术革新思想都来自于顾客。

2. 为顾客提供满意的服务，增强客户的忠诚度

为了吸引顾客，企业必须通过提供服务的方式，给产品增加额外的“价值”。IBM公司前营销副总裁巴克·罗杰斯指出：“IBM是以顾客、市场为导向，绝非技术。”他要求每位营销员“为顾客服务时，就要像拿他薪水似的为他做事”，并强调服务是开拓市场，使顾客满意的真正关键所在。有关研究报告指出：服务质量高于平均水平与低于平均水平的公司间的区别在于服务等级处于前部分公司比处于后部分公司增长快2倍，价格高出10％，销售回报率高出110％。同时，满意顾客的口碑也会使企业节省大量的广告宣传费用。主动关心顾客会变成一个巨大的利润中心。

3. 分级授权

这是及时完成令顾客满意的服务的重要一环。有关研究资料表明：授权给员工处理一般性的投诉，企业每次可节省8美元的成本。授权还可以增强员工的责任意识。

4. 建立激励机制，用满意标准作为晋升、奖励的依据

美国电报电话公司建立了征询顾客意见的制度，并把顾客的回答作为奖励员工的依据。

四、服务营销运用中的注意事项

1. 树立正确的服务营销理念

在服务营销过程中，企业营销的是服务，消费者购买了产品意味着销售工作的开始而不是结束，企业关心的不仅是产品的成功售出，更注重的是消费者在享受企业通过产品所提供服务的全程感受，与传统营销理念有很大不同，强化了顾客对产品的忠诚度。

2. 提供差异化服务

随着时代的发展，顾客需要的不仅仅是一种商品，每个服务企业都应站在消费者角度，以消费者为出发点，为消费者提供区别于其他企业的服务，以差异化服务取胜，诸如保证企业的服务方便快捷，服务环境舒适幽雅；服务人员态度良好、面带微笑；从核心服务上寻求服务差异性。

3. 打造服务品牌

未来服务的竞争在某种程度上也是服务品牌的竞争。服务的无形性使得服务品牌更加重要，品牌建设能使服务标准化，让无形的服务有形化，成为吸引消费者重复购买服务产品的一个主要因素。随着国内外竞争的继续加剧，这就要求中国服务企业迅速确立自己的优势，抢先打造自身品牌，以应对未来日益白热化的市场竞争。

4. 加强服务人员的培训

服务是通过服务人员与顾客的交往来实现的，服务人员的行为对企业的服务质量起着决定性作用，因此，建设一支优秀的服务人员队伍，提升服务人员的专业技术水平，是增强企业竞争力的重要举措。目前，我国服务业产值占国内生产总值的比重虽然还只有30％左右，但随着我国社会经济和文化的发展，服务业在我国经济中的作用和地位将会迅速提高，服务营销在今后若干年内也必将成为我国市场营销的主流。未来我国服务消费的需求层次将变得越来越高，服务营销的范围也将变得越来越广，现代服务营销的范围，将远远超出饮食、住宿、洗浴、理发等传统服务范围，服务业将逐渐发展成为一个有广阔领域和崭新内容的国民经济支柱产业，社区服务、家庭服务、物业服务、护理服务、文化服务、信息服务等新的服务项目层出不穷。即使是一些传统的服务项目，由于科学技术的进步和经济文化的发展，也会注入新的服务内容，采用新的服务方式。但是，我们也应该看到，服务业将会出现越来越激烈的国际竞争，不少跨国企业正竞相加大对服务业的投资，使得服务营销全球化的趋势日益明显，同时，微电子技术的发展，也使多种服务尤其是金融、通信等服务的成本和价格急剧下降，进一步加快了服务业在全球范围的一体化。

子任务三 精准营销

一、精准营销的内涵

（一）精准营销的内涵

精准营销就是通过现代信息技术手段实现的个性化营销活动，通过市场定量分析的手段、个性化沟通技术（数据库、CRM、现代物流等）实现企业对效益最大化的追求。

新型精准营销理念的内涵，就是企业需要更精准、可衡量和高投资回报的营销沟通，需要更注重结果和行动的营销传播计划，同时越来越注重对直接销售沟通的投资。

（二）精准营销的模式

1. “窄告”模式

就是把商品信息传递到企业想要传递到的那一部分消费者面前的广告形式。其目标是“在合适的时间和地点，把合适的信息传递给合适的人”，通过运用语义分析技术，将网文与广告主的关键词进行匹配，将相关的广告投放到相关文章周围的联盟网站的窄告广告位上。在收费模式上，“窄告”采取了展示免费，按点击付费的方式。

2. “话告”模式

就是企业可以直接和客户进行在线对话的网络广告。当客户对某一则产品和服务的广告感兴趣时，可以点击“话告”的某一个链接直接和广告主在线对话，而且广告主只需要按发送的对话次数支付广告费。所以，这种形式的广告效果在一段时间内是可以直接衡量的。在操作过程中，也是按照关键词的“语意匹配”来投放，具有精准的特征，且广告主不需要对无效的点击支付费用。

3. “点告”模式

就是企业把自己的产品通过问答的形式推广给目标群体，并按照目标群体回答问题的数量来付费。在用户注册为点告网用户时，已经把自己的职业、兴趣、喜欢等填入资料，点告网就会把相应的题目推荐给他回答，因此自动对受众进行分群，使目标用户更为精准。

二、精准营销的特征

1. 精准的市场定位体系

通过对消费者的消费行为的精准衡量和分析，并建立相应的数据体系，通过对数据分析进行客户优选，并通过市场测试验证来区分所做定位是否准确有效。在对一个规模较大的上市产品，投入很少的测试费用，就能够知道消费者的消费行为，评估产品定位的准确性，这就是精准定位的魅力。

2. 与顾客建立个性传播的沟通体系

从精准营销的字面上就可以看到它采用的不是大众传播，而是要求精准。这种传播大概有以下几种形式。

（1）邮件传递（DM）是指通过邮寄企业产品信息，传递给消费者精准信息。

(2) 网络邮件（EDM）　是指通过电子邮箱传递企业产品信息。

(3) 直返式广告　是对传统大众广告的改良，主要是宣传一个活动让感兴趣的人参与。其核心在于活动诱因设计，它更多涉及消费心理研究、购买行为研究。

(4) 电话营销（telemarketing）　电话营销是通过电话直接向消费者销售。据估计，2009 年美国从事电话营销的公司共在电话费上开支了 4570 亿美元，每户美国家庭一年平均接到 32 个由电话营销公司打来的电话，平均每个家庭每年要打出 22 个电话订购产品或服务。

许多电话营销系统是全自动的，例如有一种叫 ADRMPS 的装置，可以自动拨号并设有录音装置。该装置自动拨号并接通后，即播送有声广告并通过一台答复机或将电话转给接线员的方式来接听顾客的订货电话。电话营销同样在其他许多领域中被使用，所经销的产品种类也多种多样。电话营销者不仅以这种方式向消费者售货，还以这种方式向经销商销售。

(5) 电视营销（television marketing）　电视营销是使用电视直接向消费者销售产品的方式。它主要通过下面三种途径进行。

① 直接回复广告　采用这种方式的营销者通常买下长达 60 秒或者 120 秒的电视广告时段，用来展示和介绍自己的产品。广告片播出时会向观众提供一个免费电话的号码，以供观众订货或进一步咨询。

② 家庭购物频道　这种频道是专门为销售商品（或服务）而开设的，多数这样的频道提供全天 24 小时的电视购物服务，经销的产品主要有珠宝、灯具、服装、电工用具等，范围颇广。

③ 视频信息系统（videotext）　采用这种途径的消费者的电视机通过有线电视网或电话线和销售方的计算机数据库连接成一个系统，消费者只需通过操作一个特制的键盘装置即可和系统进行双向交流。

(6) 网上营销（online marketing）　是指所有以计算机及其网络为渠道而进行的直复营销活动。

3. 适合一对一分销的集成销售组织

精准营销颠覆了传统的框架式营销组织架构和渠道限制，它必须包含两个核心组成部分：一个是全面可靠的物流配送及可靠的结算体系；另一个是客户个性沟通主渠道。便捷快速的物流配送体系和可靠的结算体系是制约精准营销的两个主要因素。与客户个性沟通的主渠道，主要职能是处理客户订单、解答客户问题、通过客户关怀来维系客户关系。

4. 提供个性化的产品

个性化的产品和服务在某种程度上就是定制，戴尔公司成功的秘籍就在于给客户提供个性化服务，全方位满足客户对计算机性能、外观、功能和价格等多方面的需求，运用先进的供应链管理、流程控制、电子商务等多种手段，实现按需生产。针对不同的消费者及其需求，精准地满足市场需求。

5. 顾客增值服务体系

对于任何一个企业来说，完美的质量和服务只有在售后阶段才能实现，精准营销的最后一环就是售后客户保留和增值服务。忠诚的消费者带来的利润远远高于新顾客，只有通过精准的顾客服务体系，才能留住老顾客，吸引新顾客，达到顾客的链式反应。

三、网络营销在精准营销中的使用

与传统媒体营销相比较而言，网络营销的成本相对较低，覆盖面更广，启动也更容易。了解网络传媒在精准营销中的各种方式，不仅有利于企业拓展新的营销渠道，而且也将推进网络传媒自身实现健康、持续、高效地发展。

1. 专业网络传媒营销

在专业网络传媒中，从事某种特定服务的网站具有极强的用户导向性。比如：携程网、饭统网、当当网、唯品会等。例如携程网，面向旅行受众提供交通、住宿和餐饮的预订服务，发布折扣信息，增加用户评价，让入住者了解酒店的实际情况。

2. 竞价排名助力搜索引擎营销

通过竞价排名模式扩大搜索引擎营销，也是利用网络实现精准营销的最佳范例。搜索引擎营销目前可谓炙手可热，它具有易定向、易开展、见效快、效果稳定等优势。竞价排名广告（即付费点击广告，PPC）和搜索引擎优化推广（SEO），是目前搜索引擎营销中最主要的两大模式，受众通过搜索某个特定关键字，获得广告主的网络链接，进而点击查看详细信息，这个过程几乎完全是受众主动，如何将浏览者转化为真正的顾客，实现销售输入的增加，是搜索引擎营销的最终目标。有效地搜索引擎营销需要专业化经营、管理和多方位竞争结构，也将产生更多的相关市场机会。

3. 邮件营销

通过网络，面向提交过注册信息的潜在客户，按照管理办法的规定，企业网站在搜集潜在客户注册信息时，由客户选择是否接受广告邮件，对愿意接受广告邮件和新产品信息的客户，采用群发信息影响潜在客户，有效实现拉拢式的精准营销。一般而言，邮件营销分为时间驱动法和事情驱动法。

时间驱动法，是根据客户注册时间，不同间隔发送不同内容的邮件。事件驱动法不仅可以用于潜在客户，还可以用于老客户。在企业有重大事情发生时，向客户群发邮件告知企业动态，实现消费者购买。

4. RSS和行业信息订阅

用户导向获取信息博客是互联网出现以来，吸引人们关注最多的网络服务。和博客一起蹿红的还有简易信息聚合（really simple syndication，RSS），是一种消息来源格式规范，用以聚合经常发布更新数据的网站，即一种方便的信息获取工具。用户通过RSS订阅方式获取信息，既无需担心信息内容过大，也不必担心垃圾邮件和病毒邮件的影响。受众在订阅时，对信息的分类或内容有预先的选择，商家很容易分类获取受众特征，了解其选购商品的去向，实现精准营销。

5. 圈子和专业论坛

所谓圈子就是具有某种相同特质的一类人的聚集，而这种所谓特质，也被最大限度地挖掘和开发，实现商业价值。目前基于先进的SNS方式开发的圈子网站比较少，国内比较知名的SNS网站包括天际网等，这些网站目前主要的服务对象是商业机构或者商务人士，暂时还未能普及到广泛的受众。

专业论坛在某些专业领域也聚集了大量的受众，比如注明的摄影类论坛色影无忌经过多年的运营，已经牢牢占据了摄影类论坛的头把交椅。这样的群体具有极强的品牌导向性，直接或间接扮演着产品代言或游说的角色，更多的人会随之加入发烧友的群体。

6. 网络推手

当前经济发展中，也出现了一些匪夷所思的事情，例如“天仙妹妹”除了几张照片之外，什么也没有做过，硬生生在互联网上红透半边天，是网络推手起到了决定性的作用。对于商家或企业而言，是否可以通过网络推手为产品造势，在网络上推广和传播相关产品信息，也是非常值得尝试的，它是目前最快速、最经济、影响也最广泛的催热方式，出现的时间虽然较短，但是发展空间巨大，应用于企业营销的可行性也较强，是精准营销的另一途径。

子任务四　绿色营销

一、绿色营销的由来

早在19世纪末，西方学者就已经提出“绿色意识”。20世纪50年代，“绿色意识”在发达国家已经相当普遍，随着经济和社会的发展，人们的消费理念也逐渐成熟，人们对绿色、无污染、无公害的产品需求量也越来越大。

20世纪70年代以来，国际组织对保护环境、保护地球的宣传和呼吁，促进了绿色营销的兴起和发展，并决定每年的6月5日为世界环境日。各国都制定相关环境保护的法规，限制了企业破坏生态环境的不良营销行为，促进了企业绿色营销的发展。

当前，消费者已进入追求生活品质的阶段，不再仅仅满足于优越的物质享受，而是追求一种更健康和谐的生活。科技技术的进步，成为经济发展的决定性因素，高科技、新能源企业在实施绿色营销中，开发绿色资源生产产品，运用绿色营销理念开拓市场，实现健康生产、消费的美好生活。据联合国统计，目前世界“绿色消费”总量已达万亿美元。

二、绿色营销的含义

（一）绿色营销的含义

绿色营销是指企业在营销的过程中，注重环境保护，协调经济、社会与生态的发展，以客户的绿色消费为中心，为实现企业的自身利益、消费者利益及其社会利益三者的统一，制造和发现市场机遇，充分利用并回收再生资源，满足消费者的绿色需求的营销策略的过程。因此，绿色营销也称为环保营销。

（二）绿色营销观念

所谓绿色营销观念，就是指企业必须把消费者的需求、企业的利益和环保利益三者有机地结合起来，必须充分估计资源环保问题，从产品设计及生产、销售到使用的整个营销过程都要考虑到资源的节约利用和环保利益，做到安全、卫生、无公害的一种营销观念。

观念是行动的先导，绿色营销与传统营销在营销目标、经营方法上有很大不同，企业应强化对内部员工的绿色宣传和教育，为全体员工灌输绿色意识，培养企业绿色文化。

（三）绿色营销的特点

绿色营销是传统营销的延续和发展，在营销目标、经营方法上面与传统营销相比有如下特点。

1. 营销目标的差异性

传统的营销目标，主要考虑的是企业的利益，忽视了全社会的整体利益和长远利益，缺乏对生态的认识。绿色营销的目标，就是在满足客户需要的同时，提供高品质、健康、绿色的产品，促进社会和谐发展，增加顾客对产品的认可度，提升顾客二次购买的概率。

2. 销售理念的差异性

传统营销观念以产品为导向，必然会导致市场营销近视症，看不到市场需求及其变动，看不到产品市场前景，容易造成闭门造车、故步自封的现象，不利于企业发展。绿色营销理念在销售策略上体现为由产品导向向客户导向转变，是以客户为中心，从客户的立场出发，谋求客户利益、社会利益和企业利益三者之间的平衡，注重企业的社会责任和社会道德，充分满足客户的物质和精神等方面的需要，以提高消费质量，减少物质资源的耗费，达到可持续发展的目的。

3. 营销环境的多面性

绿色产品就是对改善消费环境、社会发展环境有贡献的产品，减少了生产中资源浪费的问题，降低了产品消费对环境的污染问题，进一步促进了社会、经济、生态环境的协调发展，增强了企业的可持续发展能力，提高了人们的生活水平和质量，改善了企业在生产中对环境的负面影响。

4. 营销传播的广泛性

传统营销，主要采用依赖媒体传播产品性能及功效。绿色营销在传播信息中，向客户灌输绿色生产、消费理念，给人类带来健康的根本保证，强调产品生产、消费与环境发展的协调，收集产品消费体验信息，更利于建立长期的买卖关系，有时绿色营销宣传还具有公益导向，规范人们的日常行为。

三、绿色营销的内容

绿色营销策略通过绿色营销达到人类、环境与发展的协调发展，通过科学技术提高和改善人们的生活质量水平，实现社会、企业和环境的可持续发展，要实施绿色营销，要做到三个方面的绿色发展。

1. 清洁生产

清洁生产是绿色营销的根本。销售符合绿色、健康要求的产品，需要进行无污染的绿色生产，也就是清洁生产。所谓清洁生产就是要求企业在生产过程中，以节能、降耗、减少污染、采用无公害的新能源，通过无污染、少污染的新技术、新设备，来组织生产。

2. 绿色包装

绿色包装是绿色营销的外在体现和直观感受，包括在产品销售时的包装作业和产品使用后的主要废弃物处理。要求企业尽量选用无毒、无公害、易分解、可回收的材料制作成包装物，产品使用后的其他废弃物也要能够做到绿色处理。

3. 绿色产品

绿色产品是绿色营销的核心，即在生产、使用和处理过程中符合环境要求，重视消费者的绿色需要，不断改善人们的生态环境，使人们远离城市污染，更加接近大自然，以获得充实的生活空间和更高的生活质量。

四、绿色营销的运用

绿色营销的运用，从整体上对营销策略进行绿化，企业开展绿色营销，构建良好的企业形象，更好地满足消费者对健康消费的需求。

1. 宣传绿色企业形象

宣传绿色企业形象就是为树立良好的企业形象，帮助消费者进行企业分类，把绿色信息更直接、更广泛地传递给客户，让公众更加了解企业的经营目的和产品，形成健康消费的理念。

(1) 设立绿色结构　确定企业关键活动领域，这是设立绿色机构的工作交点，确保实施。

(2) 制订环境管理规范　要明确行动的具体步骤、任务、执行和方法，为实现绿色企业而进行系统规划。

(3) 开展培训和引导　通过培训，引导员工提高工作技能，提升绿色文化认知。

(4) 实施绿色管理　通过全方位的管理，确保绿色生产过程按质、按量和低成本地实现各项目标，使企业的绿色管理工作真正落实到实处，为创建绿色企业、树立绿色形象而努力。

2. 引导绿色消费

绿色消费是指企业生产、消费对环境影响最小的绿色产品，以减少危害环境的消费。

(1) 绿色产品消费　企业生产绿色产品，进行宣传、演示，改变了消费者的消费观念和消费方式，持续地消费体验会形成宝贵的消费感受，进行信息的相互传递，也会促进企业在生产技术上不断研发、创新，生产出更加绿色、健康的产品，提供给消费者。

(2) 消费过程中无污染　在这一环节，企业要尽量使用天然材料，不破坏自然环境，注重废弃物的再生利用、化废为宝，采用节能技术和防污染技术，实施企业的整体管理，树立整体绿色产品，引导和满足消费者绿色消费。

(3) 抵制有害商品的销售　通过制定环境保护的法律、法规，约束企业生产行为，规范企业产品生产，坚决抵制破坏环境、有害人体的产品流入市场，确保用户的安全、健康，协调经济、社会、企业发展，保护消费者的合法权益。

3. 建立绿色销售渠道

绿色销售渠道，指绿色产品从厂商手中转移到用户手中所经过的中间商连接起来形成的通道。

(1) 绿色运输　讲究效益，设计路径，规范流程，核算运费，减少资源消耗，实现绿色运输。

(2) 设定绿色渠道　根据产品性质确定是否选用中间商，进行产品销售渠道设计。可以采用直接销售、间接销售等方式来满足市场对绿色产品的需求，保证产品在市场上的覆盖率。

4. 绿色沟通

绿色沟通，就是通过绿色媒体，传递绿色产品、绿色企业的信息，激发消费者对绿色产品需求及其购买行为，使企业的绿色沟通活动成为整个社会绿色宣传活动的阵地。

子任务五　数据库营销

数据库营销是20世纪90年代开始兴起的一个热门话题。从我国现状看，建立了有效顾客数据库系统地企业很少，利用系统中的数据进行营销的企业更少。

一、数据库及数据库营销的含义

(一) 数据库的含义

数据库是指一个组织的广泛的数据集合。它产生于距今60多年前，随着信息技术和市场的发展，特别是20世纪90年代以后，数据管理不再仅仅是存储和管理数据，而转变成用户所需要的各种数据管理的方式。

（二）数据库营销的含义及构成

1. 数据库营销的含义

数据库营销是指营销者建立、维持和利用消费者数据库和其他数据库（产品、供应商、批发商和零售商），以进行接触和成交的过程。从美国的发展历史看，数据库营销在20世纪80年代前，主要应用在直销领域，如直接邮寄、目录营销、电话营销和电视营销等。随着计算机能力的增强和数据库技术的进步，加上大众市场的饱和导致产品市场竞争加剧，不少非直销领域的营销者也逐渐采用数据库营销的观念和技术。

2. 数据库营销的特征

从对数据库营销含义的理解，表明数据库营销的特征是：一个计算机化的数据装置；个体层次的顾客或潜在顾客的数据；利用数据建立有目标的商业关系，利用数据库改善营销方案，从而提高利润率。

二、数据库营销的构成

进行数据库营销，应包括建立数据库、维持数据库和利用数据库这三个基本步骤。仅仅建立数据库而不去利用它，不能算是数据库营销。如果数据库没有应用到企业的目标市场选择、产品决策、价格测试等营销活动中，也只能说明数据库发挥了它的很少一部分功能。从数据处理的角度看，作为一个系统，数据库营销由以下几个部分构成。

1. 数据库营销的主体：人

在数据库营销活动中，既包含建立和维护数据库，进行数据库管理的工作人员，也包括企业中利用数据库资源进行产品营销、品牌宣传、确定目标市场、进行产品决策和价格测试的营销活动的参与人员。

2. 数据库营销的客体：数据

通过一定的渠道，采集到消费者的各项数据，包括顾客的收入、年龄、工作、生日、职务等。还可以利用其他公司的相关数据进行数据统计和分析，得到企业所需要的营销数据，并加以利用。

3. 信息处理的媒介：技术

在进行数据采集、分析和运用时，要借助一些媒介，例如计算机、安装在计算机上的操作系统，还有进行数据处理的各项技术等，这些媒介都会对数据库营销产生一定的影响。

三、数据库营销的意义

企业实施数据库营销，可以帮助企业获得巨大的市场竞争优势。

1. 帮助企业准确分析和选择客户

根据数据库信息进行信息处理，分辨企业的有效客户，并选择能够给企业带来利润的顾客群，实施有效地营销。

2. 帮助企业实施有效的营销策略

通过分析数据库中长期积累的消费信息，企业可以明确谁才是真正的利润客户，明确利润客户后，企业就可以针对目标顾客群，做出更加有效的营销策略。

3. 帮助企业选择合适的营销媒体

数据库营销的着眼点是在一个人而不是广大群众，所以必须根据数据库提供的信息，谨慎考虑要以何种频率来与个人沟通，才能达到良好的效果。

4. 帮助企业与消费者建立更为紧密的关系

通过目标顾客群的选择，选择合适的方式取得长期联系，建立产品信息互相沟通的平台，及时改善服务，才能够与消费者建立更为紧密的关系，留住顾客。

四、数据库营销的规划与实施

（一）数据库营销的规划

数据库营销的核心就是利用企业经营过程中收集形成的各种顾客资料，经分析整理后作为指定营销策略的依据，并作为保持现有顾客资源的重要手段。数据库营销需要一个强大的营销数据库来支持，要规划好数据库营销必须从以下几方面努力。

1. 活动方案设计

在实施数据库营销过程中，认真制订活动方案。数据库营销更有利于采用一对一精准营销的模式，在数据信息中详细记录下每个顾客产品消费的情况，从而为企业制订个性化营销提供了依据。

2. 数据信息管理

顾客和企业之间要保持信息沟通顺畅，重视顾客的反馈信息，及时改善产品服务，明确市场营销的目标定位，实现企业的营销计划。

3. 正确评估顾客

正确评估顾客，要求企业营销人员能够区分高价值顾客和一般顾客，并有效地识别潜在顾客，分别采取相应的营销策略，计算顾客生命周期价值和产品价值周期。

4. 市场调查预测

数据库的大量信息为市场调研提供了宝贵的资料，代替了许多传统市场调查工作，结合数据资料统计分析和传统市场调查方法，可以更为细致地细分市场，查找市场信息，分析潜在的市场机会。

（二）营销数据库系统的建立

营销数据库是数据库营销的基础，全面、准确、详细的数据信息是开展数据库营销的基础。因此，建立营销数据库是数据库营销的重要工作。

1. 建立数据库

收集顾客的属性、购买史、商品供需及各种可衡量的数据时，可以通过登记销售点顾客信息、接听企业设立的对外咨询电话、举办的促销活动和研讨会等收集整理信息，并对采集到的各种有效数据进行存储，还要对收集来的基本数据进行调查和询问，完善数据库。

2. 维护数据库

数据库收集工作不可能一蹴而就，需要不断地更新和调整，信息收集的过程是一项长期工作，由此可见对数据库的维护工作特别重要。

3. 利用数据库

收集和整理数据库资料，其目的是了解企业有效的目标顾客，分析当前的市场营销环境，选择更为合适的营销策略。要实现营销活动的目标，必须对收集来的信息进行筛选和利用，找到有利于企业进行营销活动的各项数据，制订具体行动计划，以保障营销活动顺利实施。

4. 执行营销活动

以选定的专业领域、计划及预算为基础，依计划进行，从数据库选取顾客实施促销。对于经常消费的顾客尤其要深入了解，追踪顾客的需求和购买能力，及时提供有效信息从事关系营销，提高顾客对产品的忠诚度。

5. 评估营销活动

及时准确评估营销活动是企业有效营销管理的关键。需要明确的是，企业通过一定的方式获取顾客的反馈信息，这样的信息经筛选登记到数据库中，方便营销人员及时掌握顾客信息，衡量营销活动的目标和效益，准确评价营销策略，评估整体营销行为。

实训实践

一、调查 KFC，把其服务过程划分成若干环节，了解其服务标准。

二、根据 KFC 的调查结果，为“永和大王集团”制订服务标准。

三、组织小组进行产品的电话营销，分析电话营销的技巧和方法。

网上营销

技术技能目标

1. 应用网店营销组合策略进行网店经营策划
2. 使用网上营销的基本知识进行营销实践
3. 搜集互联网信息网站，锻炼数据处理能力

知识经验要点

1. 了解网上营销的基本职能与常用方法
2. 了解网上销售的主要途径
3. 熟练掌握网上商店营销策略
4. 掌握网站访问统计分析方法

教学重点：

1. 网上销售的主要途径
2. 网上营销策略

导入案例

美国戴尔微博营销

形象支撑价格，网络支撑销量。

——马云

大家知道，戴尔是通过自己的官方网站进行直销的，这样它就带来一个问题，就是它经常会有新产品出来，也经常有促销活动，仓库里的产品也在经常变动，这些信息仅仅在自己的网站上公布是有局限性的，影响的人群不够多。戴尔的方法是在Twitter（国外的一个社交网站及微博客服务的网站）上注册许多账号，每个账号一个专门的内容，产品信息的账号专门发产品信息，指定给专门的受众看，这样就不会骚扰其他人了。这是戴尔的一个特点。戴尔在2007年3月注册Twitter后，现在已经有了150万粉丝。

戴尔在产品账号上，经常发表的信息内容是：①经过翻修的二手产品信息，价格很诱人，并且有库存数据；②超低价格的清仓甩卖活动信息；③新产品信息；④优惠信息。

在每年的节假日，戴尔会向Twitter上的150万粉丝发送独家折扣大优惠，有12000名购买戴尔新产品的人享受了七折优惠。戴尔在Twitter上发给客户的折扣礼券，可以链接到专门的网页，在订购产品时享受到优惠。通过Twitter，戴尔在全球已经直接创造了近700

万美元的营业额。

我们再介绍一下戴尔在Twitter上的分组情况。目前戴尔在Twitter上已经拥有65个群组，每个群组都有专人负责管理，像一个个一对多的在线客服窗口一样，让客户能得到丰富而实时的信息，同时客户还能看到其他用户的问题解答。在新浪微博上，戴尔中国是3月7日上线的。戴尔的客服用轻松活泼的方式和大家唠家常，分享最新的促销打折信息，还时不时地搞一些互动活动。在戴尔中国微博的背后，是一个个鲜活的面孔，它们是来自戴尔员工的真实声音。它们在新浪上的微博账号是戴尔中国。

思考：戴尔营销成功的秘籍在哪儿？

子任务一　了解网上营销的基本职能和常用方法

一、网上营销的职能及效果评价

（一）网上营销的8项基本职能

网上营销的基本职能表现在8个方面：网上品牌、网站推广、信息发布、销售促进、销售渠道、顾客服务、顾客关系和网上调研。

1. 网上品牌

网上营销的重要任务之一就是在互联网上建立并推广企业的品牌，知名企业的网下品牌可以在网上得以延伸。一般企业则可以通过互联网快速树立品牌形象，并提升企业整体形象。网上品牌建设是以企业网站建设为基础，通过一系列的推广措施，达到顾客和公众对企业的认知和认可。在一定程度上说，网上品牌的价值甚至高于通过网上获得的直接收益。

2. 网站推广

这是网上营销员基本的职能之一，在几年前，有些观点甚至认为网上营销就是网站推广。相对于其他功能来说，网站推广显得更为迫切和重要。网站所有功能的发挥都要以一定的访问量为基础，所以，网站推广是贯穿于网上营销整个过程的基础工作。

3. 信息发布

网站是一种信息载体，通过网站发布信息是网上营销的主要方法之一，也是网上营销的基本职能，所以也可以这样理解，无论哪种网上营销方式，结果都是将一定的信息传递给目标人群，包括顾客、潜在顾客、媒体、合作伙伴、竞争者等。

4. 销售促进

营销的基本目的是为增加销售提供帮助，网上营销也不例外，大部分网上营销方法都与直接或间接促进销售有关，但促进销售并不限于促进网上销售，事实上，网上营销在很多情况下对促进网下销售也十分有价值。

5. 销售渠道

一个具备网上交易功能的企业网站本身就是一个网上交易场所，网上销售是企业销售渠道在网上的延伸，网上销售渠道建设也不限于网站本身，还包括建立在综合电子商务平台上的网上商店，以及与其他电子商务网站不同形式的合作等。

6. 顾客服务

互联网提供了更加方便的在线顾客服务手段，从形式最简单的FAQ，到邮件列表，以及博客、微博及各种即时信息服务，顾客服务质量对于网上营销效果具有重要影响。

7. 顾客关系

良好的顾客关系是网上营销取得成效的必要条件，通过网站的交互性、顾客参与等方式在开展顾客服务的同时，也增进了顾客关系。

8. 网上调研

通过在线调查表或者电子邮件等方式，可以完成网上市场调研，相对于传统市场调研，网上调研具有高效率、低成本的特点，因此，网上调研成为网上营销的主要职能之一。

网上营销八项基本职能体现了网上营销的基本内容，开展网上营销的意义就在于充分发挥各种职能，让网上经营的整体效益最大化。网上营销的职能是通过各种网上营销方法来实现的，网上营销的各个职能之间并非相互独立的，同一职能可能需要多种网上营销方法的共同作用。而同一种网上营销方法也可能适用于多个网上营销职能。

（二）网上营销效果的综合评价

对网上营销效果综合评价的观点实际上仍然反映了如何正确认识网上营销价值的问题。如前所述，对于网上营销的认识还存在一些片面的观点，往往将网上营销等同于网上销售，或者仅仅认为是对网站的推广，对网上营销的功能和内涵的片面理解限制了对网上营销效果的综合评价，往往会强调建立网站之后可以带来的销售额，或者注重网站的访问量、页面浏览数等流量指标。

网上营销的八项职能作为网上营销体系的基本框架，对网上营销效果的评价问题，实际上也就是对网上营销各种职能的综合评价，网上营销的总体效果应该是各种效果的总和，比如在企业品牌提升、顾客关系和顾客服务、对销售的促进等方面。因此，需要用全面的观点看待网上营销的效果，而不仅仅局限于某些方面。

为了说明利用利润指标评价网上营销效果的局限性，这里引用调查公司 Jupiter Media Metrix（丘比特媒体调查公司）的一组数据。为了评价零售商的电子商务战略 Jupiter Media Metrix 在 2001 年 8 月份发布了一项调查报告，调查结果表明，仅用利润指标评价电子商务战略是不全面的，但 69%的零售商都用在线销售额和利润来评价互联网投资的效果。Jupite 的研究发现，如果考虑到非直接在线交易带来的收入，比如网站对销售的促进等，那么实体商店网站的投资收益率（ROI）将比仅仅考虑在线销售高出 65%。也就是说，用在线销售额评价模式，ROI 将被低估近 2/3。Jupiter 的研究也发现，网站在促成销售方面很有价值，因为有 45%的消费者在某商场购物之前会事先到该商场的网站中查询产品信息，实体商店尽管将网站同样也看作一个销售渠道，但对于网站的服务投入很少。这主要是由于对电子商务战略的评价方法存在问题，因为有 46%的零售商将销售额作为网站是否成功的指标，23%的公司用利润来评价。

其他有关互联网应用状况的调查也表明，在中国传统企业上网过程中，初次建立网站的企业往往对于获得更多销售抱有较高的期望，但对网站功能往往没有明确的认识，通常强调网页的美观和价格，随着互联网应用的深入，当企业需要对原有网站改版和升级时，企业对网站的要求要相对明确，并且希望在多个方面发挥作用，如销售促进、顾客关系、网上调研等。由此可见，网上营销是一个综合性的经营策略，网上销售只是其一小部分内容。

二、网上营销的常用方法

网上营销职能最终需要通过各种有效的网上营销方法得以实现，因此对网上营销方法的研究就成为网上营销内容体系的基础。按照一个企业是否拥有自己的网站来划分，企业的网上营销可以分为两类：无站点网上营销和基于企业网站的网上营销。有些方法在两种情况下都适用，但更多方法需要以建立网站为基础，基于企业网站的网上营销显得更有优势。网上营销的具体方法很多。其操作方式、功能和效果也有所区别，下面简要介绍几种常用的网上营销方法及作用。

1. 搜索引擎营销

搜索引擎营销是最常用的网上营销方法之一，在早期的网上营销活动中，出于网上营销的内容和方法比较少，搜索引擎登记与排名曾被认为是网上营销的核心内容。随着网上营销环境的日益完善和网上营销方法的不断出现，虽然搜索引擎行销已经不再是网上营销的核心，但搜索引擎对网上营销的作用仍然非常重要，尤其对于网站推广、网上品牌等方面具有至关重要的作用，是其他网上营销工具所无法替代的。随着搜索引擎本身的不断发展演变，基于搜索引擎的营销手段也不仅仅是免费登录分类目录，已经向更深层次发展，如提供高级服务的付费排名、关键词广告、关键词竞价排名、基于网页内容定位的网上广告等。

2. 网站资源合作

每个网站均拥有自己的资源，这种资源可以表现为一定的访问量、注册用户信息、有价值的内容和功能、网上广告空间等，利用网上的资源与合作伙伴开展合作，实现资源共享，可以实现共同扩大收益的目的。在这些网站资源合作形式中，交换链接是最简单的一种合作方式。调查表明网站链接也是新网站推广的有效方式之一。交换链接最初的目的是通过互相链接网站获得潜在用户访问。不过，还有比是否可以获得直接访问者更深一层的意义，获得其他网站的链接也就意味着获得了与合作伙伴和一个领域内同类网站的认可，建立交换链接的过程，也就是向同行或相关网站推广自己网站的过程，你的网站能引起对方的注意和认可，交换链接才能得以实现。而且一般网上都倾向于链接有价值的站点，因此，交换链接的意义实际上已经超出了是否可以直接增加访问量这一具体效果，获得合作伙伴的认知和认可，同样是一个网站品牌价值的体现。另外，现在的主流搜索引擎，如百度、Google 等将一个网站被其他相关网站的链接数量作为决定网页排名的一项指标，因此获得其他网站的链接也有利于网站的搜索引擎优化。

3. 病毒式营销

病毒式营销并非真的以传播病毒的方式外展营销，而是通过用户的口碑宣传网站，信息像病毒一样传播和扩散，利用快速复制的方式传向数以千计、数以百万计的受众。病毒式营销是一种网上营销方法，即通过提供有价值的信息和服务，利用用户之间的主动传播来实现网上营销信息传递的目的，病毒式营销同时也是一种网上营销思想，其背后的含义是如何充分利用外部网上资源（尤其是免费资源）扩大网上营销信息传递渠道。

4. 网上广告

几乎所有的网上营销活动都与品牌形象有关，在所有与品牌推广有关的网上营销手段中，网上广告的作用最为直接。标准标志广告曾经是网上广告的主流（虽然不是唯一形式），尽管现在还出现在大部分网上媒体的页面上，但显然已经走过了自己的辉煌时期，Banner 广告的平均点击率从最初的 30%降低到 0.4%以下。进入 2005 年之后，网上广告领域发起了一场轰轰烈烈的创新运动，新的广告形式不断出现，最具代表性的是 360 像素×300 像素的巨型广告，由于克服了标准条幅广告条承载信息量有限的弱点，这种巨型广告目前获得了相对比较高一些的点击率。同样从 2005 年开始，搜索引擎关键词广告异军突起，成为所有网上广告形式中发展最快的一种。根据美国交互广告署（IAB）的统计，2005 年关键词广告占据美国网上广告市场 41%的份额，传统展示类网上广告则位居第二（仅占 20%），并且关键词广告的市场份额仍在不断增长中。

5. 信息发布

信息发布既是网上营销的基本职能，又是一种实用的操作手段，通过互联网，不仅可以浏览到大量商业信息，同时还可以自己发布信息。在网上发布信息可以说是网上营销最简单的方式，网上有许多网站提供企业供求信息发布服务，并且多数为免费发布信息，有时这种简单的方式也会取得意想不到的效果。网上有许多可供发布信息的网上服务，如 B2B 电子商务网站、分类广告和在线黄页等，一些行业门户网站也成为有价值的供求信息发市渠道。蓬勃兴起的“微博客”、“微信”也成为信息发布的重要形式之一，并且至今仍在世界范围获得高度重视。

6. 网上商店营销

从根本上说，网上营销的目的直接或间接与销售有关，无论这种销售是网上的还是网下的。建立在第三方提供的电子商务平台上、由商家自行经营网上商店，如同在大型商场中租用场地开设商家的专卖店一样，是一种比较简单的电子商务形式。网上商店除了通过网上直接销售产品这一基本功能之外，还是一种有效的网上营销手段。因为如果从企业整体营销策略和顾客的角度考虑，网上商店的作用主要表现在两个方面：一方面，网上商店为企业扩展网上销售渠道提供了便利的条件；另一方面，建立在知名电子商务平台上的网上商店增加了顾客的信任度，从功能上来说，对不具备电子商务功能的企业网站也是一种有效的补充，对提升企业形象并直接增加销售具有良好效果，尤其是将企业网站与网上商店相结合，效果更为明显。

子任务二　网上销售的主要途径与网店营销

一、网上销售的主要途径

网上销售需要具备一定的基础条件，一般来说，网上销售渠道建设有 3 种主要方式：作为网上零售商的供应商、开设网上商店、自行建立网上销售型的网站。这 3 种方式的管理难度和对企业网上营销的专业要求各不相同。作为网上零售商的供应商同传统的销售模式并没有很大的区别，厂家不需要对网站有多少了解，也不需要增加额外的投入，当然，由于厂商不参与网上销售管理，这种方式的主动权就掌握在网上零售商手里，销售业绩会受到诸多因素的限制，供货厂商对此难以控制。

一些具有实力的大型公司如戴尔公司等采取的策略是自行建立一个功能完备的电子商务网站，从订单管理到售后服务都可以通过网站实现。企业成立专门电子商务网站销售本企业产品，并且将网上销售集成到企业的经营流程中去，这不仅是经济实力的体现，也是提高经营效率，增强竞争力的基础。但这种方式由于对资金和技术的要求很高，开发时间长，还要涉及网上支付、网上安全、商品配送等一系列复杂的问题，需要一批专业人员来经营。而且对于一般企业而言自行生产的产品品种相对较少，通常都专注于生产一类或者几类产品，各种款式总数量通常也不会很多，无法和综合性网上零售商数以十万计的商品相提并论，而消费者之所以在网上购买商品的主要原因之一就是可以从大量商品中进行选择，因此在商品品种方面并不具有特别的优势。

对大多数企业而言，由于网上销售巨大的投资很难在短时间内收回来，因此自行建立这样的电子商务系统并非最好的选择。其他比较简单的在线销售方式包括建立网上商店和网上拍卖等形式。网上商店可以在一定程度上满足企业网上销售的需要，厂家不必一次性投入大量的资金，避免了复杂的技术开发，适用范围更加广泛、风险也较小，因此，对于没有建立企业网站或者不具备电子商务功能的网站，通过开设网上商店这是一种比较快捷的方式，即使对于一般的电子商务网站，同样可以合理利用电子商务平台提供的强大功能，成为企业开展电子商务，争夺网上生存空间的补充或者辅助形式。当然，由于网上商店也存在一定的问题，真正通过利用网上商店获得理想收益仍然不是一件容易的事情，主要取决于网上商店平台的专业性、用户资源，以及企业本身的经营能力。

网上拍卖是电子商务领域比较成功的一种商业模式，如美国的 eBay.com 就是最成功的电子商务网站之一，除了个人产品拍卖销售形式之外，eBay 同时也开展针对产品销售的电子商务平台服务。2003 年已经有超过 15 万人在 eBay 做网上经营。据全球领先的市场调研公司 AC 尼尔森的调查，到 2005 年 7 月，仅美国就有超过 72.4 万人把在 eBay 开店作为自己主要或第二重要的经济来源，除了这些职业卖家，还有 150 万人通过在 eBay 上出售物品来增加收入。

此外，还有一种自己不需要建设真正的网上商店，而是作为某个大型电子商务网站的加盟者或者叫推广者的身份参与的一种网上销售活动，参与者并不直接负责产品的销售，而是利用自己网站的用户资源促成销售，这样可以从销售额中获得一定的佣金。这种在线销售模式就是“网上会员制营销”。

总之，企业可以根据自己的经营需要选择合适的网上销售方式，如有必要，也可以同时采用多种网上销售模式，当网上销售基本环境建设完成之后，多种有效的网上营销手段都可以应用到网上产品销售中去。

二、网上商店营销策略

所谓网上商店，是指建立在第三方提供的电子商务平台上的、由商家自行开展电子商务的一种形式，正如同在大型商场中租用场地开设商家的专卖店一样。网上商店的主要特点在于：缩短了企业开展电子商务的周期；简化了开展电子商务的复杂过程；增加在网上为顾客展示产品的窗口；直接获得网上销售收入；不需要太多的专业知识，便于管理。

（一）网上商店的主要价值

网上商店既有网上销售的功能，又具备一定的营销价值。也就是说，网上商店除了其“电子商务”功能之外，还是一个有效的网上营销工具。网上商店的价值除了作为一个产品展示窗口之外，主要表现在两个方面：拓展网上销售渠道、增加顾客信任。

1. 拓展网上销售渠道

销售渠道建设是营销策略中的重要内容，随着市场竞争的日益激烈，建立网上销售渠道将成为重要的竞争手段之一。在目前网上销售环境还有待进一步完善的阶段，这种简单易行的网上商店可以在一定程度上满足企业网上销售的需要。

2. 增加顾客信任

研究表明，影响顾客网上购买决策的主要因素有网上支付的安全性、商品数量、价格水平、顾客服务、个人信息保护、退货政策、送货时间和费用等，在条件相近的情况下，消费者总是更加偏向在知名度高的网站购物，这就是品牌效应。不仅在实体商店中如此，网上商场的品牌知名度对用户购买决策同样具有重要影响，而且由于网上购物不受地理位置的局限，消费者这种偏向可能会更强烈一些。由于大型电子商务平台采取统一的顾客服务政策，并且对网上商店的行为具有规范和约束的职能，因此，建立在知名电子商务平台上的网上商店会比一般企业网站销售更有保障，因而网上商店更容易获得顾客的信任。

（二）网上商店营销的主要问题

正是看到了网上商店的价值和商机，目前各种形式的电子商务平台不断出现，许多大型网站都也开设了网上商城的业务，供应商开办网上商店，以较少的投入和比较简单的技术要求开展网上销售业务，为推进电子商务应用发挥了积极作用，一些企业和个人也利用这种方式取得了一定收益。但开设网上商店并不像一些网站宣传的那么简单，在“5分钟开展电子商务”的背后，是无数用户在探索网上开店过程中遇到的形形色色的难题，这种状况也在很大程度上影响了网上商城业务的发展。网上开店难的问题主要表现在3个方面：选择电子商务平台难、网上商店建设难、网店业务推广难。

1. 关于网上商店平台的选择

网上开店不仅依托网上商店平台（网上商城）的基本功能和服务，而且顾客主要也来自于该网上商城的访问者，因此，平台的选择非常重要，但用户在选择网上商店平台时往往存在一定的决策风险。尤其是初次在网上开店，由于经验不足以及对网店平台了解比较少等原因而带有很大的盲目性。有些网上商城没有基本的招商说明，收费标准也很不明朗，只能通过电话咨询，这也为选择网点平台带来一定的困惑。

不同网上商店平台的功能、服务、操作方式和管理水平相差较大，理想的电子商务平台应该具有这样的基本特征：良好的品牌形象、简单快捷的申请手续、稳定的后台技术、完善的支付体系、必要的配送服务以及售后服务保证措施等，当然，还需要尽可能高的访问量，具备完善的网店维护和管理、订单管理等基本功能，并可以提供一些高级服务，如对网店的推广、网店访问流量分析等。此外，收费模式和费用水平也是重要的影响因素之一。不同的企业可能对网上销售有不同的特殊要求，选择适合本企业产品特性的电子商务平台需要花不少精力。完成对电子商务平台的选择确认过程大概需要几小时甚至几天的时间，不过，这点前期调研的时间投入是值得的，可以减小盲目性，增加成功的可能性。

2. 关于网上商店建设的问题

一般的专业网店平台具有丰富的功能和简单的操作界面，通过模板式的操作即可完成网上商店的建设，不同的网站所采用的系统具有很大的区别，有些只需要直接上传产品图片和文字说明，有些则需要自己对店面进行高级管理。根据作者对国内部分电子商务平台的试用和了解，一个普遍存在的现象是，对建立和经营网上商店的说明不足，尤其是建店前应准备哪些资料、对这些资料的格式和标准有什么要求等比较欠缺，用户不得不自己反复摸索，甚至不得不中途放弃。因此，即使具有很完善的功能，对于不了解这个系统特点的用户来说，网店建设仍然是复杂的。此外，由于网上商店平台采用模板式的结构，对于部分用户的个性化要求就有很大限制，有些必要的需求无法利用现有功能得到满足，这也是让用户觉得网上商店建设并不简单的原因之一。

3. 关于网上商店推广的问题

当网上商店建好之后，最重要的问题就是如何让更多的顾客浏览并购买，这种建立在第三方电子商务平台上的网上商店与一般企业网站的推广有很大的不同。这是因为，网上商店并不是一个独立的网站，对于整个电子商务平台来说，可能排列着数以千计的专卖店，一个网上专卖店只是其中很小的组成部分，通常被隐藏在二级甚至三级目录之后，用户可以直接发现的可能性比较小，更何况同一个网站上还有很多竞争者的专卖店在和你争夺有限的潜在顾客资源。网店的客户主要来自于该电子商务平台的用户，因此对平台网站的依赖程度很高，这在一定程度上对网上商店的效果形成了制约，如何在数量众多的网上商店中脱颖而出，并不是一件很容易的事情，这需要依靠电子商务平台提供商和商家双方的共同努力。如果获得平台提供商在主要页面的特别推荐，是直接和有效的方式，但这种机会并不是很多，因此往往还要靠网店经营者自己采取一定的推广手段，比如为网上商店申请一个独立域名、将网上商店登记在搜索引擎或者在其他网站进行介绍，甚至投放一定的网上广告等。但是这样的推广也存在一定的风险，即使经营者自己通过一定的推广手段获得一些潜在用户访问，这些用户来到网上商店之后也有被其他商品吸引的可能。

由于存在种种问题，可以说经营好网上商店实际上仍然具有一定的难度，需要经验的积累。因此在初次建立网上商店时，最好进行多方调研，选择适合自己产品特点和经营者个人爱好、又具有较高访问量的电子商务平台。同时，在资源许可的情况下，不妨在几个网站同时开设网上商店。

子任务三　网站访问统计分析方法

一、主要网站访问统计指标简介

网站访问统计分析的基础是获取网站流量的基本数据，根据作者对网站访问统计分析的相关研究，网站访问统计指标大致可以分为3类，每类包含若干数量的具体统计指标。这3类指标分别是：网站流量指标、用户行为指标、用户浏览网站的方式，具体介绍如下。

1. 网站流量指标

网站流量统计指标常用来对网站效果进行评价，主要指标包括：

●独立访问者数量；

●重复访问者数量；

●页面浏览数；

●各个网页被访问的数量及占总访问量的比例；

●每个访问者的页面浏览数；

●某些具体文件或页面的统计指标，如页面显示次数、文件下载次数等。

2. 用户行为指标

用户行为指标主要反映用户是如何来到网站的，在网站上停留了多长时间，访问了哪些页面等，主要的统计指标包括：

●用户在网站的停留时间；

●用户来源网站（也叫“引导网站”）；

●访问者使用的搜索引擎及其主要关键词；

●在不同时段的用户访问量情况等。

3. 用户浏览网站的方式

用户浏览网站的方式相关统计指标主要包括：

●用户上网设备类型；

●用户浏览器的名称和版本；

●访问者计算机分辨率、显示模式；

●用户所使用的操作系统名称和版本；

●用户所在地理区域分布状况等。

在网站访问统计指标中，有些指标对网上营销的意义更加重要，往往受到更多的关注，这些指标包括：页面浏览数、独立访问者数量、每个访问者的页面浏览数、用户来源网站（来路统计）、用户使用的主要搜索引擎及其关键词检索等。

二、如何获得网站访问统计数据

由于网站流量分析对于网站运营所发挥的重要作用，因此在正规的网上营销活动中都离不开网站访问统计分析。那么，如何才能获得网站访问统计信息呢？

获取网站访问统计资料通常有两种方法：一种是通过在自己的网站服务器端安装统计分析软件来进行网站流量监测；另一种是采用第三方提供的网站流量统计分析服务。两种方法各有利弊，采用第一种方法可以比较准确地获得详细的网站统计信息，并且除了访问统计软件的费用之外无需其他直接的费用，但由于这些资料在自己的服务器上，因此在向第三方提供有关数据时缺乏说服力，第二种方法则正好具有这种优势，但要受到第三方服务商的统计系统的制约，并且网站信息容易泄露，或者要为这种统计服务付费。此外，如果有必要，也可以根据需要自行开发网站流量统计系统。具体采取哪种形式或者哪些形式的组合，可根据企业网上营销的实际需要决定，一般来说规模不是很大的网站以第三方统计为主，非商业性网站则可以选择第三方免费流量统计服务。

不同的网站流量统计系统在统计指标和统计方法等方面存在一定差异，在选择网站统计软件、第三方统计服务，或者自行开发网站流量统计系统时，站在网上营销的角度，应该可以获得尽可能详尽的统计分析资料，至少应该获得下列基本统计信息：独立用户数量、页面浏览数、来自哪些网站及其各自的比例、来自哪些搜索引擎及其所使用的关键词、用户浏览行为以及用户所在地区等。

在常用的网站统计软件中，美国的 WebTrends 是比较著名的一个，由于其功能卓著，统计信息全面，并且有多种分析结构，因而得到广泛应用，许多大型网站都采用 WebTrends 的访问统计软件。WebTrends 网站统计的基本信息中包括独立用户数量、重复访问的用户数量、页面浏览数、平均访问时间等。WebTrends 对用户来源网站统计信息也比较全面，与其他网站流量统计系统类似，可以获得搜索引擎和网站链接为网站带来访问量的情况。此外，通过进一步分析可以发现，WebTrends 网站流量统计软件还包含了许多更为详细的资料，如进入和退出网站页面的百分比、下载和上传文件的百分比、用户的停留时间等。

2005 年之后出现了许多提供免费网站流量统计的网站，如 51Yes 免费网站流量统计系统等。2005 年 12 月，搜索引擎 Google 也提供免费网站流量统计工具 Google Analytics，注册 Google 账户之后就可以使用这项免费服务。

Google Analytics 的使用方法与 51Yes 类似，申请成功后登录后台，添加网站的网址信息，获得统计代码并添加到网站的每个网页（或者某个特定的网页）即可。

实训实践

一、进入谷歌网站，下载并安装 Alexa Toolbar 工具，借助 Alexa.com 的统计数据，查询各大网站世界排名和网站流量。

二、进入网上交易平台提供商网站（如山东寿光果菜交易中心 http://china-vm.com)，了解其服务内容与特点，并进行模拟交易。

分析思考

1. 开展网上营销能够完成哪些基本职能?
2. 电子商务网站开展网上营销经常采用的具体方法有哪些?
3. 什么是病毒式营销?病毒式营销具有哪些基本要素?
4. 通常可以用哪些评价指标来评价一个电子商务网站?
5. 对电子商务网站进行优化有哪些原则和措施?
6. 通常采用什么方法获得网站的流量和访问统计数据?

参考文献

[1] 吴勇．市场营销．北京：高等教育出版社，2014.

[2] 菲利普·科特勒第．营销管理．第13版．北京：中国人民大学出版社，2013.

[3] 方玲玉．网络营销实务——项目教程．北京：电子工业出版社，2011.

[4] 蔡益．市场营销理论与实务．北京：电子工业出版社，2011.

[5] 屈冠银．市场营销理论与实训教程．北京：机械工业出版社，2011

[6] 黄彪虎．市场营销原理与操作．北京：北京交通大学出版社，2011.

[7] 易正伟．销售管理原理与实务．北京：中国水利电力出版社，2011.

[8] 杨静．市场营销基础与实务．南京：南京大学出版社，2010.

[9] 梁惠琼．市场营销．北京：清华大学出版社，2010.

[10] 余源．新编市场营销教程．北京：北京交通大学出版社，2010.

[11] 高南林．营销策划实务．北京：北京交通大学出版社，2009.

[12] 封展旗．市场营销案例分析．北京：中国电力出版社，2008.

[13] 谢守忠．市场营销实训教程．武汉：武汉大学出版社，2008.

[14] 沈美莉．网络营销与策划．北京：人民邮电出版社，2007.

[15] 中国营销传播网．